Kohlhammer

Störungsspezifische Psychotherapie

Herausgegeben von
Anil Batra und Alexandra Philipsen

Weitergeführt von
Anil Batra und Fritz Hohagen

Begründet von
Anil Batra und Gerhard Buchkremer

Eine Übersicht aller lieferbaren und im Buchhandel angekündigten Bände der Reihe finden Sie unter:

 https://shop.kohlhammer.de/stoerungsspezifische-psychotherapie

Die AutorInnen

Prof. Dr. med. Kirsten R. Müller-Vahl, Oberärztin in der Klinik für Psychiatrie, Sozialpsychiatrie und Psychotherapie, Medizinische Hochschule Hannover.

Dr. rer. nat. Valerie Brandt, Associate Professor im Department of Psychology der University of Southampton.

Dr. rer. biol. hum. Ewgeni Jakubovski, Privatpraxis für Psychotherapie, Hannover.

Dr. rer. nat. Simon Schmitt, wissenschaftlicher Mitarbeiter in der Klinik für Psychiatrie, Sozialpsychiatrie und Psychotherapie, Medizinische Hochschule Hannover.

Dr. rer. nat. Julia Friedrich, Wissenschaftliche Angestellte am Institut für Systemische Motorikforschung, Universität zu Lübeck.

Prof. Dr. med. Alexander Münchau, Direktor des Instituts für Systemische Motorikforschung, Universität zu Lübeck.

Kirsten R. Müller-Vahl, Valerie Brandt
Ewgeni Jakubovski, Simon Schmitt
Julia Friedrich, Alexander Münchau

Tourette-Syndrom und andere Tic-Störungen

Mit Manualen zum »Habit Reversal Training« und »Exposure and Response Prevention Training«

2., erweiterte und überarbeitete Auflage

Verlag W. Kohlhammer

Dieses Werk einschließlich aller seiner Teile ist urheberrechtlich geschützt. Jede Verwendung außerhalb der engen Grenzen des Urheberrechts ist ohne Zustimmung des Verlags unzulässig und strafbar. Das gilt insbesondere für Vervielfältigungen, Übersetzungen, Mikroverfilmungen und für die Einspeicherung und Verarbeitung in elektronischen Systemen.

Pharmakologische Daten, d. h. u. a. Angaben von Medikamenten, ihren Dosierungen und Applikationen, verändern sich fortlaufend durch klinische Erfahrung, pharmakologische Forschung und Änderung von Produktionsverfahren. Verlag und Autoren haben große Sorgfalt darauf gelegt, dass alle in diesem Buch gemachten Angaben dem derzeitigen Wissensstand entsprechen. Da jedoch die Medizin als Wissenschaft ständig im Fluss ist, da menschliche Irrtümer und Druckfehler nie völlig auszuschließen sind, können Verlag und Autoren hierfür jedoch keine Gewähr und Haftung übernehmen. Jeder Benutzer ist daher dringend angehalten, die gemachten Angaben, insbesondere in Hinsicht auf Arzneimittelnamen, enthaltene Wirkstoffe, spezifische Anwendungsbereiche und Dosierungen anhand des Medikamentenbeipackzettels und der entsprechenden Fachinformationen zu überprüfen und in eigener Verantwortung im Bereich der Patientenversorgung zu handeln. Aufgrund der Auswahl häufig angewendeter Arzneimittel besteht kein Anspruch auf Vollständigkeit.

Die Wiedergabe von Warenbezeichnungen, Handelsnamen und sonstigen Kennzeichen in diesem Buch berechtigt nicht zu der Annahme, dass diese von jedermann frei benutzt werden dürfen. Vielmehr kann es sich auch dann um eingetragene Warenzeichen oder sonstige geschützte Kennzeichen handeln, wenn sie nicht eigens als solche gekennzeichnet sind.

Es konnten nicht alle Rechtsinhaber von Abbildungen ermittelt werden. Sollte dem Verlag gegenüber der Nachweis der Rechtsinhaberschaft geführt werden, wird das branchenübliche Honorar nachträglich gezahlt.

Dieses Werk enthält Hinweise/Links zu externen Websites Dritter, auf deren Inhalt der Verlag keinen Einfluss hat und die der Haftung der jeweiligen Seitenanbieter oder -betreiber unterliegen. Zum Zeitpunkt der Verlinkung wurden die externen Websites auf mögliche Rechtsverstöße überprüft und dabei keine Rechtsverletzung festgestellt. Ohne konkrete Hinweise auf eine solche Rechtsverletzung ist eine permanente inhaltliche Kontrolle der verlinkten Seiten nicht zumutbar. Sollten jedoch Rechtsverletzungen bekannt werden, werden die betroffenen externen Links soweit möglich unverzüglich entfernt.

2., erweiterte und überarbeitete Auflage 2025

Alle Rechte vorbehalten
© W. Kohlhammer GmbH, Stuttgart
Gesamtherstellung: W. Kohlhammer GmbH, Heßbrühlstr. 69, 70565 Stuttgart
produktsicherheit@kohlhammer.de

Print:
ISBN 978-3-17-044557-4

E-Book-Formate:
pdf: ISBN 978-3-17-044558-1
epub: ISBN 978-3-17-044559-8

Geleitwort zur Buchreihe

Wer in die Vergangenheit blickt, stellt fest: Psychotherapie ist immer im Wandel.
Nach einer Phase der methodenspezifischen Diversifizierung spielen in der heutigen ambulanten und stationären Versorgung von Patientinnen und Patienten mit psychischen Erkrankungen störungsspezifische Behandlungsansätze eine zunehmende Rolle. In vielen Fällen sind diese verhaltenstherapeutisch geprägt und multimodal aufgebaut. Dabei werden nicht nur schulenübergreifend wirksame Behandlungskomponenten, sondern auch Erkenntnisse zu Basisvariablen der psychotherapeutischen Arbeit verwendet und integriert.
Die Reihe »Störungsspezifische Psychotherapie« hat die störungsspezifische Entwicklung bereits im Jahr 2004 aufgegriffen und bietet mittlerweile für über 20 Störungsbilder evidenzbasierte Manuale an. Klassische Themen wie die Therapie von Angst- oder Essstörungen, Suchterkrankungen oder Psychosen wurden um störungsspezifische Anleitungen für die Behandlung von Symptomen, Syndromen oder speziellen Fragestellungen (Tourettesyndrom, Adipositasbehandlung, Insomnie, stationäre Behandlungsbesonderheiten u.v.m.) ergänzt und durch einzelne Manuale zu Techniken und verwandten Methoden in der Psychotherapie (Achtsamkeitstraining, Hypnotherapie, Interpersonelle Therapie) erweitert.
Die Reihe »Störungsspezifische Psychotherapie« wurde 2004 begründet von Anil Batra und Gerhard Buchkremer, in der Folge weitergeführt von Anil Batra und Fritz Hohagen und mittlerweile herausgeben von Anil Batra und Alexandra Philippsen. Die Buchreihe wird fortlaufend erweitert und aktualisiert, wobei neue Techniken, alternative Vorgehensweisen und die aktuelle Studienlage berücksichtigt werden. Damit sollen die Bände psychotherapeutisch arbeitenden Ärztinnen und Ärzten, Psychologinnen und Psychologen in der praktischen Arbeit neben einer Einführung in die besondere Problematik verschiedener Erkrankungen auch konkrete Anleitungen, online abrufbare praxisnahe Tools sowie Techniken und Vorgehensweisen auch in therapeutisch herausfordernden Situationen zur Verfügung stellen.
Wir hoffen, Ihnen mit dieser Reihe hilfreiche Anregungen für die klinische Praxis geben zu können.

Anil Batra, Tübingen
Alexandra Philipsen, Bonn

Inhalt

Geleitwort zur Buchreihe 5

Online-Zusatzmaterial 13

Vorwort 15

Teil I Theorie und Grundlagen

A **Klinische Phänomenologie und Komorbiditäten** 19
Alexander Münchau, Valerie Brandt
    A.1   Einleitung 19
    A.2   Definition und Charakteristika von Tics 19
    A.3   Differenzialdiagnosen 22
    A.4   Klassifikation der Tic-Störungen 24
    A.5   Epidemiologie und Verlauf 25
    A.6   Mit dem Tourette-Syndrom assoziierte Phänomene 26
    A.7   Klinische Evaluation und Zusatzuntersuchungen bei
           PatientInnen mit Tics 28
    A.8   Literatur 29

B **Neurobiologie** 34
Valerie Brandt, Alexander Münchau, Julia Friedrich
    B.1   Neurobiologie des Tourette-Syndroms 34
    B.2   Vorgefühle 38
    B.3   Genetik 41
    B.3   Literatur 42

C **Rationale Verhaltenstherapeutischer Ansätze** 47
Julia Friedrich, Alexander Münchau, Valerie Brandt
    C.1   Therapie-Rationale 47
    C.2   Grundsätzliche Konzepte zum Phänomen »Tic« 50
    C.3   Literatur 54

D **Medikamentöse und chirurgische Behandlung** 58
Kirsten R. Müller-Vahl

	D.1	Einführung	58
	D.2	Medikamentöse Behandlung	59
	D.3	Operative Therapie: Tiefe Hirnstimulation	62
	D.4	Behandlung psychiatrischer Komorbiditäten	63
	D.5	Literatur	63

E Verhaltenstherapie zur Behandlung von Tics **65**
Kirsten R. Müller-Vahl, Ewgeni Jakubovski, Simon Schmitt

	E.1	Einführung	65
	E.2	Allgemeine Bemerkungen vor Behandlungsbeginn	65
	E.3	Leitlinien-Empfehlungen	67
	E.4	Habit Reversal Training (HRT) und Comprehensive Behavioral Intervention for Tics (CBIT)	68
	E.5	Habit Reversal Training (HRT)	68
	E.6	Exposure and Response Prevention (ERP)	75
	E.7	Studien zur Wirksamkeit von HRT/CBIT und ERP	76
	E.8	Langzeitwirkung nach Ende der Therapie	79
	E.9	Literatur	80

F Alternative Psychotherapien und Ausblick **84**
Valerie Brandt, Kirsten R. Müller-Vahl, Ewgeni Jakubovski

	F.1	Psychoedukation	84
	F.2	Ressourcenaktivierung	84
	F.3	Kognitive psychophysiologische Therapie	85
	F.4	Akzeptanz- und Commitment Therapie (ACT)	85
	F.5	Achtsamkeitsbasierte Stressreduktion	86
	F.6	Entspannungstechniken	87
	F.7	Tiefenpsychologisch orientierte und supportive Psychotherapie	87
	F.8	Hypnose	88
	F.9	Sport	88
	F.10	Bio-/Neurofeedback	88
	F.11	Selbstüberwachung	89
	F.12	Negatives Üben / Massierte negative Übungen	89
	F.13	Lebensqualität	89
	F.14	Ausblick	90
	F.15	Literatur	91

Teil II Habit Reversal Training (HRT) mit Therapiesitzungen

HRT: Manual zur Behandlung von Tics **97**
Ewgeni Jakubovski, Kirsten R. Müller-Vahl

	Anmerkungen zum Gebrauch des Manuals	97
	Vorbereitung der PatientInnen auf die Therapie	98

Sitzung 1		....	**100**
	1.1	Psychoedukation zum Tourette-Syndrom	100
	1.2	Psychoedukation zur Behandlung	105
	1.3	Erstellung der Tic-Hierarchie	107
	1.4	Wahrnehmung von Einflussfaktoren	109
	1.5	Einführung des Belohnungssystems	111
	1.6	Hausaufgaben	112
Sitzung 2		....	**113**
	2.1	Besprechung der Hausaufgaben	114
	2.2	Motivationsaufbau	115
	2.3	Behandlung von Tic 1	116
	2.4	Hausaufgaben	130
Sitzung 3		....	**131**
	3.1	Besprechung der Hausaufgaben	132
	3.2	Motivationsaufbau	132
	3.3	Ressourcenarbeit	133
	3.4	Wiederholung der Übungen für Tic 1	133
	3.5	Behandlung von Tic 2	133
	3.6	Hausaufgaben	136
Sitzung 4		....	**137**
	4.1	Besprechung der Hausaufgaben	137
	4.2	Motivationsaufbau	138
	4.3	Wiederholung der Übungen für Tic 1 und 2	138
	4.4	Behandlung von Tic 3	138
	4.5	Einführung in Entspannungsverfahren	141
	4.6	Hausaufgaben	142
Sitzung 5		....	**144**
	5.1	Besprechung der Hausaufgaben	144
	5.2	Motivationsaufbau	145
	5.3	Wiederholung der Übungen für Tic 1, 2 und 3	145
	5.4	Behandlung von Tic 4	145
	5.5	Fortsetzung des Entspannungstrainings	148
	5.6	Hausaufgaben	149
Sitzung 6		....	**150**
	6.1	Besprechung der Hausaufgaben	150
	6.2	Motivationsaufbau	151
	6.3	Wiederholung der Übung für Tic 1, 2, 3 und 4	151
	6.4	Wiederholung der Entspannungsübungen	151
	6.5	Behandlung von Tic 5	152
	6,6	Hausaufgaben	154

Sitzung 7 .... **156**
    7.1   Besprechung der Hausaufgaben 156
    7.2   Motivationsaufbau 157
    7.3   Wiederholung der Übung für Tic 1, 2, 3, 4 und 5 157
    7.4   Wiederholung der Entspannungsübungen 157
    7.5   Behandlung von Tic 6 158
    7.6   Strategien zur Verringerung eines Rückfalls – Teil 1 159
    7.7   Hausaufgaben 160

Sitzung 8 .... **162**
    8.1   Besprechung der Hausaufgaben 162
    8.2   Motivationsaufbau 163
    8.3   Wiederholung der Übung für Tic 1, 2, 3, 4, 5 und 6 163
    8.4   Wiederholung der Entspannungsübungen 163
    8.5   Behandlung von Tic 7 164
    8.6   Strategien zur Verringerung eines Rückfalls – Teil 2 165
    8.7   Ende der Therapie 166

9 Auffrischungssitzungen (optional) **167**
    9.1   Monatsrückblick und Aktualisierung der Tic-Hierarchie 167
    9.2   Motivationsaufbau 167
    9.3   Wiederholung der Übung für alle Tics 168
    9.4   Behandlung neuer Tics 168
    9.5   Wiederholung von Strategien zur Verringerung eines
          Rückfalls 168

Teil III Exposure and Response Prevention (ERP) mit Therapiesitzungen

ERP: Manual zur Behandlung von Tics **171**
Julia Friedrich, Ewgeni Jakubovski, Simon Schmitt
        Einleitung 171

Sitzung 1 – Übungssitzung 1 .... **173**
    1.1   Psychoedukation zu Tic-Störungen inklusive
          Tourette-Syndrom 173
    1.2   Psychoedukation zur ERP-Behandlung 173
    1.3   Erstellung des Tic-Inventars 174
    1.4   Optional: Einführung in die Tic-Zählung 174
    1.5   Übung Reaktionsverhinderung 175
    1.6   Einführung des Belohnungssystems 176
    1.7   Hausaufgaben 177

Sitzung 2 – Übungssitzung 2 .... **178**
    2.1   Besprechung der Hausaufgaben und der letzten Sitzung ... 178

2.2	Übung der Reaktionsverhinderung	178
2.3	Hausaufgaben	179

Sitzung 3 – Trainingssitzung 1 ... **180**
- 3.1 Besprechung der Hausaufgaben und der letzten Sitzung ... 180
- 3.2 Einführung Exposition und Erfassung der Vorgefühle ... 180
- 3.3 Übung Exposition mit Reaktionsverhinderung ... 181
- 3.4 Hausaufgaben ... 184

Sitzung 4 – Trainingssitzung 2 ... **185**
- 4.1 Besprechung der Hausaufgaben und der letzten Sitzung ... 185
- 4.2 Übung Exposition mit Reaktionsverhinderung ... 186
- 4.3 Hausaufgaben ... 186

Sitzung 5 – Trainingssitzung 3 ... **187**
- 5.1 Besprechung der Hausaufgaben und der letzten Sitzung ... 187
- 5.2 Übung Exposition mit Reaktionsverhinderung ... 187
- 5.3 Hausaufgaben ... 188

Sitzung 6 – Trainingssitzung 4 ... **189**
- 6.1 Besprechung der Hausaufgaben und der letzten Sitzung ... 189
- 6.2 Übung Exposition mit Reaktionsverhinderung ... 189
- 6.3 Hausaufgaben ... 190

Sitzung 7 – Trainingssitzung 5 ... **191**

Sitzung 8 – Trainingssitzung 6 ... **192**

Sitzung 9 – Trainingssitzung 7 ... **193**

Sitzung 10 – Trainingssitzung 8 ... **194**

Sitzung 11 – Trainingssitzung 9 ... **195**

Sitzung 12 – Trainingssitzung 10 ... **196**
- Literatur ... 197

Teil IV Verzeichnis

Stichwortregister ... **201**

Online-Zusatzmaterial

Als Online-Zusatzmaterial stehen Ihnen folgende Dateien als Arbeitsmaterialien zur Verfügung:

Habit Reversal Training (HRT) Manual

1. Übungsblatt »Beobachtung der Einflussfaktoren«
2. Übungsblatt »Ressourcentagebuch«
3. Übungsblatt »Störungs-Protokoll«
4. Übungsblatt »Tic-Liste«
5. Übungsblatt »Tic-Hierarchie«
6. Übungsblatt »Tic-Beobachtungsprotokoll«
7. Übungsblatt »Veränderung der Einflussfaktoren«
8. Übungsblatt »Tics, Vorgefühl und Gegenbewegung«
9. Infoblatt »Zusätzliche Strategien«
10. Beispielblatt »Gegenbewegungen für Tics«
11. Beispielblatt »Veränderungen der Einflussfaktoren«

Exposure and Response Prevention (ERP) Manual

1. Verbesserungs-Thermometer
2. Arbeitsblatt »Tic-Zählung«
3. Skala zur Erfassung des subjektiven Stresserlebens
4. Arbeitsblatt »Tics unterdrücken lernen«
5. Therapeutenprotokoll »ERP-Übungssitzungen«
6. Patientenprotokoll »Tic-Unterdrückung«
7. Arbeitsblatt »Tics unterdrücken und beobachten«
8. Arbeitsblatt »Tic-Inventar«
9. Arbeitsblatt »Verstärkende Faktoren«
10. Rückfallprophylaxe
11. Psychoedukation

> Wichtige Informationen sowie den Link, unter dem die Zusatzmaterialien verfügbar sind, finden Sie in am Ende von Kap. F.

Vorwort

Nachdem in den 1960er Jahren nachgewiesen werden konnte, dass Antipsychotika in der Behandlung von Tics wirksam sind, stellte die Pharmakotherapie für mehrere Jahrzehnte – neben einer Aufklärung und Begleitung der PatientInnen – den Grundbaustein in der Behandlung des Gilles de la Tourette-Syndroms dar. In den Jahren 2010 und 2012 wurden große Placebo-kontrollierte, multizentrische Studien zur Behandlung von Kindern bzw. Erwachsenen mit Tics mit dem sog. Habit Reversal Training (HRT) veröffentlicht, die eine Effektstärke des HRT ähnlich der Effektstärke der Antipsychotika nahelegten. In den letzten Jahren konnte in zahlreichen weiteren Studien die Effektivität psychotherapeutischer Behandlungen von Tics bestätigt werden. Diese Psychotherapie-Studien haben zu einer Trendwende in der Therapie von PatientInnen mit Tourette-Syndrom geführt, die sich auch in den 2021 veröffentlichten Europäischen Leitlinien zur Behandlung von Tics widerspiegelt, in denen die Verhaltenstherapie als Behandlung der ersten Wahl empfohlen wird. Es gilt als erwiesen, dass neben dem HRT bzw. dessen erweiterter Form, der Comprehensive Behavioral Intervention for Tics (CBIT), auch das sog. Exposure and Response Prevention Training (ERP) effektiv in der Behandlung der Tics ist.

Das Konzept des HRT/CBIT basiert auf der Annahme, dass problematische Verhaltensweisen besonders dann nicht einfach unterlassen werden können, wenn sie Teil von Verhaltensketten sind, durch ständige Wiederholungen aufrechterhalten werden, teilweise unbewusst ablaufen und sozial toleriert werden. Das HRT besteht im Wesentlichen aus den Komponenten Wahrnehmungstraining, v. a. in Hinblick auf auslösende bzw. aufrechterhaltende Faktoren und das den Tics vorangehende Vorgefühl, dem Erkennen und Verändern von Einflussfaktoren, dem Competing Response Training, d. h. dem Erlernen einer mit der gleichzeitigen Ausführung von Tics inkompatiblen Gegenbewegung, einem Entspannungstraining und der Automatisierung sowie Generalisierung von Alternativbewegungen.

Das ERP hat zum Ziel, den von PatientInnen mit Tics oft beschriebenen Automatismus, dass einem Vorgefühl immer auch ein Tic folgen müsse, zu unterbrechen. In der Therapie wird geübt, das Vorgefühl für längere Zeit auszuhalten und die Ausführung bzw. der nachfolgenden Tic(s) zu unterbinden.

Neben den genannten Verfahren kommen im Rahmen psychologischer Interventionen auch Entspannungsverfahren zur Anwendung, zumeist mittels progressiver Muskelrelaxation.

Neuere Untersuchungen zu Aufmerksamkeitsprozessen bei PatientInnen mit Tourette-Syndrom deuten darauf hin, dass sich eine zielgerichtete Fokussierung auf andere Wahrnehmungsprozesse oder Aktionen als Tics günstig auf die Tic-Frequenz auswirken könnte. Hierauf aufbauend böten sich aufmerksamkeitsbasierte Verfahren, z. B. die metakognitive Therapie, zur Behandlung von Tics an, die allerdings bislang nicht systematisch untersucht worden sind.

Ausgehend von Beschreibungen zur klinischen Phänomenologie und Komorbiditäten des Tourette-Syndroms sowie der Darlegung neurobiologischer Erkenntnisse widmet sich das Buch ausführlich den verschiedenen psychotherapeutischen Verfahren zur Behandlung von Tics mit einem Hauptfokus auf HRT/CBIT und ERP, dessen Grundlagen erläutert und für das praxisrelevante Manual für Erwachsene mit Tourette-Syndrom zur Verfügung gestellt werden.

Die AutorInnen

Teil I Theorie und Grundlagen

A Klinische Phänomenologie und Komorbiditäten

Alexander Münchau, Valerie Brandt

A.1 Einleitung

Tics sind die häufigsten Extrabewegungen im Kindesalter (Bäumer et al. 2016). Dabei kommt vorübergehenden Tics bei Kindern im Laufe der motorischen Entwicklung per se kein Krankheitswert zu. Einfache, vorübergehende Tics wie Augenblinzeln, Naserümpfen oder Augenbrauen hochziehen treten bei sehr vielen, ansonsten gesunden Kindern auf, ohne dass dieses den Betroffenen bewusst ist oder zu Einschränkungen führt. Es gibt Hinweise, dass Tics nicht notwendigerweise etwas »Abnormes«, eine Störung sind oder ein Defizit bedeuten, sondern Ausdruck eines für Lernvorgänge im sich entwickelnden motorischen System nützlichen Überschusses sein könnten (Brandt et al. 2016a; Tunc und Münchau 2017; Beste und Münchau 2017). Auch sind die Übergänge zwischen Bewegungsüberschuss/Extrabewegungen bei Menschen ohne Beschwerden und Menschen, bei denen die Diagnose einer Tic-Störung gestellt wurde, fließend (Bartha et al. 2023).

Allerdings können chronische Tics zu vielfältigen Beeinträchtigungen führen und Symptom gravierender Erkrankungen sein. Am häufigsten treten Tics als Leitsymptom eines Gilles de la Tourette-Syndroms auf.

A.2 Definition und Charakteristika von Tics

Tics sind plötzlich auftretende, rasche, sich wiederholende, zumeist nicht rhythmische Bewegungen (motorische Tics) oder Laute (vokale Tics), die im Bewegungsablauf physiologischen Willkürbewegungen ähneln, allerdings im unpassenden Kontext, vermehrt, übertrieben oder überakzentuiert auftreten (Robertson 2000; Paszek et al. 2010) (Beispiele 1 und 2, ▶ Kap. Sitzung 1). Motorische Tics resultieren aus Bewegungen der Skelettmuskulatur. Führen sie zu kurzen, umschriebenen Bewegungen an nur einem Körperteil, werden sie als einfache motorische Tics bezeichnet. Motorische Tics treten vor allem im Gesicht, am Kopf, an der Schulter und an den Armen auf, können jedoch auch den Rumpf und die Beine betreffen (Leckman 2002; Ganos et al. 2015). Bei komplexen motorischen Tics, die scheinbar einen Zweck erfüllen, sind verschiedene Muskelgruppen beteiligt. Eine

Sonderform eines komplexen motorischen Tics ist die Kopropraxie (Zeigen obszöner Gesten).

Vokale Tics treten am häufigsten als einfache vokale Tics wie Räuspern, Schniefen, Husten und Nase hochziehen auf. Nur selten kommt es zu lauten Ausrufen oder Schreien. Gerade bei Kindern werden gering ausgeprägte einfache vokale Tics oft fehlgedeutet, z. B. als Ausdruck einer Erkältung oder Allergie. Deutlich seltener – meist bei schwerem Tourette-Syndrom mit mehreren Komorbiditäten (s. u.) – treten komplexe vokale Tics und eine Koprolalie (Ausrufen obszöner Wörter) hinzu.

Tics können isoliert, aber auch in Serien auftreten. Sie sind im Schlaf meist deutlich geringer ausgeprägt, können aber in allen Schlafstadien vorkommen (Hanna et al. 2003). Manchmal lassen sich Tics durch externe Stimuli auslösen, z. B. Berührung der Haut oder bestimmte Geräusche. Im Laufe der Zeit ändert sich häufig das Tic-Repertoire der Betroffenen. Bestehende Tics klingen ab, neue treten auf. Manche Tics verbleiben dauerhaft im Repertoire. Interessanterweise fluktuieren Tic-Repertoire und -Frequenz bei Kindern deutlich stärker als bei Erwachsenen.

A.2.1 Vorgefühl vor Tics

Typischerweise geht Tics ein Vorgefühl voraus, das nach dem Auftreten eines Tics in der Regel zumindest vorübergehend wieder abklingt (Bliss 1980; Brandt et al. 2016b). Über 90 % der erwachsenen PatientInnen mit Tourette-Syndrom berichten, dass ihre Tics mit einem unangenehmen Vorgefühl einhergehen (Leckman et al. 1993; Woods et al. 2005). Die Qualität dieser Vorgefühle wird sehr unterschiedlich beschrieben. Die Beschreibungen reichen von einem Druckgefühl über Kitzeln, Kälte- oder Wärmeempfindungen (Banaschewski er al. 2003), bis zu einem generellen inneren Druck- oder Anspannungsgefühl (Miguel et al. 1995). Viele PatientInnen berichten über einen Drang, sich in bestimmter Weise bewegen zu müssen, d. h., einen Tic auszuführen. Die Dringlichkeit des Vorgefühls wird manchmal mit einem Juckreiz oder dem Reiz zu Niesen verglichen (Lang 1991; Leckman und Riddle 2000). Vorgefühle können überall im Körper auftreten, meist werden sie allerdings an der Körperstelle verspürt, an der auch Tics auftreten (Miguel et al. 1995; Essing et al. 2022). Sie gehen Tics Bruchteile einer Sekunde voraus und klingen nach der Ausführung eines oder mehrerer Tics (Tic-Gruppen) wieder ab (Brandt et al. 2016b). Daher werden viele Tics auch als eine willentliche Reaktion auf das Vorgefühl wahrgenommen, nicht als rein unwillkürliche bzw. automatische Bewegungen (Crossley et al. 2014, Kwak et al. 2003; Leckman et al. 1993). Wenn Tics unterdrückt werden, bleibt das Vorgefühl tendenziell länger auf einem hohen Niveau, als wenn Tics nicht unterdrückt werden, bis es von einem Tic erleichtert wird (Brandt et al. 2016b). Dieser Zusammenhang legt nahe, dass Tics, zumindest teilweise, durch das Vorgefühl »getrieben« werden, was auch dem klinisch berichteten Empfinden zumindest vieler erwachsener PatientInnen entspricht. Drang-Tic-Assoziationen beim Tourette-Syndrom sind allerdings komplex und heterogen (Schubert et al. 2021). Auch hat sich gezeigt, dass die Assoziationen zwischen Dranggefühl und Tics bei Kindern und Jugendlichen tendenziell schwächer sind als bei Erwachsenen, woraus sich die Hypothese ableiten ließe, dass Dranggefühle eher eine Folge von Tics sind als deren treibende Kraft (Langelage et al. 2022).

Besonders von erwachsenen PatientInnen mit Tourette-Syndrom wird der den Tics vorhergehende Drang als eines der Kardinalsymptome und oft sehr belastend erlebt (Crossley und Cavanna 2013). Nicht selten wird dieses Vorgefühl als störender und unangenehmer empfunden als die Tics selbst. Kleinere Kinder hingegen verneinen oft ein derartiges Vorgefühl, wenn man sie danach fragt. Mit zunehmendem Alter werden Vorgefühle häufiger von PatientInnen mit Tourette-Syndrom berichtet (Banaschewski et al. 2003; Sambrani et al. 2016), zudem berichten betroffene Frauen häufiger ein Vorgefühl als Männer (Brandt et al. 2023).

A.2.2 Unterdrückbarkeit von Tics

In der Regel lassen sich Tics für eine gewisse Zeit unterdrücken bzw. aufschieben. Betroffene sind oft bemüht, Tics vor anderen, z. B. KlassenkameradInnen, KollegInnen oder Fremden, zu verbergen, so dass z. B. der Arzt bzw. die Ärztin während der Untersuchung oft keine oder nur wenige Tics beobachten kann. Die Tic-Unterdrückung gelingt am effektivsten in Körperregionen, die am wenigsten von Tics betroffen sind (Ganos et al. 2015), ist folglich selektiv und nicht global. Die Frage, ob die Fähigkeit, Tics zu unterdrücken, von Vorgefühlen determiniert wird, wurde lange empirisch und intuitiv bejaht. Studien, die sich dieser Frage explizit widmeten, konnten diesen Zusammenhang allerdings nicht belegen und vielmehr eine von den Vorgefühlen unabhängige Fähigkeit zur Tic-Unterdrückung aufzeigen (Banaschewski et al. 2003; Ganos et al. 2012a; Müller-Vahl et al. 2014). Auch diese Befunde stützen die Annahme, dass Vorgefühl und Tics zumindest teilweise unterschiedliche neuronale Generatoren zugrunde liegen.

A.2.3 Fluktuationen von Tics

Tics fluktuieren. Phasen mit häufigen Tics wechseln sich ab mit Phasen, in denen wenige oder keine Tics auftreten (Petersen und Leckman 1998). Solche Fluktuationen kommen in kürzerem Zeitrahmen (Minuten oder Stunden), aber auch über längere Zeiträume (Wochen oder Monate) vor (▶ Abb. A.1). Bei den meisten Betroffenen nehmen Tics situativ bei Anspannung, Stress, Unruhe und Langeweile zu und flauen bei Konzentration und Entspannung ab (Depboylu et al. 2012).

A.2.4 Einflussfaktor Aufmerksamkeit

Ein weiterer, bedeutsamer Einflussfaktor auf die Tics ist die Aufmerksamkeit. Dies ist im Gespräch oft eindrucksvoll zu beobachten, z. B. beim Wechsel von Tic-bezogenen zu anderen, für PatientInnen bedeutsame Themen. Auch experimentell ist dies gut belegt: Beispielsweise wurde die Tic-Häufigkeit in einer naturalistischen Studie bestimmt, während PatientInnen alleine in einem Raum saßen, ohne sich

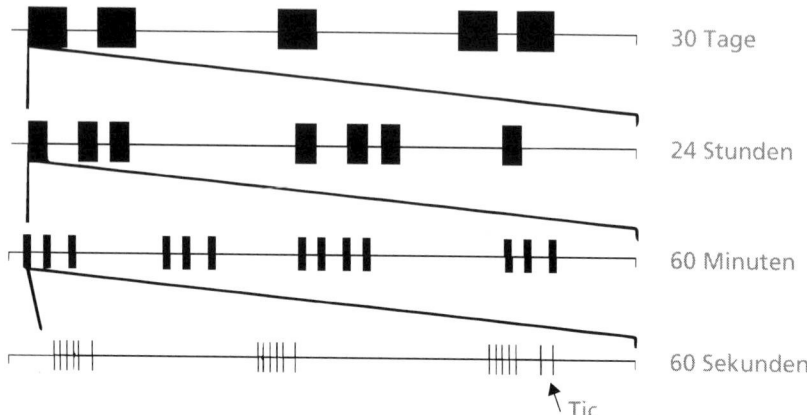

Abb. A.1: Schematische Darstellung von Tic-Fluktuationen

selbst zu betrachten, während sie in einen Spiegel blickten und somit ihre eigenen Tics fortlaufend beobachteten und während sie sich Videosequenzen von sich selbst ohne Tics ansahen (Brandt et al. 2015). Die Tics waren hierbei am stärksten ausgeprägt, während sich PatientInnen im Spiegel betrachteten. Gerichtete Aufmerksamkeit auf Tics, nicht jedoch grundsätzlich auf das eigene Bild bzw. eigene (nicht-Tic) Bewegungen, führt somit zu einer Tic-Verstärkung. Dies war allerdings nur der Fall, wenn Tics nicht unterdrückt wurden. Bei einer bewussten Tic-Unterdrückung war eine gezielte Aufmerksamkeit auf die Tics hilfreich (Hermann et al. 2019). Auch eine andere Verhaltensstudie, in der gerichtete Aufmerksamkeit auf Tics, auf eigene Fingerbewegungen oder eine gezeigte Farbe miteinander verglichen wurden, belegte eine Zunahme der Tic-Frequenz durch fokussierte Aufmerksamkeit auf Tics ohne Tic-Unterdrückung (Misirlisoy et al. 2015). Diese Experimente deuten – untermauert durch klinische Beobachtungen – darauf hin, dass auch verhaltenstherapeutische Ansätze, bei denen gezielt die Aufmerksamkeit von Tics auf andere Prozesse verlagert wird, in der Behandlung von Tics hilfreich sein könnten (Schaich et al. 2020). Allerdings scheint eine gezielte Aufmerksamkeit auf die Tic-Unterdrückung, wie sie in Therapien wie dem Habit Reversal Training (HRT) bzw. der Comprehensive Behavioral Intervention for Tics (CBIT) und dem Exposure and Response Prevention Training (ERP) erfolgt, bei der Unterdrückung zu helfen.

A.3 Differenzialdiagnosen

Bei typischer Verteilung, Fluktuationen, Vorkommen eines Vorgefühls und Kontextabhängigkeit bereitet die Abgrenzung von anderen Bewegungsstörungen meist keine Probleme.

A.3.1 Funktionelle Tic-ähnliche Bewegungsstörungen

Die derzeit wichtigste und häufigste Differenzialdiagnose von Tics sind funktionelle Tic-ähnliche Bewegungsstörungen (FTB). Sie treten typischerweise bei Jugendlichen oder jungen Erwachsenen auf, aber nicht, oder nur sehr selten, bei Kindern unter zehn Jahren (Pringsheim et al. 2023). Meist kommt es zu einem plötzlichen Symptombeginn innerhalb von Stunden oder wenigen Tagen, mit multiplen und teils hochkomplexen Bewegungen, die oft einen kommunikativen Charakter haben und personenbezogen sein können. So kann es etwa zu kommentierenden Ausrufen oder Anfassen anderer kommen. Im Gegensatz zu primären Tics verstärken sich die Symptome bei FTB meist, wenn Betroffene anderen Menschen begegnen und flauen ab, wenn sie allein sind. Bei FTB sind Kopropraxie und Koprolalie häufiger als beim Tourette-Syndrom und stehen stärker im Vordergrund (Pringsheim et al. 2023). Während primäre Tics gehäuft im Gesicht, an Hals und Kopf auftreten, sind bei PatientInnen mit FTB öfter die Extremitäten und der Rumpf betroffen. Auch sind bei FTB Komorbiditäten wie Angststörung oder Depression häufiger als beim Tourette-Syndrom (Fremer et al. 2023).

Bei manchen PatientInnen treten sowohl primäre Tics als auch – später im Verlauf – FTB auf (Müller-Vahl et al. 2024).

Während der ersten beiden Jahre der COVID-19-Pandemie war eine Zunahme von FTB zu beobachten. Parallel, jedoch auch schon in den Jahren davor, traten FTB gelegentlich infolge des Konsums von Social-Media-Beiträgen (z.B. bei YouTube) auf, in denen unter dem Label »Tourette-Syndrom« Tourette-untypisches bizarres, obszönes, grenzüberschreitendes Fehlverhalten gezeigt wurde (Heyman et al., 2021; Paulus et al., 2021). Teilweise hatten diese PatientInnen sogar die gleichen Verhaltensweisen, die auf den Videos zu sehen waren (Müller-Vahl et al. 2021).

A.3.2 Stereotypien

Tics können Stereotypien ähneln, allerdings sind sie weniger komplex und werden typischerweise auch nicht so häufig hintereinander wiederholt, wie dies bei Stereotypien der Fall ist. Auch geht Stereotypien meist kein Vorgefühl voraus. Stereotypien lassen sich durch Zuwendung oder Ablenkung oft stoppen und sind kontextgebunden, treten z.B. häufiger auf, wenn Betroffene (meist Kinder) allein sind als in Gesellschaft anderer.

A.3.3 Myoklonien

Kurze Tics können Myoklonien ähneln. Letzteren geht jedoch ebenfalls kein Vorgefühl voraus. In zweifelhaften Fällen kann eine Unterscheidung zwischen Myoklonus und Tic durch eine Polymyographie mittels Oberflächenelektroden über den betroffenen Muskeln erfolgen. Muskelzuckungen bei Myoklonus sind üblicherweise sehr kurz (meist kürzer als 200 ms, häufig zwischen 50 ms und 100 ms), während das elektromyographische Muster der Tics dem einer Willkürinnervation mit Muskelaktivität von > 150 ms gleicht.

A.3.4 Dystonie

Länger anhaltende tonische Tics können einer Dystonie ähneln. Auch hier kann die Elektromyographie mittels Oberflächenelektroden bei der Differenzierung helfen. Eine Kokontraktion von Agonisten und Antagonisten ist ein Hinweis auf eine Dystonie und findet sich nicht bei Tics.

A.3.5 Zwangshandlungen

Der den Tics vorangehende Drang ist manchmal schwer von dem Drang, der einem Zwangsverhalten vorausgeht, zu unterscheiden. Zwischen komplexen Tics und Zwangshandlungen können fließende Übergänge bestehen, wobei ein »nicht-richtig« Gefühl eher typisch für Zwänge ist als für Tics (Brandt et al. 2023).

A.3.6 Epileptische Anfälle

Sehr selten können kurze fokal-motorische epileptische Anfälle Tics ähneln. Sie sind jedoch durch die Semiologie mit repetitiven, stereotypen Abläufen meist von Tics abzugrenzen. In Zweifelsfällen hilft das iktuale EEG.

A.4 Klassifikation der Tic-Störungen

A.4.1 Primäre Tic-Störungen

Gilles de la Tourette-Syndrom

Am häufigsten treten Tics beim Gilles de la Tourette-Syndrom (Tourette-Syndrom, kombinierte vokale und motorische Tic-Störung) auf, das durch das Vorkommen mehrerer motorischer und mindestens einem vokalen Tic mit Beginn vor dem 18. Lebensjahr und einer Dauer von mindestens einem Jahr charakterisiert ist (DSM-5 2013).

Chronische motorische oder vokale Tic-Störung

Die chronische motorische bzw. chronische vokale Tic-Störung unterscheidet sich vom Tourette-Syndrom lediglich durch das Auftreten nur einer Tic-Art (motorische oder vokale Tics). Die Ausprägung der Tics ist bei der chronischen motorischen Tic-Störung meist schwächer als beim Tourette-Syndrom. Auch Häufigkeit und Schwere der psychiatrischen Komorbiditäten (s. u.) sind üblicherweise geringer.

Vorläufige Tic-Störung

Die vorläufige Tic-Störung (auch als vorübergehende Tic-Störung bezeichnet) geht mit (meist nur gering ausgeprägten einfachen) motorischen und/oder vokalen Tics einher, die kürzer als ein Jahr andauern. Sie kommt, wie einleitend skizziert, bei Kindern sehr häufig vor. Die Unterscheidung zwischen »vorläufig« und »chronisch« ist naturgemäß erst durch die Verlaufsbeobachtung möglich.

A.4.2 Sekundäre Tic-Störungen

Tics können bei einer Reihe weiterer Erkrankungen als ein (Neben-)Symptom unter weiteren Symptomen und klinischen Zeichen auftreten, z. B. bei der Neuroakanthozytose, beim fragilen X-Syndrom oder bei der Chorea Sydenham (Kumar und Lang, 1997; Münchau, 2012). Häufig finden sich Tics bei anderen neuropsychiatrischen Erkrankungen wie der Aufmerksamkeitsdefizit-Hyperaktivitätsstörung (ADHS), Zwangsstörung oder Autismusspektrumstörung (Robertson 2000).

Tics können als Folge struktureller Hirnläsionen insbesondere im insulären Kortex, Gyrus cinguli, Striatum, Globus pallidus internus, Thalamus und Kleinhirn auftreten (Ganos et al. 2022; Kuman und Lang 1997).

Tics treten sehr selten als Nebenwirkung einer medikamentösen Behandlung auf oder verschlimmern sich hierdurch, z. B. durch Amphetamine und dopaminerg wirksame Substanzen. Bei einem gemeinsamen Auftreten von Tics und starken ADHS-Symptomen können und sollten ADHS-Symptome mit Stimulantien behandelt werden. Auch Suchtmittel wie Kokain können Tics provozieren. Darüber hinaus können Tic-ähnliche tardive Bewegungen (sogenannte tardive Tics) durch Antipsychotika hervorgerufen werden (Madruga-Garrido und Mir 2013).

A.5 Epidemiologie und Verlauf

Für das Tourette-Syndrom wird weltweit eine Prävalenzrate von etwa 0,5 % angenommen. Aus ungeklärter Ursache sind Jungen drei- bis viermal häufiger als Mädchen betroffen (Robertson 2000). Allerdings gibt es Berichte, dass bei erwachsenen Männern das Tourette-Syndrom nur etwa doppelt so häufig wie bei erwachsenen Frauen vorkommt (Yang et al. 2016). Chronische Tic-Störungen, die nur mit motorischen Tics einhergehen, sowie vorläufige Tic-Störungen sind häufiger als das Tourette-Syndrom (Black et al. 2016). Allerdings schwanken Angaben zur Tic-Prävalenz in jüngeren epidemiologischen Studien ganz erheblich zwischen etwa 1 % und 25 % (Scharf et al. 2012; Robertson 2008).

Tics beginnen ganz überwiegend im Grundschulalter zwischen dem 6. und 8. Lebensjahr. Treten sie erstmals im Erwachsenenalter auf, sind andere Erkrankungen zu erwägen (s. o.). In der Mehrzahl ist der Beginn schleichend. Motorische Tics treten im Mittel zwei bis drei Jahre früher auf als vokale Tics. Zwischen dem 10. und 12. Lebensjahr sind Tics am stärksten ausgeprägt. Etwa 60–85 % der PatientInnen, bei denen in der Kindheit eine Tic-Störung festgestellt wurde, haben als Erwachsene lediglich geringe, nicht beeinträchtigende Tics (Hassan et al. 2012; Pappert et al. 2003). Bei etwa 20 % verschlimmern sich die Symptome im Erwachsenenalter und können dann zu einer nicht unerheblichen psychosozialen Belastung führen (Pappert et al. 2003; Müller-Vahl et al. 2010). Die Verlaufs-Determinanten sind derzeit unklar. Tics haben keinen Einfluss auf die Lebenserwartung (Müller-Vahl 2014).

A.6 Mit dem Tourette-Syndrom assoziierte Phänomene

Neben einfachen und komplexen Tics sind eine Reihe weiterer klinischer Phänomene charakteristisch für das Tourette-Syndrom. Hierzu zählen neben den Echo-, Kopro- und Paliphänomenen auch eine Vielzahl psychiatrischer Symptome.

A.6.1 Echo-, Kopro- und Paliphänomene

Typisch sind Echophänomene, d. h. Echopraxie (Neigung und zum Teil bemerkenswerte Fähigkeit zur automatischen Nachahmung beobachteter Bewegungen oder Verhaltensweisen) und Echolalie (Neigung, wahrgenommene Äußerungen oder Laute zu imitieren) (Finis et al. 2012; Ganos et al. 2012b).

Ein weiteres Merkmal sind die Koprolalie (Aussprechen obszöner Wörter) und die Kopropraxie (Zeigen obszöner Gesten und Bewegungen). Beide Symptome treten meist nur bei schwerem Tourette-Syndrom auf und sind deutlich seltener (Koprolalie: 18–25 %, Kopropraxie: 5–10 %) als gemeinhin angenommen wird. Auch kommen so genannte NOSIs (Non Obscene Socially Inappropriate Behaviours) vor, das heißt, nicht obszöne, sozial unangemessene Verhaltensweisen (Kurlan et al. 1996). Hierbei treten sozial unangemessene, aber oft treffende Kommentare oder Handlungen auf, die sich auf das Gegenüber oder die Situation beziehen.

Weitere Phänomene sind die Palipraxie (Wiederholung von eigenen Handlungen oder Bewegungen) und die Palilalie (Wiederholung von eigenen Wörtern oder Äußerungen).

A.6.2 Komorbiditäten

ADHS

Komorbiditäten kommen insgesamt bei nahezu 90% der Tourette-PatientInnen vor, die sich in spezialisierten Sprechstunden vorstellen (Brandt und Münchau 2015). Dabei spielen die ADHS, die bei etwa 50% der PatientInnen mit Tourette-Syndrom festzustellen ist, (Robertson 2011; Hirschtritt et al. 2015) und Zwangsstörungen – mit einer Häufigkeit etwas über 50% (Hirschtritt et al. 2015) – die größte Rolle. In etwa zwei Drittel der Fälle treten Symptome einer ADHS vor Beginn der Tics auf, können aber länger als diese anhalten (Steward et al. 2006). Oft sind PatientInnen stärker durch ADHS-Symptome als durch die Tics beeinträchtigt. Häufig sind es daher nicht die Tics, sondern Symptome der ADHS, die eine medikamentöse Therapie notwendig machen. Wichtig, allerdings mitunter schwierig, ist die Abgrenzung vermehrter Ablenkbarkeit und Unaufmerksamkeit im Rahmen einer ADHS von der Ablenkung in Folge häufiger Tic-Unterdrückung. Sowohl durch eine ADHS als auch durch Tics bzw. vermehrte Tic-Kontrolle können Betroffene z. B. Schwierigkeiten bei Schularbeiten entwickeln. Treten Lernschwierigkeit zu Tage, sollte eine weiterführende umfassende neuropsychologische Testung erfolgen.

Zwänge

Zwänge treten bei PatientInnen mit Tourette-Syndrom meist nach dem Beginn der Tics auf, etwa um das 10. Lebensjahr, und remittieren etwa in 40% der Fälle (Palermo et al. 2011). Etwa 20% der PatientInnen mit Tourette-Syndrom erfüllen die Kriterien einer Zwangskrankheit nach DSM-5. Dabei können alle verschiedenen »Zwangscluster« vorkommen und das klinische Bild dominieren, allerdings in deutlich unterschiedlicher Häufigkeit verglichen mit PatientInnen ohne Tics. Ordnungs- und Symmetriezwänge, oft in Form eines sogenannten »just right«-(»Genau-richtig«)-Gefühls, sind für das Tourette-Syndrom typisch. Dabei müssen PatientInnen z. B. im Alltag Handlungen in einer ganz bestimmten oder immer gleichen Reihenfolge durchführen oder Dinge in einem bestimmten Muster anordnen, damit sich ein inneres Gefühl des »genau richtig« einstellt. Auch zwanghaftes Nägelkauen, Gegenstände berühren, ein übermäßiges Symmetriebedürfnis oder Zählen sind typisch. Diese Zwangshandlungen können von einem vorhergehenden Drang getrieben werden, der mit der Empfindung vor einem Tic verwandt ist (Ferrao et al. 2012; Brandt et al. 2018). Ähnlich wie eine begleitende ADHS können Zwänge zu einer starken Einschränkung im Alltag führen und sollten daher in der Behandlung im Vordergrund stehen. Bei komorbiden Zwängen ist es wichtig, die Schwere der Zwänge gegenüber der der Tics in separaten Tests, z. B. mit Hilfe der Yale-Brown Obsessive Compulsive Scale (YBOCS) (Goodman et al. 1989), zu erfassen.

Weitere Komorbiditäten

Bei einigen PatientInnen mit Tourette-Syndrom finden sich weitere Verhaltensauffälligkeiten wie inadäquates Sozialverhalten, oppositionelles Verhalten, soziale Anpassungsstörungen, Impulskontrollstörungen sowie vermehrte Ängstlichkeit und Depression. Ebenso sind Autismusspektrumstörungen mit einer Häufigkeit von etwa 5 % bei Patienten mit Tourette-Syndrom überrepräsentiert (Freeman et al. 2000; Burd et al. 2009). Gleichermaßen kommen Tics gehäuft bei PatientInnen mit Autismusspektrumstörungen vor (Canitano et a. 2007; Kahl et al. 2015). Selbstverletzungen können ebenfalls bei PatientInnen mit Tourette-Syndrom vorkommen, gefährliche Mutilationen sind allerdings eine Rarität.

A.7 Klinische Evaluation und Zusatzuntersuchungen bei PatientInnen mit Tics

Die Einschätzung einer Extrabewegung als »Tic« stützt sich auf die gründliche Anamnese inklusive der Fremdanamnese und die körperliche Untersuchung. Bei Betroffenen mit den oben dargelegten klinischen Charakteristika, bei denen Anamnese und neurologische Untersuchung keine Hinweise auf andere Erkrankungen als Ursache der Tics erbringen, ist es sehr unwahrscheinlich, dass eine strukturelle Hirnläsion oder eine neurodegenerative Erkrankung zugrunde liegt. Insofern ist es bei diesen PatientInnen nicht erforderlich, weitere Zusatzuntersuchungen vorzunehmen. Bei atypischer Präsentation oder Vorliegen von Zusatzsymptomen sollten jedoch weiterführende Untersuchungen erfolgen, einschließlich einer kranialen Bildgebung.

A.7.1 Tests zur Messung der Tic-Schwere

Die diagnostischen Kriterien einer Tic-Störung sind nach ICD-10 und DSM-5 definiert (DSM-5 2013). Ergänzend wurden diagnostische Leitlinien durch eine internationale ExpertInnengruppe publiziert (Szejko et al. 2022). Die psychometrischen Qualitäten von Skalen zur Erfassung des Vorkommens und der Schwere von Tics und begleitender sensorischer Phänomene wurden durch ein Movement Disorders Society Subcommittee systematisch evaluiert (Martino et al. 2017). Für den klinischen Gebrauch wurden fünf Skalen empfohlen: die Yale Global Tic Severity Scale (Leckman et al. 1989), die Tourette Syndrome Clinical Global Impression Scale (Leckman et al. 1988), die Tourette's Disorder Scale (Shytle et al. 2003), die Shapiro Tourette Syndrome Severity Scale (Shapiro et al. 1988) und zur Messung des den Tics vorangehenden Vorgefühls die Premonitory Urges for Tics Scale (Woods et al. 2005, deutsche Übersetzung: Roessner et al. 2010). Sechs weitere wurden darüber hinaus als möglicherweise nützlich vorgeschlagen, und zwar die Rush Video-Based Tic Rating Scale (Goetz et al. 1987), der Motor tic, Obsessions and compulsions, Vocal tic Evaluation Survey (MOVES) (Gaffney et al. 1994), die Tourette Syndrome Global Scale (Harcherik et al. 1984), die Global Tic Rating Scale (Gadow et al. 1986), der Parent Tic Questionnaire (Chang et al. 2009) und die Tourette Syndrome Symptom List (Cohen et al. 1984). Als Screening Instrumente wurden die MOVES Scale und das Autism-Tics, ADHD and other comorbidities Inventory (Larson et al. 2010) empfohlen, alternativ dazu das Apter 4-questions screening (Apter et al. 1993) und der Proxy Report Questionnaire for Parents and Teachers (Cubo et al. 2011) vorgeschlagen.

A.7.2 Weitere klinische Tests

Bei der klinisch-neuropsychiatrischen Exploration ist insbesondere auf Symptome einer ADHS, einer Zwangserkrankung oder einer Depression zu achten. Zur Messung der Schwere dieser Symptome können übliche Skalen eingesetzt werden, wie sie für diese Erkrankungen auch unabhängig vom Bestehen einer Tic-Störung gebräuchlich sind (Szejko et al. 2022). Eine große Bedeutung kommt der Frage zu, in welchem Grad Symptome des Tourette-Syndroms oder einer komorbiden Störung mit der emotionalen, sozialen und familiären Situation und der Ausbildung der Betroffenen interferieren. Oft lässt sich dies erst nach mehreren Sprechstundenterminen in einem längeren Beobachtungszeitraum von einigen Wochen oder Monaten hinreichend sicher abschätzen. Hilfreich kann es sein, die Lebensqualität der PatientInnen mit Hilfe einer speziell für PatientInnen mit Tourette-Syndrom entwickelten Skala zu messen, der Gilles de la Tourette-Syndrome-Quality of Life Scale (GTS-QOL) (Cavanna et al. 2008, deutsche Übersetzung: Neuner et al. 2010). Die erfolgreiche Behandlung von Komorbiditäten, insbesondere einer ADHS und Zwängen, wirkt sich oft auch positiv auf die Tics aus.

A.8 Literatur

Apter A, Pauls DL, Bleich A, Zohar AH, Kron S, Ratzoni G (1993) An epidemiological study of Gilles de la Tourette's syndrome in Israel. Arch Gen Psychiatry; 50: 734–738.
Banaschewski T, Woerner W, Rothenberger A (2003) Premonitory sensory phenomena and suppressibility of tics in Tourette syndrome: developmental aspects in children and adolescents. Dev Med Child Neurol; 45: 700–703.
Bartha S, Bluschke A, Rawish T, Naumann KER, Wendiggensen P, Bäumer T, Roessner V, Münchau A, Beste C (2023) Extra movements in healthy people: Challenging the definition and diagnostic practice of tic disorders. Ann Neurol.; 93:472–478.
Bäumer T, Sajin V, Münchau A (2016) Childhood-onset movement disorders: a clinical series of 606 cases. Mov Disord Clin Pract; doi:10.1002/mdc3.12399.
Beste C, Münchau A (2018) Tics and Tourette syndrome – surplus rather than disorder? Mov Disord; 33: 238–242.
Black KJ, Black ER, Greene DJ, Schlaggar BL (2016) Provisional tic disorder: what to tell parents when their child first starts ticcing. F1000Research; 5: 696.

Bliss J (1980) Sensory experiences of Gilles de la Tourette syndrome. Arch Gen Psychiatry; 37: 1343–7.

Brandt VC, Lynn MT, Obst M, Brass M, Münchau A (2015) Visual feedback of own tics increases tic frequency in patients with Tourette's syndrome. Cogn Neurosci; 6: 1–7.

Brandt VC, Münchau A (2015) Tics. In: Reichmann (Hrsg.). Neuropsychiatric Symptoms of Movement Disorders. Cham Heidelberg New York Dordrecht London: Springer, 223–259.

Brandt VC, Patalay P, Bäumer T, Brass M, Münchau A (2016a) Tics as a model of over-learned behavior-imitation and inhibition of facial tics. Mov Disord; 31: 1155–62.

Brandt VC, Beck C, Sajin V, Baaske MK, Bäumer T, Beste C, Anders S, Münchau A (2016b) Temporal relationship between premonitory urges and tics in Gilles de la Tourette syndrome. Cortex; 77: 24–37.

Brandt VC, Hermanns J, Beck C, Bäumer T, Zurowski B, Münchau A (2018) The temporal relationship between premonitory urges and covert compulsions in patients with obsessive-compulsive disorder. Psychiatry Res; 262:6–12.

Brandt V, Essing J, Jakubovski E, Müller-Vahl K (2023) Premonitory Urge and Tic Severity, Comorbidities, and Quality of Life in Chronic Tic Disorders. Mov Disord Clin Pract.;10(6):922–932. doi: 10.1002/mdc3.13742.

Brandt V, Otte JH, Fremer C, Jakubovski E, Müller-Vahl K (2023) Non-just-right experiences are more closely related to OCD than tics in Tourette patients. Sci Rep.;13(1):19627. doi: 10.1038/s41598-023-37658-0.

Burd L, Li Q, Kerbeshian J, Klug MG, Freeman RD (2009) Tourette syndrome and comorbid pervasive developmental disorders. J Child Neurol 2009; 24: 170–175.

Canitano R, Vivanti G (2007) Tics and Tourette syndrome in autism spectrum disorders. Autism; 11: 19–28.

Cath DC, Hedderly T, Ludolph AG et al. (2011) European clinical guidelines for Tourette syndrome and other tic disorders. Part I: assessment. Eur Child Adolesc Psychiatry; 20: 155–171.

Cavanna AE, Schrag A, Morley D, Orth M, Robertson MM, Joyce E, Critchley HD, Selai C (2008) The Gilles de la Tourette syndrome-quality of life scale (GTS-QOL): development and validation. Neurology; 71: 1410–1416.

Chang S, Himle MB, Tucker BP et al. (2009) Initial psychometric properties of a brief parent-report instrument for assessing tic severity in children with tic disorders. Child Fam Behav Ther; 31:181–191.

Cohen DJ, Leckman JF, Shaywitz BA (1984) The Tourette syndrome and other tics. In: Shaffer DA, Ehrhardt AA, Greenhill LL (eds.), »The clinical guide to child psychiatry«. New York: Free Press, pp. 566–573.

Crossley E, Cavanna AE (2013) Sensory phenomena: clinical correlates and impact on quality of life in adult patients with Tourette syndrome. Psych Res: 209: 705–710.

Crossley E, Seri S, Stern JS, Robertson MM, Cavanna AE (2014) Premonitory urges for tics in adult patients with Tourette syndrome. Brain Dev;36:45–50.

Cubo E, Saez Velasco S, Delgado Benito V et al. (2011) Validation of screening instruments for neuroepidemiological surveys of tic disorders. Mov Disord; 26: 520–526.

Depboylu C, Oertel W, Münchau A (2012) Tourette-Syndrom und andere Tic-Erkrankungen. In: Oertel W, Deuschl G, Poewe W (Hrsg.). Parkinson-Syndrome und andere Bewegungsstörungen. Stuttgart: Georg Thieme Verlag KG, 312–325.

DSM-5 (2013) Diagnostic and statistical manual of mental disorders, 5 Edition. Arlington, VA: American Psychiatric Publishing.

Essing J, Jakubovski E, Psathakis N, Cevirme SN, Leckman JF, Müller-Vahl KR (2022) Premonitory Urges Reconsidered: Urge Location Corresponds to Tic Location in Patients With Primary Tic Disorders. J Mov Disord. 15(1):43–52. doi: 10.14802/jmd.21045.

Ferrao YA, Shavitt RG, Prado H, et al. Sensory phenomena associated with repetitive behaviors in obsessive-compulsive disorder: an exploratory study of 1001 patients. Psychiatry Res. 2012; 197: 253–258.

Finis J, Moczydlowski A, Pollok B, Biermann-Ruben K, Thomalla G, Heil M, Krause H, Robertson MM, Orth M, Jonas M, Schnitzler A, Münchau A (2012) Echoes from childhood – imitation in Gilles de la Tourette syndrome. Mov Disord; 27: 562–5.

Freeman RD, Fast DK, Burd L, Kerbeshian J, Robertson MM, Sandor P (2000) An international perspective on Tourette syndrome: selected findings from 3,500 individuals in 22 countries. Dev Med Child Neurol; 42: 436–447.

Fremer C, Szejko N, Pisarenko A, Haas M, Laudenbach L, Wegener C, Müller-Vahl KR (2023) What distinguishes patients with mass social media-induced illness presenting with Tourette-like behavior from those with Tourette syndrome? Results of a prospective cohort study. Eur Arch Psychiatry Clin Neurosci. doi: 10.1007/s00406-023-01603-z.

Gadow KD, Paolicelli LM (1986) Global Tic Rating Scale. Stony Brook, NY: State University of New York Department of Psychiatry.

Gaffney GR, Sieg K, Hellings J (1994) The MOVES: a self-rating scale for Tourette's syndrome. J Child Adol Psychopharmacol; 4: 269–280.

Ganos C, Kahl U, Schunke O, et al. (2012a) Are premonitory urges a prerequisite of tic inhibition in Gilles de la Tourette syndrome? J Neurol Neurosurg Psychiatry; 83: 975–978.

Ganos C, Ogrzal T, Schnitzler A, Münchau A (2012b) The pathophysiology of echopraxia and echolalia – relevance to Gilles de la Tourette's syndrome. Mov Disord; 27: 1222–9.

Ganos C, Bongert J, Asmuss L, Martino D, Haggard P, Münchau A (2015) The somatotopy of tic inhibition: Where and how much? Mov Disord; 30: 1184–9.

Ganos C, Al-Fatly B, Fischer JF, Baldermann JC, Hennen C, Visser-Vandewalle V, Neudorfer C, Martino D, Li J, Bouwens T, Ackermanns L, Leentjens AFG, Pyatigorskaya N, Worbe Y, Fox MD, Kühn AA, Horn A (2022) A neural network for tics: insights from causal brain lesions and deep brain stimulation. Brain. 145:4385–4397.

Goetz CG, Tanner CM, Wilson RS, Shannon KM (1987) A rating scale for Gilles de la Tourette's syndrome: description, reliability, and validity data. Neurology; 37: 1542–1544.

Goodman WK, Price LH, Rasmussen SA, Mazure C, Fleischmann RL, Hill CL, et al. (1989) The Yale-Brown Obsessive Compulsive Scale. I. Development, use, and reliability. Arch Gen Psychiatry; 46: 1006–11.

Hanna P, Jankovic J (2003) Sleep and tic disorders. In: Chokroverty S, Hening A, Walters, eds. Sleep and Movement Disorders. Woburn, MA: Butterworth-Heinemann: 464–471.

Harcherik DF, Leckman JF, Detlor J, Cohen DJ (1984) A new instrument for clinical studies of Tourette's syndrome. J Am Acad Child Psychiatry; 23: 153–160.

Hassan N, Cavanna AE (2012) The prognosis of Tourette syndrome: implications for clinical practice. Funct Neurol; 27: 23–27.

Herrmann K, Sprenger A, Baumung L, Alvarez-Fischer D, Munchau A, Brandt V (2019) Help or hurt? How attention modulates tics under different conditions. Cortex;120:471–482.

Heyman I, Liang H, Hedderly T (2021) COVID-19 related increase in childhood tics and tic-like attacks. Arch Dis Child.;106(5):420–421.

Hirschtritt ME, Lee PC, Pauls DL, Dion Y, Grados MA, Illmann C, King RA, Sandor P, McMahon WM, Lyon GJ, Cath DC, Kurlan R, Robertson MM, Osiecki L, Scharf JM, Mathews CA (2015) Tourette Syndrome Association International Consortium for Genetics. Lifetime prevalence, age of risk, and genetic relationships of comorbid psychiatric disorders in Tourette syndrome. JAMA Psychiatry; 72: 325–33.

Kahl U, Schunke O, Schöttle D, David N, Brandt V, Bäumer T, Roessner V, Münchau A, Ganos C (2015) Tic phenomenology and tic awareness in adults with autism. Mov Clin Pract. doi:10.1002/mdc3.12154.

Kumar R, Lang AE (1997) Tourette syndrome. Secondary tic disorders. Neurol Clin; 15: 309–31.

Kurlan R, Daragjati C, Como PG, et al. (1996) Non-obscene complex socially inappropriate behavior in Tourette's syndrome. J Neuropsychiatry Clin Neurosci; 8: 311–7.

Kwak C, Dat Vuong K, Jankovic J (2003) Premonitory sensory phenomenon in Tourette's syndrome. Mov Disord;18: 1530–1533.

Lang A (1991) Patient perception of tics and other movement disorders. Neurology; 41: 223–228.

Langelage J, Verrel J, Friedrich J, Siekmann A, Schappert R, Bluschke A, Roessner V, Paulus T, Bäumer T, Frings C, Beste C, Münchau A (2022) Urge-tic associations in children and adolescents with Tourette syndrome. Sci Rep.;12(1):16008. doi: 10.1038/s41598-022-19685-5.

Larson T, Anckarsater H, Gillberg C et al. (2010) The Autism-Tics, AD/HD and other co-morbidities inventory (A-TAC): further validation of a telephone interview for epidemiological research. BMC Psychiatry; 10:1.

Leckman JF, Towbin KE, Ort SI, Cohen DJ (1988) Clinical assessment of tic disorders severity. In: Cohen DJ, Bruun RD, Leckman JF (eds.), »Tourette's syndrome and tic disorders: clinical understanding and treatment«. New York: John Wiley & Sons.

Leckman JF, Walker DE, Cohen DJ (1993) Premonitory urges in Tourette's syndrome Am J Psychiatry; 150: 98–102.

Leckman JF, Riddle MA (2000) Tourette's syndrome: when habit-forming systems form habits of their own? Neuron; 28: 349–354.

Leckman JF, Riddle MA, Hardin MT et al. (1989) The Yale Global Tic Severity Scale: initial testing of a clinician-rated scale of tic severity. J Am Acad Child Adolesc Psychiatry; 28: 566–573.

Leckman JF (2002) Tourette's syndrome. Lancet; 360: 1577–86.

Madruga-Garrido M, Mir P (2013) Tics and other stereotyped movements as side effects of pharmacological treatment. Int Rev Neurobiol;112: 481–94.

Martino D, Pringsheim TM, Cavanna AE, Colosimo C, Hartmann A, Leckman JF, Luo S, Munchau A, Goetz CG, Stebbins GT, Martinez-Martin P, and the Members of the MDS Committee on Rating Scales Development (2017) Systematic review of severity scales and screening instruments for tics: critique and recommendations. Mov Disord; 32: 467–473.

Miguel EC, Coffey BJ, Baer L, Savage CR, Rauch SL, Jenike MA (1995) Phenomenology of intentional repetitive behaviors in obsessive-compulsive disorder and Tourette's disorder. J Clin Psychiatry; 56, 246–255.

Misirlisoy E, Brandt V, Ganos C, Tubing J, Munchau A, Haggard P (2015) The relation between attention and tic generation in Tourette syndrome. Neuropsychology; 29: 658–665.

Müller-Vahl K, Dodel I, Müller N, Münchau A, Reese J-P, Balzer-Geldsetzer M, Dodel R, Oertel W (2010) Health-Related Quality of Life in patients with Gilles de la Tourette syndrome. Mov Disord; 25: 309–314.

Muller-Vahl KR, Riemann L, Bokemeyer S (2014) Tourette patients' misbelief of a tic rebound is due to overall difficulties in reliable tic rating. J Psychosom Res; 76: 472–476.

Müller-Vahl K (2014) Tourette-Syndrom und andere Tic-Erkrankungen im Kindes- und Erwachsenenalter. 2. Auflage. Berlin: Medizinisch Wissenschaftliche Verlagsgesellschaft.

Müller-Vahl KR et al. (2021) Stop that! It's not Tourette's but a new type of mass sociogenic illness. Brain. 145:476–80.

Müller-Vahl KR, Pisarenko A, Fremer C, Haas M, Jakubovski E, Szejko N (2024) Functional Tic-Like Behaviors: A Common Comorbidity in Patients with Tourette Syndrome. Mov Disord Clin Pract. 11(3):227–237. doi: 10.1002/mdc3.13932.

Münchau A (2012) Bewegungsstörungen im Kindesalter. In: Oertel W, Deuschl G, Poewe W (Hrsg.). Parkinson-Syndrome und andere Bewegungsstörungen. Stuttgart: Georg Thieme Verlag KG, 518–548.

Neuner I, Roessner V, Müller-Vahl KR (2010) Autorisierte Deutsche Übersetzung der GTS-QOL, 2009, nach: Cavanna AE, Schrag A, Morley D, Orth M, Robertson MM, Joyce E, Critchley HD, Selai C. The Gilles de la Tourette syndrome-quality of life scale (GTS-QOL): development and validation. Neurology 2008;71:1410–1416. In: Müller-Vahl KR (Hrsg.) Tourette-Syndrom und andere Tic-Erkrankungen. Berlin: Medizinisch Wissenschaftliche Verlagsgesellschaft; p. 202–203.

Palermo SD, Bloch MH, Craiglow B, Landeros-Weisenberger A, Dombrowski PA, Panza K, et al. (2011) Predictors of early adulthood quality of life in children with obsessive-compulsive disorder. Soc Psychiatry Psychiatr Epidemiol; 46: 291–7.

Pappert EJ, Goetz CG, Louis ED, Blasucci L, Leurgans S (2003) Objective assessments of longitudinal outcome in Gilles de la Tourette's syndrome. Neurology; 61: 936–940.

Paszek J, Pollok B, Biermann-Ruben, K, Müller-Vahl K, Roessner V, Thomalla G, Robertson MM, Orth M, Schnitzler A, Münchau A (2010) Is it a tic? – twenty seconds to make a diagnosis. Mov Disord; 25: 1106–1108.

Paulus T et al. (2021) Pandemic Tic-like Behaviors Following Social Media Consumption. Mov Disord.;36(12):2932–2935.

Peterson BS, Leckman JF (1998) The temporal dynamics of tics in Gilles de la Tourette syndrome. Biol Psychiatry; 44: 1337–48.

Pringsheim T, Ganos C, Nilles C, Cavanna AE, Gilbert DL, Greenberg E, Hartmann A, Hedderly T, Heyman I, Liang H, Malaty I, Malik O, Debes NM, Vahl KM, Munchau A, Murphy T, Nagy P, Owen T, Rizzo R, Skov L, Stern J, Szejko N, Worbe Y, Martino D (2023) European Society for the Study of Tourette Syndrome 2022 criteria for clinical diagnosis of functional tic-like behaviours: International consensus from experts in tic disorders. Eur J Neurol.; 30: 902–910.

Robertson MM (2000) Tourette syndrome, associated conditions and the complexities of treatment. Brain; 123: 425–62.

Robertson MM (2008) The prevalence and epidemiology of Gilles de la Tourette syndrome. Part 1: the epidemiological and prevalence studies. J Psychosom Res 65: 461–72.

Robertson MM (2011) Gilles de la Tourette syndrome: the complexities of phenotype and treatment. Br J Hosp Med (Lond); 72: 100–7.

Roessner V, Müller-Vahl KR, Neuner I (2010) Autorisierte Deutsche Übersetzung der PUTS, 2009, nach: Woods DW, Piacentini J, Himle MB, Chang S. Premonitory Urge for Tics Scale (PUTS): initial psychometric results and examination of the premonitory urge phenomenon in youths with Tic disorders. J Dev Behav Pediatr 2005;26:397–403. In: Müller-Vahl KR. Tourette-Syndrom und andere Tic-Erkrankungen. Berlin: Medizinisch Wissenschaftliche Verlagsgesellschaft; p. 204.

Sambrani T, Jakubovski E, Müller-Vahl KR (2016) New Insights into Clinical Characteristics of Gilles de la Tourette Syndrome: Findings in 1032 Patients from a Single German Center. Front Neurosci. doi.org/10.3389/fnins.2016.00415.

Schaich A, Brandt V, Senft A, Schiemenz C, Klein J-P, Faßbinder E, Münchau A, Alvarez-Fischer D (2020) Treatment of Tourette syndrome with attention training technique – a case series. Front Psychiatry;11:519931.

Scharf JM, Miller LL, Mathews CA, Ben-Shlomo Y (2012) Prevalence of Tourette syndrome and chronic tics in the population-based Avon longitudinal study of parents and children cohort. J Am Acad Child Adolesc Psychiatry;51:192–201.

Schubert L, Verrel J, Behm A, Bäumer T, Beste C, Münchau A (2021) Inter-individual differences in urge-tic associations in Tourette syndrome. Cortex;143:80–91. doi: 10.1016/j

Shapiro AK, Shapiro ES, Young JG, Feinberg TE (1988) Measurement in tic disorders. In: Shapiro AK, Shapiro ES, Young JG, Feinberg TE (eds.) »Gilles de la Tourette syndrome (2nd ed.)«. New York, Raven Press, pp. 451–480.

Shytle RD, Silver AA, Sheehan KH, et al. (2003) The Tourette's Disorder Scale (TODS): development, reliability, and validity. Assessment; 10: 273–287.

Stewart SE, Illmann C, Geller DA, Leckman JF, King R, Pauls DL (2006) A controlled family study of attention-deficit/hyperactivity disorder and Tourette's disorder. J Am Acad Child Adolesc Psychiatry; 45: 1354–62.

Szejko N, Robinson S, Hartmann A, Ganos C, Debes NM, Skov L, Haas M, Rizzo R, Stern J, Münchau A, Czernecki V, Dietrich A, Murphy TL, Martino D, Tarnok Z, Hedderly T, Müller-Vahl KR, Cath DC (2022) European clinical guidelines for Tourette syndrome and other tic disorders-version 2.0. Part I: assessment. Eur Child Adolesc Psychiatry. 31(3):383–402. doi: 10.1007/s00787-021-01842-2.

Tunc S, Münchau A (2017) Boys in a famous Choir. Singing and ticcing. Ann Neurol; 82: 1029–1031.

Woods DW, Piacentini J, Himle MB, Chang S (2005) Premonitory urge for tics scale (PUTS): initial psychometric results and examination of the premonitory urge phenomenon in youths with tic disorders. Dev Behav Pediatr; 26: 397–403.

Yang J, Hirsch L, Martino D, Jette N, Roberts J, Pringsheim T (2016) The prevalence of diagnosed tourette syndrome in Canada: A national population-based study. Mov Disord;31:1658–1663.

B Neurobiologie

Valerie Brandt, Alexander Münchau, Julia Friedrich

B.1 Neurobiologie des Tourette-Syndroms

> **Hinweis**
>
> Wie genau das Tourette-Syndrom entsteht, ist bisher ungeklärt. Nach dem gegenwärtigen Stand der Erkenntnisse ist klar, dass das Tourette-Syndrom eine starke genetische Komponente hat und mit Veränderungen in den Basalganglien einhergeht.

B.1.1 Die kortiko-striato-thalamo-kortikale Schleife

Einige post-mortem und bildgebende Studien haben bei Menschen mit Tourette-Syndrom Veränderungen innerhalb der kortiko-striato-thalamo-kortikalen Schleifen gezeigt (Kalanithi et al. 2005; Kataoka et al. 2010; Ramkiran Heidemeyer, Gaebler, Shah, & Neuner 2019; Worbe et al. 2010). Es handelt sich hierbei um eine Reihe überwiegend parallel organisierter Netzwerke, in denen Informationen aus dem Neokortex an das Striatum (Teil der Basalganglien) und anschließend an den Thalamus weitergegeben werden. Der Thalamus reguliert wiederum den Output, der an den Kortex zurückgeführt wird (▶ Abb. B.1 A). Auch Tierstudien legen einen Zusammenhang zwischen strukturellen und funktionellen Veränderungen in diesen Schleifen, insbesondere in den Basalganglien, und der Entstehung von Tics nahe (Bronfeld & Bar-Gad 2013; Bronfeld, Belelovsky & Bar-Gad 2011; Bronfeld, Yael, Belelovsky, & Bar-Gad, 2013).

Die Basalganglien sind wesentlicher Bestandteil der motorischen Schleifen des Gehirns und bestehen aus mehreren Kernen, darunter dem Striatum, welches neurochemisch wiederum in verschiedene Untereinheiten, die jedoch eng miteinander verknüpft sind, untergliedert werden kann: es gibt Matrisomen, die hauptsächlich mit sensomotorischen Arealen verbunden sind und Striosomen, die hauptsächlich Informationen vom orbitofrontalen Kortex und limbischen Teilen des Gehirns erhalten (Crittenden & Graybiel, 2011). Die meisten Neurone des Striatums geben Informationen an den Globus pallidus (internus und externus) und den Nucleus subthalamicus weiter und werden durch sogenannte inhibitorische Interneurone reguliert (Crittenden & Graybiel, 2011) (▶ Abb. B.1 A und ▶ Abb. B.1 B). Sind diese dysfunktional, ändert sich die Aktivität innerhalb der

Basalganglien, was zu Imbalancen im motorischen System und klinisch zu Extrabewegungen führen kann (Mink, 2003) (▶ Abb. B.1 C und ▶ Abb. B.1 D). Postmortem-Studien weisen auf eine verringerte Anzahl und ungleiche Verteilung dieser Interneurone bei PatientInnen mit Tourette-Syndrom hin (Kalanithi et al., 2005; Kataoka et al., 2010). Bei zahlreichen dieser Studien können Einflüsse psychoaktiver Medikamente nicht ausgeschlossen werden können, so dass die Evidenzlage weiterhin unsicher ist.

Verschiedene MRT-Studien zeigten beispielsweise Veränderungen innerhalb der Basalganglien-Schleife bei PatientInnen mit Tourette-Syndrom (Ramkiran et al., 2019; Worbe et al. 2012), wobei die sensomotorischen Anteile dieser Schleifen mit einfachen Tics in Verbindung gebracht werden, während Veränderungen in assoziativen Schleifen mit komplexeren Verhaltensauffälligkeiten assoziiert waren (Singer 2005; Worbe et al. 2010). Eine verstärke Konnektivität zwischen dem motorischen Kortex und dem Nucleus caudatus (Teil der Basalganglien) ist mit stärkeren Tics in Verbindung gebracht worden und eine verstärke Verbindung zwischen dem motorischen Kortex und der Insula war mit einem höheren Dranggefühl assoziiert (Sigurdsson et al. 2018)

Die Basalganglien spielen bei der Handlungsauswahl und der Feinabstimmung des Zusammenspiels verschiedener Muskelgruppen während definierter Bewegungen eine zentrale Rolle. Für die Entstehung von Tics wird eine Disinhibition in Basalganglien-Netzwerken vermutet (▶ Abb. B.1 D). Strukturelle und funktionelle Unterschiede zwischen PatientInnen mit Tourette-Syndrom und gesunden Kontrollprobanden wurden in Teilen der Basalganglien (Wan et al., 2021) und anderen Hirnarealen gefunden, darunter dem Nucleus caudatus, der Amygdala, dem Hippocampus, dem Thalamus, dem Nucleus accumbens (Makki et al. 2008; Neuner et al. 2011; Peterson et al. 2003), dem motorischen und sensorischen Kortex (Sowell et al. 2008), präfrontalen Arealen, dem parietalen Kortex, dem Corpus callosum, dem supplementär-motorischen Areal (SMA) (Baumer et al. 2010; Plessen, et al. 2004; Zapparoli et al. 2020), dem Cerebellum (Sigurdsson et al. 2020; Tikoo et al. 2022; Wan et al. 2021) und einigen limbischen Arealen (Reviewed von Cothros & Martino 2022; Lamanna et al. 2023).

Eine Studie an unbehandelten Jugendlichen mit Tourette-Syndrom ohne Komorbiditäten zeigte keinerlei Unterschiede zur Kontrollgruppe (Roessner et al. 2009), während eine Studie an nicht medikamentös behandelten erwachsenen PatientInnen mit Tourette-Syndrom ohne Komorbiditäten auf Veränderungen im präfrontalen Kortex, Thalamus und Putamen hinwies (Müller-Vahl et al. 2014). Eine Metaanalyse konnte zeigen, dass die graue Substanz innerhalb der kortiko-striato-thalamo-kortikalen Schleife bei Menschen mit Tourette-Syndrom anders verteilt ist als bei gesunden Kontrollen, mit einem höheren Anteil im Thalamus und Hypothalamus (Wen et al. 2021). Die Ergebnisse sind sehr vielfältig, da auch zwischen Studien eine große Varianz besteht im Hinblick auf Alter, Medikamentenstatus und Komorbiditäten der Stichproben sowie der angewandten Methoden. Kürzlich konnte allerdings gezeigt werden, dass die Diagnose »Tourette-Syndrom« von einem Computer-Algorithmus in ca. 70 % der Fälle basierend auf der Konnektivität einer Vielzahl von Hirnarealen inkl. des Striatums, fronto-parietaler Areale und des Cerebellums richtig erkannt werden kann (Zito et al. 2023).

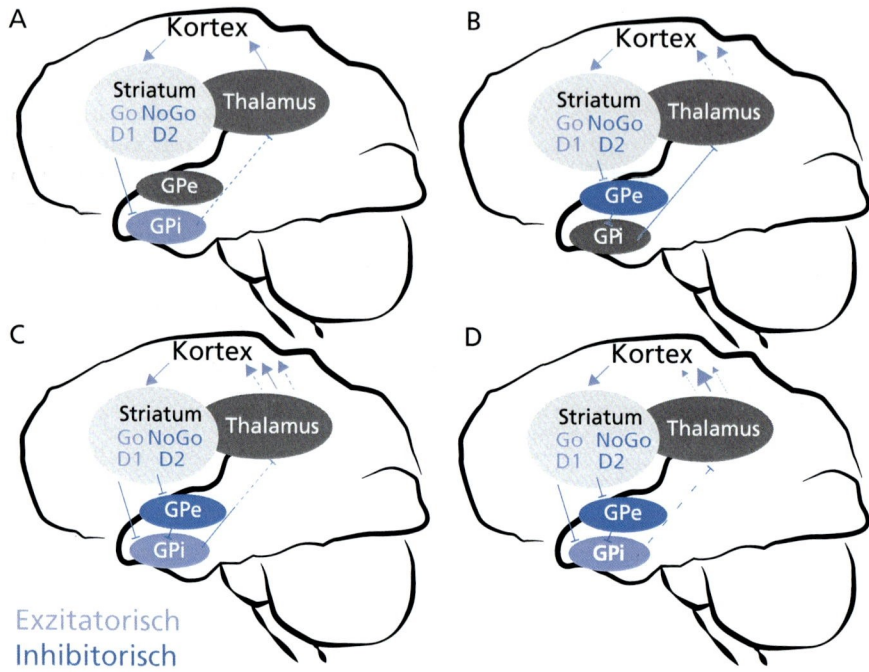

Exzitatorisch
Inhibitorisch

Abb. B.1: Vereinfachtes, schematisches Modell der kortiko-striato-thalamo-kortikalen Verbindungen, von denen angenommen wird, dass sie für das Tourette-Syndrom von Bedeutung sind.

A: Der Neokortex sendet über exzitatorische Verbindungen Informationen an das Striatum. Erhöht sich die Aktivität des Striatums, so wird auch der inhibitorische Output an den Globus Pallidus internus (GPi) erhöht, so dass dessen Aktivität sinkt. Dadurch vermindert sich der inhibitorische Einfluss des GPi auf den Thalamus, dessen Aktivierung als Folge steigt und den Kortex aktiviert. Diese Schleife wird auch als »Go-Pfad« der Basalganglien bezeichnet, da seine Aktivierung die Wahrscheinlichkeit eines motorischen Outputs erhöht.

B: Parallel zum »Go-Pfad« gibt es den »NoGo-Pfad«, der die Wahrscheinlichkeit für ein motorisches Ereignis senkt. Wird das Striatum aktiviert, so steigt gleichzeitig der inhibitorische Output an den Globus Pallidus externus (GPe). Mit sinkender Aktivität des GPe sinkt auch der inhibitorische Einfluss auf den GPi, dessen Aktivität als Folge steigt und den inhibitorischen Einfluss auf den Thalamus erhöht. Der Thalamus verringert somit den Output, den er an den Kortex sendet und die Wahrscheinlichkeit eines motorischen Ereignisses sinkt.

C: Der Go- und der NoGo-Pfad befinden sich in einer Balance. Begegnet eine Person einer Situation mit mehreren möglichen Handlungsalternativen, so wird normalerweise eine situationsangemessene Handlung ausgewählt und alle anderen möglichen Handlungen unterdrückt.

D: Es wird angenommen, dass bei PatientInnen mit Tourette-Syndrom der Go-Pfad im Vergleich zum NoGo-Pfad übermäßig aktiv ist und es daher zu einem übermäßigen, situationsunangemessenen motorischen Output kommt.

Obwohl diese Studien dafürsprechen, dass a) noch genauer untersucht werden muss, welche Hirnareale mit Tics in Verbindung stehen und welche mit Komorbiditäten und b) welche Veränderungen primäre Ursache und welche sekundäre Folgen des Tourette-Syndroms sind, zeigen Studien sehr konsistent einen Zusammenhang zwischen Tics und Veränderungen innerhalb der kortiko-striato-thalamo-kortikalen Schleifen. Es wird vermutet, dass es innerhalb der Basalganglien zu einer Dysbalance zwischen inhibitorischen und exitatorischen Pfaden kommt, die insgesamt zu einer Überaktivierung des motorischen Systems führt (▶ Abb. B.1 A-D).

B.1.2 Dopamin

Dass Dopamin eine Rolle bei der Entstehung und/oder Aufrechterhaltung von Tics spielt, wird vor allem deswegen vermutet, weil Antipsychotika, das heißt antidopaminerg wirkende Medikamente, die wirksamste Behandlung für Tics sind (▶ Kap. D). Es ist allerdings unklar, wie genau Antipsychotika bei PatientInnen mit Tics wirken und inwiefern dabei auch Einflüsse auf andere Neurotransmitter-Systeme relevant sind. So wurde nachgewiesen, dass eine Behandlung von Tics mit dem atypischen Antipsychotikum Aripiprazol auch zu einer Erhöhung der Glutaminkonzentration in verschiedenen Hirnarealen führt (Kanaan et al. 2017). In mehreren Studien wurde untersucht, welche Aspekte des dopaminergen Systems sich zwischen PatientInnen mit Tourette-Syndrom und gesunden Kontrollprobandinnen unterscheiden. Hierzu wurden verschiedene Parameter des dopaminergen Systems überprüft, wie beispielsweise die Dichte von Dopamin-D2-Rezeptoren oder die prä-synaptische Dopaminaktivität. Allerdings waren die Befunde verschiedener Studien zusammengenommen uneindeutig, so dass keine systematische Aussage über Veränderungen im dopaminergen System getroffen werden kann (z. B. Albin et al. 2009; Ben-Dor et al. 2007; Meyer et al. 1999; Muller-Vahl, Berding, Brucke et al. 2000; Muller-Vahl, Berding, Kolbe et al. 2000; Review von Buse et al. 2012). Darüber hinaus hat man bisher keine reliablen Auffälligkeiten in Genen feststellen können, die für das dopaminerge System eine bedeutende Rolle spielen (Paschou 2013). Eine Metaanalyse fand zwar eine erhöhte Dopamin-Transporter-Aktivität bei PatientInnen mit Tourette-Syndrom, diese war allerdings nicht mehr signifikant, wenn für das Alter der eingeschlossenen Personen kontrolliert wurde (Hienert et al. 2018). Dennoch kann dies auch mit Anpassungsmechanismen des Gehirns über die Zeit oder der Einnahme von Medikamenten zusammenhängen. Eine neuere Studie konnte nun bestätigen, dass PatientInnen ohne Medikation eine erhöhte Dopamin-Transporter-Aktivität und eine niedrigere Serotonin-Transporter-Aktivität spezifisch im Putamen zeigen (Nikolaus et al. 2022). Zudem konnte im Urin eine erhöhte Dopaminaktivität bei PatientInnen mit Tourette-Syndrom nachgewiesen werden (Capetian et al. 2021).

B.1.3 Weitere Neurotransmitter-Systeme

Das dopaminerge System ist nicht das einzige Neurotransmittersystem, von dem vermutet wird, dass es eine Rolle bei der Entstehung von Tics spielt. Andere

Neurotransmittersysteme sind allerdings noch nicht so gründlich untersucht worden wie das dopaminerge System (für eine umfassende Übersicht der Literatur siehe Szejko 2022). Hinweise auf Veränderungen finden sich auch im serotonergen (Muller-Vahl et al. 2005; Muller-Vahl et al. 2019; Udvardi et al. 2013), GABAergen (Draper et al. 2014; Puts et al. 2015), glutamatergen (Kanaan et al. 2017) und histaminergen (Karagiannidis et al. 2013) System. Auch Endocannabinoide (Muller-Vahl et al., 2020) und Noradrenalin scheinen von Bedeutung zu sein, hier stammt die Evidenz hauptsächlich aus erfolgreichen Behandlungen von Tics (Szejko et al. 2022). Die Evidenzlage für die Rolle von Acetylcholin ist derzeit noch schwach. Auch über die Wechselwirkung verschiedener Systeme ist noch sehr wenig bekannt.

B.2 Vorgefühle

Wie bereits im Kapitel zur klinischen Phänomenologie beschrieben (▶ Kap. A), berichten über 90 % der erwachsenen PatientInnen mit Tourette-Syndrom, dass ihre Tics mit einem unangenehmen Vorgefühl einhergehen (Leckman et al. 1993; Woods et al. 2005). Trotz der zumindest im Erwachsenenalter elementaren Bedeutung des Vorgefühls sind dessen neuronale Grundlagen und der pathophysiologische Zusammenhang zwischen Drang und Tic unklar, da Vorgefühle bislang immer nur in Bezug auf Tics, nicht jedoch losgelöst hiervon untersucht wurden. In einer Studie wurde die zeitliche Beziehung zwischen der Intensität des Vorgefühls und der Tic-Frequenz bei erwachsenen PatientInnen mit Tourette-Syndrom mittels eines neu entwickelten »Echtzeit Drang-Monitors« unter verschiedenen Bedingungen (freies Ticcen, Tic-Unterdrückung) mit der des Vorgefühls zum physiologischen Blinzeln und der Blinzel-Frequenz bei gesunden Kontrollprobanden verglichen (Brandt et al. 2016). Erwartungsgemäß nahmen in der Tic- bzw. Blinzel-Unterdrückungsbedingung Vorgefühle zu und die Tic- bzw. Blinzel-Frequenz ab. Ebenfalls im Einklang mit klinischen Beobachtungen konnte vor dem Auftreten von Tics eine Zunahme des Drangs und im Anschluss daran eine Abnahme dokumentiert werden (▶ Abb. B.2 A). Allerdings war der statistisch nachweisbare Zusammenhang zwischen Drang und Tics in der Tic-Unterdrückungsbedingung geringer als in der Bedingung »Freies Ticcen«, was nahelegt, dass sich Drang und Tic in Phasen der Tic-Unterdrückung entkoppeln. Diese Ergebnisse stützen die Auffassung, dass Tics durch Drangerleichterung zu einer negativen Verstärkung führen können (▶ Abb. B.2 B). Sie legen darüber hinaus nahe, dass das Drang-Tic-Ereignis ein zusammengesetztes, nicht einheitliches Geschehen mit unterschiedlichen neuronalen Generatoren und nicht eine unabänderliche Kaskade einer »unteilbaren« Handlung ist. Im Hinblick auf verhaltenstherapeutische Ansätze bedeutet dies, dass die Behandlung des einen Phänomens nicht notwendigerweise einen Effekt auch auf das jeweils andere hat. Die Ergebnisse dieser Studie bilden einen Mittelwert über verschiedene PatientInnen und Tics. Für die Behandlung einzelner PatientInnen ist zu beachten, dass der Zusammenhang zwischen Dranggefühl und Tics von dieser Darstellung abweichen kann. Einige wenige PatientInnen berichten beispielsweise von einer Abnahme des Dranggefühls bis zum Tic, woraufhin das Dranggefühl steigt (Schubert et al. 2021). Manche PatientInnen berichten diesen Zusammenhang nur für bestimmte Tics, während sie für andere Tics kein Vorgefühl empfinden.

Manche Studien zu den neuronalen Korrelaten von Vorgefühlen in Verbindung mit Tics sind von der Annahme ausgegangen, dass das Vorgefühl dann stärker ist, wenn Tics unterdrückt werden. Dazu wurde mittels fMRT die Hirnaktivität in einem Zustand des »freien Ticcens« mit dem der Tic-Unterdrückung (Peterson et al. 1998) beziehungsweise »freies Blinzeln« mit Blinzel-Unterdrückung verglichen (Bhikram et al. 2021). Andere Studien verglichen die Hirnaktivität vor und nach dem Ausführen von Tics (Bohlhalter et al. 2006; Neuner et al. 2014) oder die Aktivität vor Tics und vor Willkürbewegungen (Wang et al. 2011). Die Vielfalt der Areale, in denen Aktivität entdeckt wurde, die mit Vorgefühlen assoziiert sein könnte, weist darauf hin, dass alle Methoden unter verschiedenen Schwächen litten. Vermehrte, mit Vorgefühlen in Verbindung gebrachte Aktivität wurde unter anderem im supplementär-motorischen Areal (SMA), der Insula, dem Cingulum und dem parietalen Kortex, dem primären motorischen Kortex, dem somatosensorischen Kortex, Thalamus, Putamen, Amygdala, Cerebellum und Hippocampus gefunden. Tic-Unterdrückung führte zu einer erhöhten Aktivität im primären sensomotorischen Kortex, in temporalen, parietalen und cingulären Regionen, den Basalganglien und dem Thalamus (Peterson et al. 1998). Am eindrücklichsten sind die Ergebnisse einer Studie, in der die SMA direkt während der Vorbereitung eines Epilepsie-chirurgischen Eingriffs stimuliert wurde. Die Studie zeigte, dass (Epilepsie-)PatientInnen daraufhin den Drang verspürten, sich zu bewegen (Fried et al. 1991).

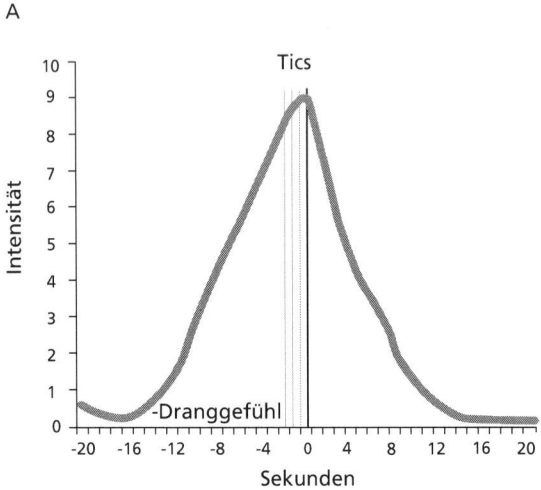

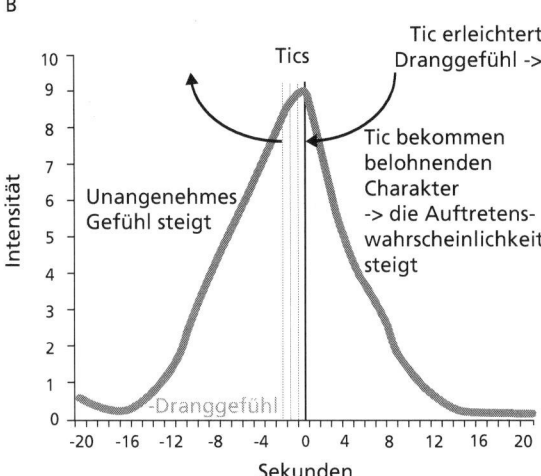

Abb. B.2: Schematische Darstellung des Zusammenhangs zwischen Tics und Dranggefühlen
  A: Dranggefühle steigen an und werden durch einen oder mehrere Tics erleichtert. Dies konnte auch experimentell bestätigt werden. Anzumerken ist allerdings, dass Dranggefühle auch abflauen können, ohne dass ein Tic ausgeführt wurde.
  B: Das Modell der negativen Verstärkung im Bezug auf Dranggefühle und Tics: Dranggefühle nehmen nach einem Tic ab, d.h., der Tic führt zum Wegfallen eines unangenehmen Gefühls. Tics bekommen somit einen belohnenden Charakter und werden aufrechterhalten, obwohl auch sie unangenehm sein können.

Literaturübersichten legen nahe, dass die Insula, der cinguläre Kortex (Jackson et al. 2011) und das SMA diejenigen Hirnareale sind, deren Aktivität am häufigsten einen Zusammenhang mit Vorgefühlen bei Tics zeigt (Li et al. 2023). Kürzlich konnte gezeigt werden, dass ein niedriger GABA-Spiegel in der SMA mit höheren Dranggefühlen zusammenhängt (He et al. 2022). Strukturelle Studien zeigten, dass verschiedene Teile der Insula mit der Tic-Schwere und der Schwere von Dranggefühlen assoziiert sind (Jackson et al. 2020).

B.3   Genetik

Das Tourette-Syndrom tritt gehäuft in Familien auf (O'Rourke et al. 2009). Auch Zwangserkrankungen treten häufig in Familien auf, in denen Tic-Diagnosen bestehen und andersherum (Davis et al. 2013). Konkordanzraten für das Auftreten von Tics bei eineiigen (53–94%) und zweieiigen (8–23%) Zwillingen (Hyde et al. 1992; Price et al. 1985) ließen zunächst sogar eine dominante, monogenetische Vererbung vermuten. Tatsächlich beruhen aber nur etwa 2% der Tourette-Syndrom-Fälle auf monogenetischen Veränderungen (Johnson et al. 2023). Inzwischen ist klar, dass die Vererbung komplex und polygenetisch ist (Dietrich et al. 2015; Paschou et al. 2013). Eine Metaanalyse zeigt, dass die Korrelation für Tic-Erkrankungen bei eineiigen Zwillingen .63 beträgt, während sie bei zweieiigen Zwillingen .34 beträgt (Polderman et al. 2015). Verwandte ersten Grades von PatientInnen mit einer Tic-Diagnose haben ein 18-fach erhöhtes Risiko, ebenfalls eine Tic-Diagnose zu erhalten, während das Risiko für Verwandte zweiten Grades etwa das 5-fache beträgt (Mataix-Cols et al. 2015). Die Studien zeigen, dass die Vulnerabilität, Tics zu entwickeln, eine starke erbliche Komponente hat (etwa 45–77%), dass die tatsächliche Ausprägung aber auch von Umwelteinflüssen (etwa 18–23%) abhängt (Mataix-Cols et al. 2015; Polderman et al. 2015). Inzwischen ist auch klar, dass viele psychiatrische Diagnosen genetisch miteinander korrelieren (Brainstorm et al. 2018; Yang et al. 2021). Dies erklärt einerseits die hohe Komorbidität zwischen verschiedenen Diagnosen, andererseits, warum Kinder von Eltern mit psychiatrischen Diagnosen ein erhöhtes Risiko für psychiatrische Diagnose haben, auch wenn diese nicht notwendigerweise die Gleichen sind.

Eine große Studie mit Familien konnte zeigen, dass etwa 12% der Tourette-Fälle auf neue (de novo) Veränderungen in Genen zurückzuführen sind und nicht vererbt werden (Willsey et al. 2017). Der Rest wird sehr wahrscheinlich über viele Gene vererbt, die verschiedene Mechanismen beeinflussen, wie beispielsweise Zellmigration im Gehirn und transsynaptische Kommunikation (Johnson et al. 2023). Eine Studie mit über 4.000 Erwachsenen mit Tourette-Syndrom konnte zeigen, dass ein wichtiger Unterschied darin besteht, wie oft Gene abgelesen und exprimiert werden. Dies betrifft vor allem den präfrontalen und frontalen Kortex, das Striatum und das Cerebellum bei Tourette-PatientInnen (Yu et al. 2019).

> **Hinweis**
>
> Im Allgemeinen ist es für PatientInnen entlastend zu erfahren, dass Tics eine erbliche Komponente haben. Oft erinnern sich PatientInnen und auch deren Eltern auf Nachfrage, dass auch andere Familienmitglieder Tics haben oder in der Vergangenheit hatten. Dies kann als Ressource genutzt werden. Einerseits ist es für viele PatientInnen entlastend zu wissen, dass Tics eine körperliche Grundlage haben, PatientInnen Tics also nicht »einfach lassen« können, wie es manchmal von Außenstehenden suggeriert oder verlangt wird. Andererseits können Verwandte, die bereits einen guten Umgang mit Tics gefunden haben, als Vorbild dienen.
>
> Dabei ist es nicht so wichtig, dass die Person, die als Vorbild dient, ihre Tics gut »unter Kontrolle« hat. Wichtiger ist, dass die Person einen guten Umgang mit den Tics gefunden hat und sich durch ihre Tics subjektiv nicht sehr belastet fühlt.

B.3 Literatur

Albin, R. L., Koeppe, R. A., Wernette, K., Zhuang, W., Nichols, T., Kilbourn, M. R., & Frey, K. A. (2009). Striatal [11C]dihydrotetrabenazine and [11C]methylphenidate binding in Tourette syndrome. Neurology, 72(16), 1390–1396. doi:10.1212/WNL.0b013e3181a187dd

Baumer, T., Thomalla, G., Kroeger, J., Jonas, M., Gerloff, C., Hummel, F. C., Munchau, A. (2010). Interhemispheric motor networks are abnormal in patients with Gilles de la Tourette syndrome. Mov Disord, 25(16), 2828–2837. doi:10.1002/mds.23418

Ben-Dor, D. H., Zimmerman, S., Sever, J., Roz, N., Apter, A., Rehavi, M., & Weizman, A. (2007). Reduced platelet vesicular monoamine transporter density in Tourette's syndrome pediatric male patients. Eur Neuropsychopharmacol, 17(8), 523–526. doi:10.1016/j.euroneuro.2007.01.002

Bhikram, T., Crawley, A., Arnold, P., Abi-Jaoude, E., & Sandor, P. (2021). Neuroimaging the emotional modulation of urge inhibition in Tourette Syndrome. Cortex, 135, 341–351. doi:10.1016/j.cortex.2020.10.010

Bohlhalter, S., Goldfine, A., Matteson, S., Garraux, G., Hanakawa, T., Kansaku, K., Hallett, M. (2006). Neural correlates of tic generation in Tourette syndrome: an event-related functional MRI study. Brain, 129(Pt 8), 2029–2037. https://doi.org/10.1093/brain/awl050

Brainstorm, C., Anttila, V., Bulik-Sullivan, B., Finucane, H. K., Walters, R. K., Bras, J., Murray, R. (2018). Analysis of shared heritability in common disorders of the brain. Science, 360(6395). doi:10.1126/science.aap8757

Brandt, V., Beck, C., Hermanns, J., Bäumer, T., Zurowski, B., Anders, S., & Münchau, A. (2016). The temporal relationship between premonitory sensations and tics compared to obsessions. Paper presented at the Movement Disorders.

Bronfeld, M., & Bar-Gad, I. (2013). Tic disorders: what happens in the basal ganglia? Neuroscientist, 19(1), 101–108. doi:10.1177/1073858412444466

Bronfeld, M., Belelovsky, K., & Bar-Gad, I. (2011). Spatial and temporal properties of tic-related neuronal activity in the cortico-basal ganglia loop. J Neurosci, 31(24), 8713–8721. doi:10.1523/JNEUROSCI.0195-11.2011

Bronfeld, M., Yael, D., Belelovsky, K., & Bar-Gad, I. (2013). Motor tics evoked by striatal disinhibition in the rat. Front Syst Neurosci, 7, 50. doi:10.3389/fnsys.2013.00050

Buse, J., Schoenefeld, K., Munchau, A., & Roessner, V. (2012). Neuromodulation in Tourette syndrome: Dopamine and beyond. Neurosci Biobehav Rev. 37(6):1069–84. doi: 10.1016/j.neubiorev.2012.10.004.

Capetian, P., Roessner, V., Korte, C., Walitza, S., Riederer, F., Taurines, R., Moser, A. (2021). Altered urinary tetrahydroisoquinoline derivatives in patients with Tourette syndrome: reflection of dopaminergic hyperactivity? J Neural Transm (Vienna), 128(1), 115–120. doi:10.1007/s00702-020-02289-6

Cothros, N., & Martino, D. (2022). Chapter Five – Recent advances in neuroimaging of Tourette syndrome. International Review of Movement Disorders, 3, 161–207.

Crittenden, J. R., & Graybiel, A. M. (2011). Basal Ganglia disorders associated with imbalances in the striatal striosome and matrix compartments. Front Neuroanat, 5, 59. doi:10.3389/fnana.2011.00059

Davis, L. K., Yu, D., Keenan, C. L., Gamazon, E. R., Konkashbaev, A. I., Derks, E. M., Scharf, J. M. (2013). Partitioning the heritability of Tourette syndrome and obsessive compulsive disorder reveals differences in genetic architecture. PLoS Genet, 9(10), e1003864. doi:10.1371/journal.pgen.1003864

Dietrich, A., Fernandez, T. V., King, R. A., State, M. W., Tischfield, J. A., Hoekstra, P. J., the T. I. C. G. C. G. (2015). The Tourette International Collaborative Genetics (TIC Genetics) study, finding the genes causing Tourette syndrome: objectives and methods. Eur Child Adolesc Psychiatry, 24(2), 141–151. doi:10.1007/s00787-014-0543-x

Draper, A., Stephenson, M. C., Jackson, G. M., Pepes, S., Morgan, P. S., Morris, P. G., & Jackson, S. R. (2014). Increased GABA contributes to enhanced control over motor excitability in Tourette syndrome. Curr Biol, 24(19), 2343–2347. doi:10.1016/j.cub.2014.08.038

Fried, I., Katz, A., McCarthy, G., Sass, K. J., Williamson, P., Spencer, S. S., & Spencer, D. D. (1991). Functional organization of human supplementary motor cortex studied by electrical stimulation. J Neurosci, 11(11), 3656–3666. Retrieved from http://www.ncbi.nlm.nih.gov/pubmed/1941101

He, J. L., Mikkelsen, M., Huddleston, D. A., Crocetti, D., Cecil, K. M., Singer, H. S., Puts, N. A. J. (2022). Frequency and Intensity of Premonitory Urges-to-Tic in Tourette Syndrome Is Associated With Supplementary Motor Area GABA+ Levels. Mov Disord, 37(3), 563–573. doi:10.1002/mds.28868

Hienert, M., Gryglewski, G., Stamenkovic, M., Kasper, S., & Lanzenberger, R. (2018). Striatal dopaminergic alterations in Tourette's syndrome: a meta-analysis based on 16 PET and SPECT neuroimaging studies. Transl Psychiatry, 8(1), 143. doi:10.1038/s41398-018-0202-y

Hyde, T. M., Aaronson, B. A., Randolph, C., Rickler, K. C., & Weinberger, D. R. (1992). Relationship of birth weight to the phenotypic expression of Gilles de la Tourette's syndrome in monozygotic twins. Neurology, 42(3 Pt 1), 652–658. Retrieved from http://www.ncbi.nlm.nih.gov/pubmed/1549232

Jackson, S. R., Loayza, J., Crighton, M., Sigurdsson, H. P., Dyke, K., & Jackson, G. M. (2020). The role of the insula in the generation of motor tics and the experience of the premonitory urge-to-tic in Tourette syndrome. Cortex, 126, 119–133. doi:10.1016/j.cortex.2019.12.021

Jackson, S. R., Parkinson, A., Kim, S. Y., Schuermann, M., & Eickhoff, S. B. (2011). On the functional anatomy of the urge-for-action. Cogn Neurosci, 2(3–4), 227–243. doi:10.1080/17588928.2011.604717

Johnson, K. A., Worbe, Y., Foote, K. D., Butson, C. R., Gunduz, A., & Okun, M. S. (2023). Tourette syndrome: clinical features, pathophysiology, and treatment. Lancet Neurol, 22(2), 147–158. doi:10.1016/S1474-4422(22)00303-9

Kalanithi, P. S., Zheng, W., Kataoka, Y., DiFiglia, M., Grantz, H., Saper, C. B., Vaccarino, F. M. (2005). Altered parvalbumin-positive neuron distribution in basal ganglia of individuals with Tourette syndrome. Proc Natl Acad Sci U S A, 102(37), 13307–13312. doi:10.1073/pnas.0502624102

Kanaan AS, Gerasch S, García-García I, Lampe L, Pampel A, Anwander A, Near J, Möller HE, Müller-Vahl K (2017) Pathological glutamatergic neurotransmission in Gilles de la Tourette syndrome. Brain.;140(1):218–234. doi: 10.1093/brain/aww285.

Karagiannidis, I., Dehning, S., Sandor, P., Tarnok, Z., Rizzo, R., Wolanczyk, T., . . . Paschou, P. (2013). Support of the histaminergic hypothesis in Tourette syndrome: association of the histamine decarboxylase gene in a large sample of families. J Med Genet, 50(11), 760–764. doi:10.1136/jmedgenet-2013-101637

Kataoka, Y., Kalanithi, P. S., Grantz, H., Schwartz, M. L., Saper, C., Leckman, J. F., & Vaccarino, F. M. (2010). Decreased number of parvalbumin and cholinergic interneurons in the striatum of individuals with Tourette syndrome. J Comp Neurol, 518(3), 277–291. doi:10.1002/cne.22206

Lamanna, J., Ferro, M., Spadini, S., Racchetti, G., & Malgaroli, A. (2023). The Dysfunctional Mechanisms Throwing Tics: Structural and Functional Changes in Tourette Syndrome. Behav Sci (Basel), 13(8). doi:10.3390/bs13080668

Leckman, J. F., Walker, D. E., & Cohen, D. J. (1993). Premonitory urges in Tourette's syndrome. Am J Psychiatry, 150(1), 98–102. doi:doi.org/10.1176/ajp.150.1.98

Makki, M. I., Behen, M., Bhatt, A., Wilson, B., & Chugani, H. T. (2008). Microstructural abnormalities of striatum and thalamus in children with Tourette syndrome. Mov Disord, 23(16), 2349–2356. doi:10.1002/mds.22264

Mataix-Cols, D., Isomura, K., Perez-Vigil, A., Chang, Z., Ruck, C., Larsson, K. J., Lichtenstein, P. (2015). Familial Risks of Tourette Syndrome and Chronic Tic Disorders. A Population-Based Cohort Study. JAMA Psychiatry, 72(8), 787–793. doi:10.1001/jamapsychiatry.2015.0627

Meyer, P., Bohnen, N. I., Minoshima, S., Koeppe, R. A., Wernette, K., Kilbourn, M. R., Albin, R. L. (1999). Striatal presynaptic monoaminergic vesicles are not increased in Tourette's syndrome. Neurology, 53(2), 371–374. doi: doi: 10.1212/wnl.53.2.371.

Mink, J. W. (2003). The Basal Ganglia and involuntary movements: impaired inhibition of competing motor patterns. Arch Neurol, 60(10), 1365–1368. doi:10.1001/archneur.60.10.1365

Müller-Vahl, K. R., Berding, G., Brucke, T., Kolbe, H., Meyer, G. J., Hundeshagen, H., Emrich, H. M. (2000). Dopamine transporter binding in Gilles de la Tourette syndrome. J Neurol, 247(7), 514–520. doi:10.1111/j.0001-690X.2004.00214.x

Müller-Vahl, K. R., Berding, G., Kolbe, H., Meyer, G. J., Hundeshagen, H., Dengler, R., Emrich, H. M. (2000). Dopamine D2 receptor imaging in Gilles de la Tourette syndrome. Acta Neurol Scand, 101(3), 165–171. doi:10.1034/j.1600-0404.2000.101003165.x

Müller-Vahl, K. R., Bindila, L., Lutz, B., Musshoff, F., Skripuletz, T., Baumgaertel, C., & Suhs, K. W. (2020). Cerebrospinal fluid endocannabinoid levels in Gilles de la Tourette syndrome. Neuropsychopharmacology, 45(8), 1323–1329. doi:10.1038/s41386-020-0671-6

Müller-Vahl, K. R., Grosskreutz, J., Prell, T., Kaufmann, J., Bodammer, N., & Peschel, T. (2014). Tics are caused by alterations in prefrontal areas, thalamus and putamen, while changes in the cingulate gyrus reflect secondary compensatory mechanisms. BMC Neurosci, 15(1), 6. doi:10.1186/1471-2202-15-6

Müller-Vahl, K. R., Meyer, G. J., Knapp, W. H., Emrich, H. M., Gielow, P., Brucke, T., & Berding, G. (2005). Serotonin transporter binding in Tourette Syndrome. Neurosci Lett, 385(2), 120–125. doi:10.1016/j.neulet.2005.05.031

Müller-Vahl, K. R., Szejko, N., Wilke, F., Jakubovski, E., Geworski, L., Bengel, F., & Berding, G. (2019). Serotonin transporter binding is increased in Tourette syndrome with Obsessive Compulsive Disorder. Sci Rep, 9(1), 972. doi:10.1038/s41598-018-37710-4

Neuner, I., Kupriyanova, Y., Stocker, T., Huang, R., Posnansky, O., Schneider, F., & Shah, N. J. (2011). Microstructure assessment of grey matter nuclei in adult tourette patients by diffusion tensor imaging. Neurosci Lett, 487(1), 22–26. doi:S0304-3940(10)01295-4 [pii] 10.1016/j.neulet.2010.09.066

Neuner, I., Werner, C. J., Arrubla, J., Stocker, T., Ehlen, C., Wegener, H. P., Shah, N. J. (2014). Imaging the where and when of tic generation and resting state networks in adult Tourette patients. Front Hum Neurosci, 8, 362. doi:10.3389/fnhum.2014.00362

Nikolaus, S., Mamlins, E., Antke, C., Dabir, M., Muller, H. W., & Giesel, F. L. (2022). Boosted dopamine and blunted serotonin in Tourette syndrome – evidence from in vivo imaging studies. Rev Neurosci, 33(8), 859–876. doi:10.1515/revneuro-2022-0035

O'Rourke, J. A., Scharf, J. M., Yu, D., & Pauls, D. L. (2009). The genetics of Tourette syndrome: a review. J Psychosom Res, 67(6), 533–545. doi:10.1016/j.jpsychores.2009.06.006

Paschou, P. (2013). The genetic basis of Gilles de la Tourette Syndrome. Neurosci Biobehav Rev, 37(6), 1026–1039. doi:10.1016/j.neubiorev.2013.01.016

Paschou, P., Fernandez, T. V., Sharp, F., Heiman, G. A., & Hoekstra, P. J. (2013). Genetic susceptibility and neurotransmitters in Tourette syndrome. Int Rev Neurobiol, 112, 155–177. doi:10.1016/B978-0-12-411546-0.00006-8

Peterson, B. S., Skudlarski, P., Anderson, A. W., Zhang, H., Gatenby, J. C., Lacadie, C. M., Gore, J. C. (1998). A functional magnetic resonance imaging study of tic suppression in Tourette syndrome. Arch Gen Psychiatry, 55(4), 326–333. doi:10.1001/archpsyc.55.4.326

Peterson, B. S., Thomas, P., Kane, M. J., Scahill, L., Zhang, H., Bronen, R., Staib, L. (2003). Basal Ganglia volumes in patients with Gilles de la Tourette syndrome. Arch Gen Psychiatry, 60(4), 415–424. doi:10.1001/archpsyc.60.4.415

Plessen, K. J., Wentzel-Larsen, T., Hugdahl, K., Feineigle, P., Klein, J., Staib, L. H., Peterson, B. S. (2004). Altered interhemispheric connectivity in individuals with Tourette's disorder. Am J Psychiatry, 161(11), 2028–2037. doi:161/11/2028 [pii]

Polderman, T. J., Benyamin, B., de Leeuw, C. A., Sullivan, P. F., van Bochoven, A., Visscher, P. M., & Posthuma, D. (2015). Meta-analysis of the heritability of human traits based on fifty years of twin studies. Nat Genet, 47(7), 702–709. doi:10.1038/ng.3285

Price, R. A., Kidd, K. K., Cohen, D. J., Pauls, D. L., & Leckman, J. F. (1985). A twin study of Tourette syndrome. Arch Gen Psychiatry, 42(8), 815–820. Retrieved from http://www.ncbi.nlm.nih.gov/pubmed/3860194

Puts, N. A., Harris, A. D., Crocetti, D., Nettles, C., Singer, H. S., Tommerdahl, M., Mostofsky, S. H. (2015). Reduced GABAergic inhibition and abnormal sensory symptoms in children with Tourette syndrome. J Neurophysiol, 114(2), 808–817. doi:10.1152/jn.00060.2015

Ramkiran, S., Heidemeyer, L., Gaebler, A., Shah, N. J., & Neuner, I. (2019). Alterations in basal ganglia-cerebello-thalamo-cortical connectivity and whole brain functional network topology in Tourette's syndrome. Neuroimage Clin, 24, 101998. doi:10.1016/j.nicl.2019.101998

Roessner, V., Overlack, S., Baudewig, J., Dechent, P., Rothenberger, A., & Helms, G. (2009). No brain structure abnormalities in boys with Tourette's syndrome: a voxel-based morphometry study. Mov Disord, 24(16), 2398–2403. doi:10.1002/mds.22847

Schubert, L., Verrel, J., Behm, A., Baumer, T., Beste, C., & Munchau, A. (2021). Inter-individual differences in urge-tic associations in Tourette syndrome. Cortex, 143, 80–91. doi:10.1016/j.cortex.2021.06.017

Sigurdsson, H. P., Jackson, S. R., Jolley, L., Mitchell, E., & Jackson, G. M. (2020). Alterations in cerebellar grey matter structure and covariance networks in young people with Tourette syndrome. Cortex, 126, 1–15. doi:10.1016/j.cortex.2019.12.022

Sigurdsson, H. P., Pepes, S. E., Jackson, G. M., Draper, A., Morgan, P. S., & Jackson, S. R. (2018). Alterations in the microstructure of white matter in children and adolescents with Tourette syndrome measured using tract-based spatial statistics and probabilistic tractography. Cortex, 104, 75–89. doi:10.1016/j.cortex.2018.04.004

Singer, H. S. (2005). Tourette's syndrome: from behaviour to biology. Lancet Neurol, 4(3), 149–159. doi: 10.1016/S1474-4422(05)01012-4.

Sowell, E. R., Kan, E., Yoshii, J., Thompson, P. M., Bansal, R., Xu, D., Peterson, B. S. (2008). Thinning of sensorimotor cortices in children with Tourette syndrome. Nat Neurosci, 11(6), 637–639. doi:10.1038/nn.2121

Szejko, N. (2022). Chapter Four – Update and recent progress in the neurobiology of Tourette syndrome. International Review of Movement Disorders, 3, 131–158.

Szejko, N., Saramak, K., Lombroso, A., & Muller-Vahl, K. (2022). Cannabis-based medicine in treatment of patients with Gilles de la Tourette syndrome. Neurol Neurochir Pol, 56(1), 28–38. doi:10.5603/PJNNS.a2021.0081

Tikoo, S., Suppa, A., Tommasin, S., Gianni, C., Conte, G., Mirabella, G., Pantano, P. (2022). The Cerebellum in Drug-naive Children with Tourette Syndrome and Obsessive-Compulsive Disorder. Cerebellum, 21(6), 867–878. doi:10.1007/s12311-021-01327-7

Udvardi, P. T., Nespoli, E., Rizzo, F., Hengerer, B., & Ludolph, A. G. (2013). Nondopaminergic neurotransmission in the pathophysiology of Tourette syndrome. Int Rev Neurobiol, 112, 95–130. doi:10.1016/B978-0-12-411546-0.00004-4

Wan, X., Zhang, S., Wang, W., Su, X., Li, J., Yang, X., Gong, Q. (2021). Gray matter abnormalities in Tourette Syndrome: a meta-analysis of voxel-based morphometry studies. Transl Psychiatry, 11(1), 287. doi:10.1038/s41398-021-01394-8

Wang, Z., Maia, T. V., Marsh, R., Colibazzi, T., Gerber, A., & Peterson, B. S. (2011). The neural circuits that generate tics in Tourette's syndrome. Am J Psychiatry, 168(12), 1326-1337. doi:10.1176/appi.ajp.2011.09111692

Wen, F., Yan, J., Yu, L., Wang, F., Liu, J., Li, Y., & Cui, Y. (2021). Grey matter abnormalities in Tourette syndrome: an activation likelihood estimation meta-analysis. BMC Psychiatry, 21(1), 184. doi:10.1186/s12888-021-03187-1

Willsey, A. J., Fernandez, T. V., Yu, D., King, R. A., Dietrich, A., Xing, J., Heiman, G. A. (2017). De Novo Coding Variants Are Strongly Associated with Tourette Disorder. Neuron, 94(3), 486-499 e489. doi:10.1016/j.neuron.2017.04.024

Woods, D. W., Piacentini, J., Himle, M. B., & Chang, S. (2005). Premonitory Urge for Tics Scale (PUTS): initial psychometric results and examination of the premonitory urge phenomenon in youths with Tic disorders. J Dev Behav Pediatr, 26(6), 397-403. Retrieved from http://www.ncbi.nlm.nih.gov/pubmed/16344654

Worbe, Y., Gerardin, E., Hartmann, A., Valabregue, R., Chupin, M., Tremblay, L., Lehericy, S. (2010). Distinct structural changes underpin clinical phenotypes in patients with Gilles de la Tourette syndrome. Brain, 133(Pt 12), 3649-3660. https://doi.org/10.1093/brain/awq293

Worbe, Y., Malherbe, C., Hartmann, A., Pelegrini-Issac, M., Messe, A., Vidailhet, M., Benali, H. (2012). Functional immaturity of cortico-basal ganglia networks in Gilles de la Tourette syndrome. Brain, 135(Pt 6), 1937-1946. https://doi.org/10.1093/brain/aws056

Yang, Z., Wu, H., Lee, P. H., Tsetsos, F., Davis, L. K., Yu, D., Paschou, P. (2021). Investigating Shared Genetic Basis Across Tourette Syndrome and Comorbid Neurodevelopmental Disorders Along the Impulsivity-Compulsivity Spectrum. Biol Psychiatry, 90(5), 317-327. doi:10.1016/j.biopsych.2020.12.028

Yu, D., Sul, J. H., Tsetsos, F., Nawaz, M. S., Huang, A. Y., Zelaya, I., the Psychiatric Genomics Consortium Tourette Syndrome Working, G. (2019). Interrogating the Genetic Determinants of Tourette's Syndrome and Other Tic Disorders Through Genome-Wide Association Studies. Am J Psychiatry, 176(3), 217-227. doi:10.1176/appi.ajp.2018.18070857

Zapparoli, L., Seghezzi, S., Devoto, F., Mariano, M., Banfi, G., Porta, M., & Paulesu, E. (2020). Altered sense of agency in Gilles de la Tourette syndrome: behavioural, clinical and functional magnetic resonance imaging findings. Brain Commun, 2(2), fcaa204. doi:10.1093/braincomms/fcaa204

Zito, G. A., Hartmann, A., Beranger, B., Weber, S., Aybek, S., Faouzi, J., Worbe, Y. (2023). Multivariate classification provides a neural signature of Tourette disorder. Psychol Med, 53(6), 2361-2369. doi:10.1017/S0033291721004232

C Rationale Verhaltenstherapeutischer Ansätze

Julia Friedrich, Alexander Münchau, Valerie Brandt

C.1 Therapie-Rationale

Zahlreiche Studien belegen die Wirksamkeit des Habit Reversal Training (HRT) und seiner erweiterten Version, der Comprehensive Behavioral Intervention for Tics (CBIT), bei Kindern und Jugendlichen (Piacentini et al. 2010; Ricketts et al. 2016; Rowe et al. 2013) sowie erwachsenen PatientInnen mit Tourette-Syndrom (Deckersbach et al. 2006; Wilhelm et al. 2012; McGuire et al. 2014; Yu et al. 2020). Alternativ empfehlen kanadische, europäische und amerikanische Leitlinien das Exposure and Response Prevention Training (ERP) als Verhaltenstherapie der ersten Wahl bei Tic-Störungen (Andrén et al. 2022; Pringsheim et al. 2019; Steeves et al. 2012), wobei im Vergleich zu HRT/CBIT weniger empirische Evidenz für die Wirksamkeit der ERP-Behandlung vorliegt (Andrén et al. 2022). Die Gleichwertigkeit der beiden therapeutischen Interventionen in Bezug auf die Reduktion der Tic-Schwere und -häufigkeit konnte bereits gezeigt werden (Verdellen et al. 2004).

C.1.1 Modell des Habit Reversal Trainings (HRT)

In ihrer Originalarbeit von 1973 schlagen Azrin und Nunn HRT als Therapie für »nervöse Angewohnheiten und Tics« vor (Azrin und Nunn 1973). Damalige Erklärungsmodelle für Tics umfassten die Sichtweisen, dass Tics entweder Ausdruck erotischer und aggressiver Impulse seien, die aus einer übermäßigen Anspannung entstünden oder aber erlernte Verhaltensweisen seien, die durch operante Konditionierung aufrechterhalten würden.

Die von Azrin und Nunn entwickelte Therapie war eine Antwort auf das damals vorherrschende Modell, das die folgenden Komponenten umfasste:

- Es nahm an, dass Tics ursprünglich als »normale« Verhaltensweisen auftreten oder auch als Reaktion auf ein traumatisches Ereignis bzw. eine Verletzung.
- Das Modell ging außerdem davon aus, dass Tics zwar normalerweise auf soziale Ablehnung stoßen sollten, von den PatientInnen aber so unauffällig in bestehende Bewegungen integriert werden könnten, dass dies keine aversiven sozialen Konsequenzen hervorriefe. Die stark automatisierten Bewegungen würden daraufhin von Betroffenen nicht mehr wahrgenommen werden.

- Dies wiederum würde die beanspruchten Muskeln stärken, wohingegen die dagegen arbeitenden Muskeln recht ungenutzt blieben, was es den Betroffenen wiederum erschweren würde, die Tic-Bewegung zu unterdrücken.
- Schließlich wurde postuliert, dass Mitleid als sozialer Verstärker für Tics fungiert.

Da dieser Erklärungsansatz mehrere Komponenten umfasste, entwickelten Azrin und Nunn eine Therapieform, die allen Komponenten gerecht werden sollte. Ein Aufmerksamkeits-Training sollte den PatientInnen helfen, sich ihrer Tics bewusster zu werden. Tic-Bewegungen sollten möglichst unterbrochen werden, damit sie nicht länger Teil einer automatischen »Bewegungs-Kette« blieben. Gegenbewegungen sollten genutzt werden, um die »Gewohnheit« zu unterbrechen und den antagonistischen Muskel zu stärken, wobei die Gegenbewegung »sozial akzeptierter« sein sollte als der Tic. Soziale Verstärkungsmechanismen sollten möglichst unterbunden werden. Ein Entspannungstraining sollte schließlich die allgemeine Anspannung von PatientInnen lindern (Azrin und Nunn 1973). Evers und van de Wetering (1994) ergänzten den therapeutischen Ansatz, indem sie vorschlugen, Vorgefühle als Indikator für Tics zu verwenden, um deren Anbahnung frühzeitig zu erkennen und Vorgefühle und Tics in eine zeitlich sinnvolle Abfolge für TherapeutIn und PatientIn zu bringen (Evers und van de Wetering 1994).

Das derzeitige Modell des HRT macht sich Dranggefühle zunutze, um sich anbahnende Tics rechtzeitig zu identifizieren. Bemerken PatientInnen einen sich anbahnenden Tic, so können sie im Optimalfall mit einer Gegenbewegung reagieren, bevor der Tic auftritt (▶ Abb. C.1). Deswegen ist es wichtig, den sich anbahnenden Tic rechtzeitig zu identifizieren. Allerdings sollte auch unmittelbar zu Beginn des Tics die Gegenbewegung noch eingesetzt werden.

Bei der Analyse bisher noch unveröffentlichter Daten erwachsener PatientInnen mit Tourette-Snydrom zeigte sich, dass – obwohl sich die Tics im Laufe des HRT verringern – sich die Fähigkeit zur Tic-Unterdrückung nicht verändert. Allerdings zeigt sich sowohl eine Reduktion des Dranggefühls am Ende der einzelnen Sitzungen als auch über die Therapiestunden hinweg, was für eine Habituation spricht (Eberhard et al. 2023).

C.1.2 Modell der Exposure and Response Prevention (ERP)

Der ERP (dt.: »Exposition mit Reaktionsverhinderung«) liegt die Annahme zugrunde, dass Tics durch negative Verstärkung aufrechterhalten werden (Capriotti et al. 2014; Evers und van de Wetering 1994; Himle et al. 2008; Himle et al. 2007; McGuire et al. 2015; Specht et al. 2013; Woods et al. 2008), wobei Tics eine konditionierte Reaktion auf sensorische Empfindungen bzw. Vorgefühle darstellen (Verdellen et al. 2004). Vorgefühle können sehr unangenehm sein (Eddy und Cavanna 2014). Indem PatientInnen einen Tic ausführen, vermeiden sie die weitere Zunahme des Vorgefühls und reduzieren somit eine unangenehme Empfindung (im Sinne einer negativen Verstärkung). Mit Hilfe von ERP soll dieser Kreislauf durchbrochen werden, indem die PatientInnen lernen, das als unangenehm emp-

C Rationale Verhaltenstherapeutischer Ansätze

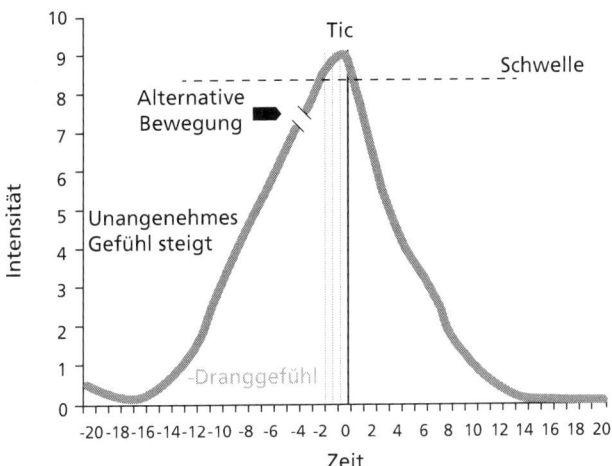

Abb. C.1: Derzeitiges Modell der Wirkungsweise von HRT. Das Dranggefühl steigt an. Wird dem Gefühl nichts entgegengesetzt, so wird ein Tic ausgeführt. Merken die PatientInnen aber, dass sich ein Tic anbahnt, so können sie eine Gegenbewegung ausführen, die den Tic verhindert.

fundene Gefühl, ähnlich wie Angst, auszuhalten. ERP umfasst zwei Hauptkomponenten, Exposition und Reaktionsverhinderung. Während der Exposition werden die PatientInnen angeleitet, sich auf ihre Vorgefühle zu konzentrieren, um die Aufmerksamkeit für Empfindungen, die den Tics vorausgehen, zu steigern. Dazu werden im Verlauf der Therapie Tics mit Hilfe von Imagination oder konkreten Übungen provoziert, um die Bewusstheit für die dem Tic vorausgehenden Empfindungen weiter zu erhöhen. Im Rahmen der Reaktionsverhinderung üben die PatientInnen die Ausführung aller Tics so lange wie möglich zu unterdrücken und die persönliche Bestzeit bei der Tic-Unterdrückung immer weiter zu verlängern. Dies wird weiterhin geübt, während mit Hilfe von Imaginationen oder konkreten Übungen den Tics vorausgehende Empfindungen provoziert werden. So kann die Gewöhnung (Habituation) an das Vorgefühl zu einer Abnahme der Empfindung führen, wodurch eine Tic-Reduktion stattfinden kann (Hoogduin et al. 1997). Die »Gewöhnungs-Hypothese« ist nicht unumstritten (Houghton et al. 2017) und es bedarf der weiteren Erforschung zugrundeliegender Mechanismen.

C.1.3 Neue Perspektiven

Grundlegend ist es notwendig, die Wirkmechanismen beschriebener Behandlungsansätze zu untersuchen, um zu verstehen, wie die therapeutischen Interventionen zur Symptomreduktion beitragen. Dieses Verständnis kann dabei helfen, Behandlungsansätze weiter zu verbessern. Zudem könnte dieses Wissen dazu genutzt werden, die Behandlung zu individualisieren und die Akzeptanz und Wirksamkeit der Therapie zu steigern. Beispielsweise könnte es zukünftig möglich werden, dass den PatientInnen auf Grundlage eines evidenz-basierten Vorhersagemodells spezifische Interventionen nahegelegt werden (Morand-Beaulieu et al. 2018).

Bislang mangelt es an einem umfassenden Verständnis der kognitiven und neuronalen Mechanismen, die der Wirksamkeit verhaltenstherapeutischer Verfahren für Tic-Störungen zugrunde liegen (Petruo et al. 2020). Allerdings könnte eine Veränderung der Konzeptualisierung als klassische Bewegungsstörung hin zu einer Störung der Wahrnehmungs-Handlungsintegration der Untersuchung kognitiver und neuronaler Prozesse von Tic-Störungen, aber auch der Wirkmechanismen verhaltenstherapeutischer Ansätze, zugutekommen.

Weiterhin besteht Unklarheit hinsichtlich der neurophysiologischen Mechanismen, die den Effekten von Verhaltenstherapie zugrunde liegen. In einer Studie, in der die Auswirkungen von CBIT auf die Leistung in einer Reaktions-Inhibitionsaufgabe sowie auf verschiedene EEG-Marker untersucht wurden, fanden sich keine Veränderungen dieser Variablen durch die Behandlung (Morand-Beaulieu et al. 2022). Es bedarf weiterer Forschung, um die neurophysiologischen Prozesse verhaltenstherapeutischer Behandlungen für PatientInnen mit Tic-Störungen zu verstehen und die Entwicklung einer individualisierten Behandlung voranzutreiben (Friedrich et al. 2023).

C.2 Grundsätzliche Konzepte zum Phänomen »Tic«

C.2.1 Konzepte zu Tics – »Normale« Bewegungen oder automatisierte Abläufe?

Dem Konzept des HRT liegt die Annahme zugrunde, dass Tics als normale Bewegungen beginnen. Dies deckt sich mit Ergebnissen einer Studie, in der kurze Videoaufnahmen einzelner Tics mit solchen spontan auftretender einfacher Bewegungen gesunder Kontrollen verglichen wurden (Paszek et al. 2010). Kernbefund dieser Studie war, dass auch ausgewiesene ExpertInnen einzelne Tics nicht verlässlich von einzelnen Spontanbewegungen bei Gesunden unterscheiden konnten, Tics jedoch mit hoher Treffsicherheit und Übereinstimmung identifizierten, wenn sie längere Video-Segmente beurteilten, wenn Tics also wiederholt auftraten und, verglichen mit Spontanbewegungen Gesunder, als »übertriebene« Bewegungen wahrgenommen wurden (Paszek et al. 2010). Auf dieser Grundlage untersuchten Paulus et al. (2021) mit Hilfe von maschinellem Lernen, welche Eigenschaften der Tic-Phänomenologie die stärkste Vorhersagekraft für die Diagnose als Tourette-Syndrom haben. Dazu analysierten sie kurze standardisierte Videoaufnahmen von Personen mit und ohne Tourette-Diagnose und konnten zeigen, dass allein die Schwere der motorischen Tics ausreicht, um eine Klassifikation mit 90 %iger Genauigkeit vorzunehmen. Daraus wurde geschlussfolgert, dass vokale Tics eine untergeordnete Rolle bei der Diagnosestellung einnehmen.

Weiterhin wurden in einer Studie (Bartha et al. 2023) mit Hilfe kurzer standardisierter Videoaufnahmen »Extra-Bewegungen« (nicht zielgerichtete und im jeweiligen Kontext nicht erforderliche Spontanbewegungen) bei Personen mit und ohne Tic-Störung untersucht. Es konnte gezeigt werden, dass ein gewisses Ausmaß nicht zielgerichteter und nicht erforderlicher Spontanbewegungen auch bei Personen ohne Tic-Störung vorliegen kann und dies somit nicht ausreichend ist, um das Vorliegen einer Tic-Störung zu diagnostizieren. Vermutlich ist es eher so, dass das Ausmaß, in dem man sich »in Ruhe« bewegt, auf einem Kontinuum dargestellt werden kann und dies kann wiederum auch von Person zu Person variieren. Zwar war die Anzahl an Extra-Bewegungen bei Personen, die mit einer Tic-Störung diagnostiziert worden waren, signifikant höher, allerdings konnte kein zuverlässiger Schwellenwert festgelegt werden, der Personen mit und ohne Tic-Störung eindeutig trennt. Aussagekräftiger für die Einordnung als Person mit oder ohne Tic-Störung waren Selbstberichte, beispielsweise zum Vorliegen von Vorgefühlen, sowie zur Kontextabhängigkeit von Tics. Unbekannt ist noch, warum manche Bewegungen zu Tics werden. Eltern einzelner PatientInnen berichten, dass nach einer Erkältung manchmal Räusper- oder Schnief-Tics auftreten. Zudem kann es vorkommen, dass PatientInnen sich Bewegungen oder Tics bei Anderen »abschauen« und als Tic reproduzieren (Finis et al. 2012). Studien zur Imitation von Finger- oder Gesichtsbewegungen zeigten allerdings keinen Mangel an Kontrolle über automatische Imitationstendenzen bei PatientInnen mit Tourette-Syndrom (Brandt et al. 2016; Jonas et al. 2010). Auch bei der Anwendung des HRT in einem Gruppensetting wurde keine Übernahme neuer Tics von anderen PatientInnen berichtet (▶ Kap. E.5.2). Zudem verändert sich das »Tic-Repertoire« über die Zeit, und dies bei Kindern mehr als bei Erwachsenen. Bislang ist unklar, warum Tics wechseln und sich verändern, ob dies intern oder extern ausgelöst wird und weshalb manche »normalen Bewegungen« zu Tics werden und andere nicht.

Es wurden naheliegende Parallelen zwischen Tics, Gewohnheiten und Zwängen hergestellt. So finden sich Überlappungen zwischen den fronto-striatalen Regelkreisen, die bei der Entstehung von Tics eine Rolle zu spielen scheinen mit Arealen, die bei der Bildung und dem Abruf von Gewohnheiten aktiviert werden (Leckman und Riddle 2000) und Regionen, in denen strukturelle und funktionelle Veränderungen bei PatientInnen mit Zwangserkrankungen berichtet wurden (Menzies et al. 2008). Ähnlich wie Tics werden auch Gewohnheiten als Stimulus-getriebene Handlungen definiert, deren Ausführung keiner besonderen Aufmerksamkeit bedarf und nicht an ein »outcome« geknüpft ist. Sowohl Tics als auch Gewohnheiten sind durch ihren sich wiederholenden Charakter, aber auch ihre Veränderbarkeit über die Zeit charakterisiert (Leckman et al. 2010). Dennoch kann man weder Tics noch Zwänge mit Angewohnheiten gleichsetzen.

Obwohl der Terminus »Gewohnheitsumkehr-Training« – die häufig gebrauchte deutsche Bezeichnung für HRT – suggeriert, es sei ein Training gegen Gewohnheiten, werden Tics heute klar von dem, was umgangssprachlich manchmal als »Tick« (Angewohnheiten) bezeichnet wird, unterschieden.

Es gibt auch Hinweise darauf, dass Tics stark automatisierte Bewegungsabläufe sind (Brandt et al. 2016). Wie bewusst oder unbewusst Tics ausgeführt werden, variiert allerdings nicht nur von PatientIn zu PatientIn, sondern auch bei jeder einzelnen Person (Lang 1991). Einige Personen mit Tourette-Syndrom erleben zumindest einen Teil ihrer Tics als willentliche Bewegungen, ausgeführt, um das Vorgefühl zu erleichtern. Dabei sind nicht alle Tics mit Vorgefühlen assoziiert (Lang 1991). In einer Gruppe von Kindern und Jugendlichen mit Tourette-Syndrom konnte gezeigt werden, dass über alle Personen hinweg eine positive Assoziation zwischen Vorgefühlen und Tics besteht (Langelage et al. 2022). Je stärker das Vorgefühl, desto höher war die Wahrscheinlichkeit für die Ausführung eines Tics, Vorgefühle waren stärker zum Zeitpunkt der Tic-Ausführung und die Tic-Stärke korrelierte mit dem Vorgefühl. Auf individueller Ebene zeigte sich allerdings ein weitaus heterogeneres Bild. Bei weniger als der Hälfte der Kinder und Jugendlichen bestand ein positiver Zusammenhang zwischen Vorgefühlen und Tics. Bei einem vergleichbaren Anteil von Personen bestand kein Zusammenhang und bei zwei Personen war der Zusammenhang zwischen Vorgefühlen und Tics sogar negativ, was die Annahme in Frage stellt, dass Tics durch das Vorgefühl ausgelöst werden (im Sinne einer negativen Verstärkung) (Capriotti et al. 2014; McGuire et al. 2015). Weiterhin konnte gezeigt werden, dass sich bei Kindern und Jugendlichen im Vergleich mit Erwachsenen mit Tourette-Syndrom ein schwächerer Zusammenhang zwischen der Stärke des Vorgefühls und der Tic-Intensität zeigt (Langelage et al. 2022; Schubert et al. 2021). Die Befunde könnten ein Hinweis darauf sein, dass sich Vorgefühle eher als Anpassung an den Tic entwickeln, um Tics besser antizipieren und kontrollieren zu können (Langelage et al. 2022).

Auch in der Population von erwachsenen Personen mit Tourette-Syndrom, die als Vergleichsgruppe zur Kinder- und Jugendlichen-Stichprobe in der Studie von Langelage et al. (2022) herangezogen wurde, konnte über alle Personen hinweg ein positiver Zusammenhang zwischen subjektivem Dranggefühl und Tics gefunden werden (Schubert et al. 2021). Wenn das Vorgefühl besonders stark war, zeigte sich eine höhere Tic-Häufigkeit und -intensität. Allerdings fand sich auch bei erwachsenen PatientInnen mit Tourette-Syndrom ein deutlicher Unterschied zwischen den Personen auf individueller Ebene. Bei der überwiegenden Anzahl an PatientInnen zeigte sich ein positiver Zusammenhang, jedoch konnte bei einigen PatientInnen gar kein Zusammenhang festgestellt werden und bei zwei PatientInnen sogar ein negativer Zusammenhang. Die Befunde deuten darauf hin, dass die Beziehung zwischen Vorgefühlen und Tics komplexer und weniger eindeutig ist als zunächst angenommen.

Studienergebnisse legen nahe, dass Tics zwar hoch automatisiert sind (Brandt et al. 2016), viele Tics (zumindest bei Erwachsenen) aber dennoch nicht unbewusst ablaufen (Lang 1991). Erfahrungsgemäß kann dies allerdings auch von Situation zu Situation variieren. Aus der Annahme, dass es sich bei Tics um automatisierte Abläufe handelt, folgt im Hinblick auf verhaltenstherapeutische Ansätze die Notwendigkeit, sie frühzeitig zu unterbinden. Bei quasi »willentlich« initiierten Tics, d. h. Tics, die sich durch ein Vorgefühl ankündigen, ist dies leichter möglich als bei Tics, die unbewusst bzw. unbemerkt ablaufen. Aufmerksamkeitstraining kann hilfreich sein, Vorgefühle vor Tics »aufzuspüren«. Bei Kindern treten Vorgefühle seltener auf als bei erwachsenen PatientInnen mit Tourette-Syndrom. Daher benötigen Erwachsene seltener Vorübungen zum Erkennen des Vorgefühls als Kinder (zu Übungen ▶ Teil II). Können die PatientInnen ihre Tics gut identifizieren, ist das Ausführen der Gegenbewegungen im Alltag einfacher.

Tics werden zunehmend als Phänomene verstärkter Wahrnehmungs-Handlungskopplung beschrieben, wobei Vorgefühle die Wahrnehmungs- und Tics die Handlungskomponente darstellen (Beste und Münchau 2018). Dies konnte in einer Studie mit erwachsenen Personen mit Tic-Störungen bzw. Tourette-Syndrom nachgewiesen werden, die gebeten wurden, eine visuelle Reiz-Reaktions-Aufgabe durchzuführen. Zudem konnte gezeigt werden, dass eine stärkere Wahrnehmungs-Handlungskopplung mit einer höheren Tic-Frequenz assoziiert ist (Kleimaker et al. 2020). Die verstärkte Wahrnehmungs-Handlungskopplung bei Personen mit Tourette-Syndrom scheint ein modalitätsspezifisches Phänomen zu sein. Unter Verwendung einer Version der Reiz-Reaktions-Aufgabe, bei der elektro-taktile Reize anstatt visueller Reize appliziert wurden, konnten keine Unterschiede hinsichtlich der Stärke der Wahrnehmungs-Handlungskopplung zwischen Personen mit und ohne Tourette-Syndrom festgestellt werden (Friedrich et al. 2021).

C.2.2 Soziale Verstärkung

Zur sozialen Verstärkung von Tics liegen keine Studien vor. Allerdings erfahren Personen mit Tourette-Syndrom häufig deutliche und direkte negative soziale Konsequenzen ihrer Erkrankung. Von 672 PatientInnen mit Tics gaben 40 % an, soziale Anlässe und Gruppen wegen ihrer Tics zu meiden, 30 % berichteten, schon einmal wegen ihrer Tics diskriminiert worden zu sein und 17 % wurden gebeten, einen öffentlichen Platz zu verlassen (Conelea et al. 2013). Von 200 PatientInnen waren dennoch nur 2,2 % wegen ihrer Symptome nicht in der Lage zu arbeiten (Dodel et al. 2010).

Verworfen werden muss daher die Annahme, dass Tics im Allgemeinen so unauffällig in das Verhalten integriert werden können, dass sie für Außenstehende nicht wahrnehmbar sind bzw. dass Tics nicht zu aversiven sozialen Konsequenzen führen. Zwar können Personen mit Tourette-Syndrom ihre Tics für eine gewisse Zeit unterdrücken oder in unauffälligere Tics umwandeln und tun dies auch, dennoch drängen sich Tics im Vergleich zu Willkürbewegungen im Allgemeinen auf.

Ob Mitleid oder soziale Verstärkung eine Rolle bei der Aufrechterhaltung von Tics spielen, ist schwer nachzuweisen. Das HRT bzw. CBIT nutzt Prinzipien der operanten Konditionierung, indem einerseits mögliche Verstärker identifiziert (Bsp.: »meine Eltern lassen mich mit den Hausaufgaben in Ruhe, wenn ich ticce«) und ausgeschaltet werden sollen, andererseits ein Belohnungssystem (Kontingenz-Management) für Tic-freie Intervalle eingeführt wird. Hierzu wird eine Art »Token-System« verwendet, bei dem sich Eltern, Kinder und TherapeutInnen darauf einigen, wann welche Belohnungen eingesetzt werden. Eine Pilotstudie mit vier Kindern lieferte erste Hinweise darauf, dass Tic-Unterdrückung effektiver ist, wenn Tic-freie Intervalle belohnt werden, als wenn Belohnungen zufällig erfolgen (Himle et al. 2008).

C.2.3 Entspannung

Die Annahme, dass Tics eine ansteigende Spannung im Muskel begünstigen, ist bisher nicht wissenschaftlich untermauert worden. Da Vorgefühle manchmal als im Muskel lokalisiert empfunden werden, könnte vermutet werden, dass bei Personen mit Tourette-Syndrom eine veränderte somatosensorische Wahrnehmung vorliegt. Eine Studie, die 13 Parameter der sensorischen Wahrnehmung zwischen Personen mit Tourette-Syndrom und gesunden Kontrollen untersuchte, fand allerdings keine Gruppenunterschiede (Schunke et al. 2016). Was sich allerdings bei Personen mit Tourette-Syndrom zeigt, ist eine erhöhte Sensitivität für externe Stimuli (Cohen und Leckman 1992; Belluscio et al. 2011), sowie eine Veränderung der wahrnehmungsbezogenen Verarbeitung (Nowak et al. 2005).

PatientInnen berichten häufig, dass sich Tics unter Stress verschlimmern (Bornstein et al. 1990; Eapen et al. 2004; Robertson et al. 2002; Silva et al. 1995, Review von Conelea und Woods 2008), wobei dieser Effekt experimentell noch nicht nachgewiesen werden konnte (Conelea et al. 2011). Allerdings fand man bei Personen mit Tourette-Syndrom eine erhöhte Kortisol-Ausschüttung als Reaktion auf stressige Ereignisse (Chappell et al. 1994; Corbett et al. 2008). Bei Jugendlichen mit Tourette-Syndrom scheint das Stresslevel insgesamt höher zu sein als bei Jugendlichen ohne Tics (Lin et al. 2007). Obwohl Stress und damit einhergehend wahrscheinlich auch Anspannung bei Personen mit Tourette-Syndrom eine wichtige Rolle spielen, sind Entspannungsverfahren nicht für alle PatientInnen geeignet bzw. nicht bei allen erfolgreich (▶ Kap. F) und sollten individuell besprochen werden, da Entspannung bei manchen PatientInnen auch zu einer Verschlechterung der Tics führen kann. In diesen Situationen könnte Sport als Alternative erwogen werden (Nixon et al. 2014).

Während sich neurobiologische Annahmen über die Ursachen des Tourette-Syndroms vorrangig aus der Wirksamkeit von Antipsychotika entwickelt haben, basieren psychotherapeutische Ansätze auf theoretischen Modellen, von denen einige wissenschaftlich untermauert, andere widerlegt wurden. Einige werden gegenwärtig noch untersucht und müssen ggf. an neue Erkenntnisse angepasst werden. Obwohl psychotherapeutische Ansätze eine sehr gute Wirksamkeit zeigen, ist es wichtig, mit PatientInnen individuelle Wege zu erarbeiten. Auch kann es hilfreich sein, Probleme in die Therapie mit einzubeziehen, die nicht unmittelbar mit den Tics zusammenhängen (z. B. Umgebungsfaktoren, Komorbiditäten, Lebensstil).

C.3 Literatur

Andrén P, Jakubovski E, Murphy TL, Woitecki K, Tarnok Z, Zimmerman-Brenner S, et al. (2022) European clinical guidelines for Tourette syndrome and other tic disorders-version

2.0. Part II: psychological interventions. Eur Child Adolesc Psychiatry. https://doi.org/10.1007/s00787-021-01845-z.

Azrin NH, Nunn RG (1973) Habit-reversal: a method of eliminating nervous habits and tics Behav Res Ther 11: 619-628

Bartha, S., Bluschke, A., Rawish, T., Naumann, K. E. R., Wendiggensen, P., Bäumer, T., Roessner, V., Münchau, A., & Beste, C. (2023) Extra Movements in Healthy People: Challenging the Definition and Diagnostic Practice of Tic Disorders. Annals of Neurology, 93(3), 472–478. https://doi.org/10.1002/ana.26586

Belluscio BA, Jin L, Watters V, Lee TH, Hallett M. (2011) Sensory sensitivity to external stimuli in Tourette syndrome patients. Mov Disord Off J Mov Disord Soc;26:2538–43. https://doi.org/10.1002/mds.23977.

Beste, C., & Münchau, A. (2018) Tics and Tourette syndrome—Surplus of actions rather than disorder? Movement Disorders: Official Journal of the Movement Disorder Society, 33(2), 238–242. https://doi.org/10.1002/mds.27244

Bornstein RA, Stefl ME, Hammond L (1990) A survey of Tourette syndrome patients and their families: the 1987 Ohio Tourette Survey J Neuropsychiatry Clin Neurosci 2: 275-281

Brandt VC, Patalay P, Baumer T, Brass M, Munchau A (2016) Tics as a model of over-learned behavior-imitation and inhibition of facial tics Mov Disord 31: 1155-1162

Capriotti MR, Brandt BC, Turkel JE, Lee HJ, Woods DW (2014) Negative Reinforcement and Premonitory Urges in Youth With Tourette Syndrome: An Experimental Evaluation Behav Modif 38: 276-296

Capriotti, M. R., Brandt, B. C., Turkel, J. E., Lee, H.-J., & Woods, D. W. (2014) Negative Reinforcement and Premonitory Urges in Youth With Tourette Syndrome: An Experimental Evaluation. Behavior Modification, 38(2), 276–296. https://doi.org/10.1177/0145445514531015

Chappell P et al. (1994) Enhanced stress responsivity of Tourette syndrome patients undergoing lumbar puncture Biol Psychiatry 36: 35-43

Cohen, A.J.; Leckman, J.F. (1992) Sensory Phenomena Associated with Gilles de La Tourette's Syndrome. J. Clin. Psychiatry, 53, 319–323.

Conelea CA et al. (2013) The impact of Tourette Syndrome in adults: results from the Tourette Syndrome impact survey Community Ment Health J 49: 110-120

Conelea CA, Woods DW (2008) The influence of contextual factors on tic expression in Tourette's syndrome: a review J Psychosom Res 65: 487-496

Conelea CA, Woods DW, Brandt BC (2011) The impact of a stress induction task on tic frequencies in youth with Tourette Syndrome Behav Res Ther 49: 492-497

Corbett BA, Mendoza SP, Baym CL, Bunge SA, Levine S (2008) Examining cortisol rhythmicity and responsivity to stress in children with Tourette syndrome Psychoneuroendocrinology 33: 810-820

Deckersbach T, Rauch S, Buhlmann U, Wilhelm S (2006) Habit reversal versus supportive psychotherapy in Tourette's disorder: a randomized controlled trial and predictors of treatment response. Behav Res Ther;44:1079–90. https://doi.org/10.1016/j.brat.2005.08.007.

Dodel I et al. (2010) Cost of illness in patients with Gilles de la Tourette's syndrome J Neurol 257: 1055-1061

Eapen V, Fox-Hiley P, Banerjee S, Robertson M (2004) Clinical features and associated psychopathology in a Tourette syndrome cohort Acta Neurol Scand 109: 255-260

Eberhard, A.-L., Cramer, C., Kleine Büning, A., Wang, A., Müller-Vahl, K, Brandt, V (2023) Changes in tic suppression ability and urge intensity over a 10-week Habit reversal Training in patients with Tourette Syndrome. ESSTS 2023. DOI 10.17605/OSF.IO/RY6CM.

Eddy CM, Cavanna AE (2014) Premonitory Urges in Adults With Complicated and Uncomplicated Tourette Syndrome Behav Modif 38: 264-275

Evers RA, van de Wetering BJ (1994) A treatment model for motor tics based on a specific tension-reduction technique J Behav Ther Exp Psychiatry 25: 255-260

Finis J et al. (2012) Echoes from childhood-imitation in Gilles de la Tourette Syndrome Mov Disord 27: 562-565

Friedrich, J., Rawish, T., Bluschke, A., Frings, C., Beste, C., & Münchau, A. (2023) Cognitive and Neural Mechanisms of Behavior Therapy for Tics: A Perception-Action Integration Approach. Biomedicines, 11(6), 1550. https://doi.org/10.3390/biomedicines11061550

Friedrich, J., Spaleck, H., Schappert, R., Kleimaker, M., Verrel, J., Bäumer, T., Beste, C., & Münchau, A. (2021) Somatosensory perception–action binding in Tourette syndrome. Scientific Reports, 11(1), 13388. https://doi.org/10.1038/s41598-021-92761-4

Himle MB, Woods DW, Bunaciu L (2008) Evaluating the role of contingency in differentially reinforced tic suppression J Appl Behav Anal 41: 285-289

Himle MB, Woods DW, Conelea CA, Bauer CC, Rice KA (2007) Investigating the effects of tic suppression on premonitory urge ratings in children and adolescents with Tourette's syndrome Behav Res Ther 45: 2964-2976

Hoogduin K, Verdellen C, Cath D (1997) Exposure and response prevention in the treatment of Gilles de la Tourette's syndrome: four case studies. Clin Psychol Psychother;4:125–37.

Houghton DC, Capriotti MR, Scahill LD, Wilhelm S, Peterson AL, Walkup JT, Piacentini J, Woods DW (2017) Investigating Habituation to Premonitory Urges in Behavior Therapy for Tic Disorders. Behav. Ther., 48, 834–846, doi:10.1016/j.beth.2017.08.004.

Jonas M et al. (2010) Imitation in patients with Gilles de la Tourette syndrome – a behavioral study Mov Disord 25: 991-999

Kleimaker M, Takacs A, Conte G, Onken R, Verrel J, Bäumer T, et al. (2020) Increased perception-action binding in Tourette syndrome. Brain J Neurol;143:1934–45. https://doi.org/10.1093/brain/awaa111.

Lang A (1991) Patient perception of tics and other movement disorders Neurology 41: 223-228

Langelage, J., Verrel, J., Friedrich, J., Siekmann, A., Schappert, R., Bluschke, A., Roessner, V., Paulus, T., Bäumer, T., Frings, C., Beste, C., & Münchau, A. (2022) Urge-tic associations in children and adolescents with Tourette syndrome. Scientific Reports, 12(1), 16008. https://doi.org/10.1038/s41598-022-19685-5

Leckman JF, Bloch MH, Smith ME, Larabi D, Hampson M (2010) Neurobiological substrates of Tourette's disorder J Child Adolesc Psychopharmacol 20: 237-247

Leckman JF, Riddle MA (2000) Tourette's syndrome: when habit-forming systems form habits of their own? Neuron 28: 349-354

Lin H et al. (2007) Psychosocial stress predicts future symptom severities in children and adolescents with Tourette syndrome and/or obsessive-compulsive disorder J Child Psychol Psychiatry 48: 157-166

McGuire JF et al. (2015) Bothersome tics in patients with chronic tic disorders: Characteristics and individualized treatment response to behavior therapy Behav Res Ther 70: 56-63

McGuire JF, Piacentini J, Brennan EA, Lewin AB, Murphy TK, Small BJ, et al. (2014) A meta-analysis of behavior therapy for Tourette Syndrome. J Psychiatr Res;50:106–12. https://doi.org/10.1016/j.jpsychires.2013.12.009.

McGuire, J. F., Piacentini, J., Scahill, L., Woods, D. W., Villarreal, R., Wilhelm, S., Walkup, J. T., & Peterson, A. L. (2015) Bothersome tics in patients with chronic tic disorders: Characteristics and individualized treatment response to behavior therapy. Behaviour Research and Therapy, 70, 56–63. https://doi.org/10.1016/j.brat.2015.05.006

Menzies L, Chamberlain SR, Laird AR, Thelen SM, Sahakian BJ, Bullmore ET (2008) Integrating evidence from neuroimaging and neuropsychological studies of obsessive-compulsive disorder: the orbitofronto-striatal model revisited Neurosci Biobehav Rev 32: 525-549

Morand-Beaulieu S, O'Connor KP, Blanchet PJ, Lavoie ME (2018) Electrophysiological Predictors of Cognitive-Behavioral Therapy Outcome in Tic Disorders. J. Psychiatr. Res., 105, 113–122, doi:10.1016/j.jpsychires.2018.08.020.

Morand-Beaulieu, S.; Crowley, M.J.; Grantz, H.; Leckman, J.F.; Scahill, L.; Sukhodolsky, D.G. (2022) Evaluation of EEG Biomarkers of Comprehensive Behavioral Intervention for Tics in Children with Tourette Syndrome. Clin. Neurophysiol., 142, 75–85, doi:10.1016/j.clinph.2022.07.500.

Nixon E, Glazebrook C, Hollis C, Jackson GM (2014) Reduced Tic Symptomatology in Tourette Syndrome After an Acute Bout of Exercise: An Observational Study Behav Modif 38: 235-263

Nowak, D.A.; Rothwell, J.; Topka, H.; Robertson, M.M.; Orth, M. (2005) Grip Force Behavior in Gilles de La Tourette Syndrome. Mov. Disord., 20, 217–223, doi:10.1002/mds.20309.

Paszek J et al. (2010) Is it a tic? Twenty seconds to make a diagnosis Mov Disord 25: 1106-1108

Paulus, T.; Kleimaker, M.; Münchau, A (2021) Das Tourette-Syndrom und dessen Abgrenzung zu wichtigen Differenzialdiagnosen. PSYCH Up2date, 15, 321–335, doi:10.1055/a-1169-3366.

Petruo V, Bodmer B, Bluschke A, Münchau A, Roessner V, Beste C (2020) Comprehensive Behavioral Intervention for Tics reduces perception-action binding during inhibitory control in Gilles de la Tourette syndrome. Sci Rep;10:1174. https://doi.org/10.1038/s41598-020-58269-z.

Piacentini J, Woods DW, Scahill L, Wilhelm S, Peterson AL, Chang S, et al. (2010) Behavior therapy for children with Tourette disorder: a randomized controlled trial. JAMA;303:1929–37. https://doi.org/10.1001/jama.2010.607.

Pringsheim T, Okun MS, Müller-Vahl K, Martino D, Jankovic J, Cavanna AE, et al. (2019) Practice guideline recommendations summary: Treatment of tics in people with Tourette syndrome and chronic tic disorders. Neurology;92:896–906. https://doi.org/10.1212/WNL.0000000000007466.

Ricketts EJ, Goetz AR, Capriotti MR, Bauer CC, Brei NG, Himle MB, et al. (2016) A randomized waitlist-controlled pilot trial of voice over Internet protocol-delivered behavior therapy for youth with chronic tic disorders. J Telemed Telecare;22:153–62. https://doi.org/10.1177/1357633X15593192.

Robertson MM, Banerjee S, Eapen V, Fox-Hiley P (2002) Obsessive compulsive behaviour and depressive symptoms in young people with Tourette syndrome. A controlled study Eur Child Adolesc Psychiatry 11: 261-265

Rowe J, Yuen HK, Dure LS (2013) Comprehensive Behavioral Intervention to Improve Occupational Performance in Children With Tourette Disorder. Am J Occup Ther;67:194–200. https://doi.org/10.5014/ajot.2013.007062.

Schubert, L., Verrel, J., Behm, A., Bäumer, T., Beste, C., & Münchau, A. (2021) Inter-individual differences in urge-tic associations in Tourette syndrome. Cortex; a Journal Devoted to the Study of the Nervous System and Behavior, 143, 80–91. https://doi.org/10.1016/j.cortex.2021.06.017

Schunke O et al. (2016) Quantitative Sensory Testing in adults with Tourette syndrome Parkinsonism Relat Disord 24: 132-136

Silva RR, Munoz DM, Barickman J, Friedhoff AJ (1995) Environmental factors and related fluctuation of symptoms in children and adolescents with Tourette's disorder J Child Psychol Psychiatry 36: 305-312

Specht MW et al. (2013) Effects of tic suppression: ability to suppress, rebound, negative reinforcement, and habituation to the premonitory urge Behav Res Ther 51: 24-30

Steeves T, McKinlay BD, Gorman D, Billinghurst L, Day L, Carroll A, et al. (2012) Canadian guidelines for the evidence-based treatment of tic disorders: behavioural therapy, deep brain stimulation, and transcranial magnetic stimulation. Can J Psychiatry Rev Can Psychiatr;57:144–51. https://doi.org/10.1177/070674371205700303.

Verdellen CWJ, Keijsers GPJ, Cath DC, Hoogduin CAL (2004) Exposure with response prevention versus habit reversal in Tourettes's syndrome: a controlled study. Behav Res Ther;42:501–11. https://doi.org/10.1016/S0005-7967(03)00154-2.

Wilhelm S, Peterson AL, Piacentini J, Woods DW, Deckersbach T, Sukhodolsky DG, et al. (2012) Randomized trial of behavior therapy for adults with Tourette syndrome. Arch Gen Psychiatry;69:795–803. https://doi.org/10.1001/archgenpsychiatry.2011.1528.

Woods DW et al. (2008) Managing Tourette syndrome: A behavioral intervention for children and adults. Oxford University Press, New York

Yu L; Li Y; Zhang J, Yan C; Wen F; Yan J, Wang F; Liu J, Cui Y (2020) The Therapeutic Effect of Habit Reversal Training for Tourette Syndrome: A Meta-Analysis of Randomized Control Trials. Expert Rev. Neurother., 20, 1189–1196, doi:10.1080/14737175.2020.1826933.

D Medikamentöse und chirurgische Behandlung

Kirsten R. Müller-Vahl

D.1 Einführung

Viele Menschen mit chronischen Tic-Störungen bzw. Tourette-Syndrom sind durch ihre Tics kaum oder gar nicht beeinträchtigt. Dies trifft insbesondere auf jene Personen zu, deren Tics nur gering ausgeprägt sind. Aber auch die Art der Tics, der Umgang bzw. die Akzeptanz der Erkrankung und die Reaktionen des Umfeldes spielen eine große Rolle hinsichtlich der Frage, ob Tics als beeinträchtigend erlebt werden.

Am Beginn jeder Therapie sollte eine Psychoedukation stehen (Müller-Vahl et al. 2022). Dabei sollten bei Kindern im Besonderen die Sorgen und Ängste der Eltern adressiert werden. Meist werden Informationen zu den Ursachen und dem – in aller Regel günstigen – Verlauf von Tic-Störungen als entlastend erlebt. Weiterhin sollten PatientInnen Informationen zu den neurobiologischen Ursachen, klinischen Merkmalen und Behandlungsmöglichkeiten erhalten. Dabei ist es wichtig zu betonen, dass alle derzeit verfügbaren medikamentösen Therapien als symptomatisch einzustufen sind und keinen Einfluss auf die Ursache und den Verlauf der Tic-Störung haben. Daher stellt die Nicht-Behandlung von Tics keinen Fehler dar. Auch gibt es keine Hinweise darauf, dass eine medikamentöse Behandlung in einem bestimmten Alter eingeleitet werden sollte und ansonsten weniger wirksam ist.

Die Beratung sollte auch praktische Aspekte einschließen etwa zu Nachteilsausgleichen in Schule und Studium, zu Führerschein und der Beantragung einer (Schwer-)Behinderung. Meist ist es sinnvoll und hilfreich, LehrerInnen und ggf. andere Bezugs- und Betreuungspersonen über die Erkrankung zu informieren. Stets sollte eine Verlaufsbeobachtung angeboten werden, da sich nicht nur die Tics im Verlauf verändern können, sondern auch die Art und Schwere komorbider Störungen (Müller-Vahl 2024).

Grundsätzlich ist auch bei Menschen mit wenig beeinträchtigenden bzw. gering ausgeprägten Tics auf mögliche psychiatrische Komorbiditäten zu achten, insbesondere eine ADHS, Zwänge, Depression und Ängste, da diese meist zu einer stärkeren Beeinträchtigung der Lebensqualität führen als die Tics (Müller-Vahl et al. 2010).

Wird vom Patienten oder der Patientin bzw. den Eltern eine Therapie der Tics gewünscht, sollte zunächst geprüft werden, ob möglicherweise äußere – und beeinflussbare – Faktoren bestehen, die zu einer Zunahme der Tics geführt haben. Stets sollte vor Einleitung einer Therapie auf die spontanen Fluktuationen und die typische Altersabhängigkeit von Tics hingewiesen werden und ggf. zu einem abwartenden Verhalten geraten werden (▶ Kap. A). Schließlich wird in allen aktuellen Leitlinien empfohlen, vor Einleitung einer medikamentösen Therapie eine Verhaltenstherapie der Tics zu empfehlen (Andrén et al. 2022; Müller-Vahl et al. 2022; Roessner et al. 2022). Wegen des weiterhin geringen Angebots finden viele PatientInnen allerdings keinen Therapieplatz.

Eine medikamentöse Therapie sollte immer dann primär erwogen werden, wenn die Tics stark ausgeprägt sind, wenn eine rasche Verminderung der Tics erzielt werden soll oder wenn Tics zu erheblichen Beeinträchtigungen führen, etwa infolge von Schmerzen, drohenden Verletzungen oder zusätzlichen autoaggressiven Handlungen. Vor Einleitung einer medikamentösen Therapie sollten die PatientInnen über die Behandlungsziele informiert und insbesondere darauf hingewiesen werden, dass durch keine der aktuell verfügbaren Therapien ein vollständiger Rückgang der Tics erzielt wird.

Die Behandlung von Tics hängt nicht von der Art der Tics oder der Zuordnung zu einer bestimmten Tic-Störung ab und trifft prinzipiell auch auf Tics im Rahmen anderer Erkrankungen zu. Grundsätzlich gelten bei der Behandlung von Kindern und Erwachsenen mit Tics ähnliche Prinzipien.

D.2   Medikamentöse Behandlung

Bis heute ist die medikamentöse Behandlung von Tics unbefriedigend. In Deutschland ist weiterhin nur das klassische Antipsychotikum Haloperidol für die Behandlung von Tics und dem Tourette-Syndrom zugelassen. In den USA sind zusätzlich auch das klassische Antipsychotikum Pimozid und das atypische Antipsychotikum Aripiprazol zugelassen. Auch wenn die Wirksamkeit dieser Substanzen gut belegt ist, so werden Haloperidol und Pimozid wegen des ungünstigen Nebenwirkungsprofils heute nicht mehr empfohlen bzw. lediglich noch als Reservemedikamente eingestuft. Es kann regelhaft aber davon ausgegangen werden, dass klassische Antipsychotika (wie Haloperidol und Pimozid) zu nicht tolerablen unerwünschten Wirkungen führen, wenn zuvor Behandlungsversuche mit den als besser verträglich geltenden atypischen Antipsychotika (wie Aripiprazol und Risperidon) bereits wegen Nebenwirkungen abgebrochen werden mussten.

Realistisches Ziel einer medikamentösen Behandlung mit Antipsychotika ist eine Reduktion der Tics um ca. 50 %. Zuweilen kann aber auch eine deutlich stärkere Tic-Reduktion erzielt werden. Behandlungen mit Antipsychotika sollten stets einschleichend dosiert werden, bis zum Eintritt einer klinisch relevanten Tic-Reduktion, oder aber von Nebenwirkungen. Häufigste Nebenwirkungen unter Antipsychotika sind Müdigkeit, Antriebsminderung und Gewichtszunahme. Das Risiko des Auftretens einer tardiven Dyskinesie, das in der Behandlung vieler anderer psychiatrischer Erkrankungen mit Antipsychotika ein großes Problem darstellt, kann bei PatientInnen mit Tourette-Syndrom vernachlässigt werden (Müller-Vahl und Krueger 2011a).

Eine medikamentöse Behandlung der Tics kann in jedem Alter eingeleitet werden. Die derzeit empfohlenen Medikamente eignen sich nicht für eine »Bedarfsbehandlung«, sondern erfordern eine Dauerbehandlung. Wegen der typischen spontanen Fluktuationen der Tics und situativer Einflussfaktoren sollte eine Behandlung für ca. 2–3 Monate durchgeführt werden, bevor eine verlässliche Beurteilung der Wirksamkeit möglich ist. Vor Umstellung der Medikation sollte eine Dosissteigerung bis zum Eintritt von Nebenwirkungen erfolgen. Die Dosierung sollte im Verlauf den spontanen Fluktuationen der Tics bzw. Schwankungen in Abhängigkeit vom Alter angepasst werden.

D.2.1 Aripiprazol

Das atypische Antipsychotikum Aripiprazol wirkt nicht als reiner Dopamin-D2-Antagonist, sondern sowohl am Dopamin-D2- als auch am 5-HT1 A-Rezeptor als partieller Agonist. Aripiprazol gilt aktuell als Medikament der 1. Wahl in der Behandlung von Tics sowohl bei Kindern als auch bei Erwachsenen und ist derzeit in Europa das am häufigsten eingesetzte Präparat (Müller-Vahl et al. 2022; Roessner et al. 2022). Positive Ergebnisse in kontrollierten Studien führten zu einer Zulassung von Aripiprazol in den USA (Wang et al. 2017). Nach Ablauf des Patentschutzes ist eine Zulassung in Deutschland nicht mehr zu erwarten.

Die Behandlung sollte niedrig dosiert mit 2,5 mg/Tag begonnen und nachfolgend langsam (beispielsweise um 2,5 mg alle 3–5 Tage) gesteigert werden. Oft tritt ab einer Tagesdosis von 5 mg eine Wirkung ein. Mehrheitlich führen Dosierungen zwischen 7,5–15 mg pro Tag zu einer klinisch relevanten Tic-Verminderung bei guter Verträglichkeit. Bei unzureichender Wirkung – und guter Verträglichkeit – kann die Dosis bis maximal 30 mg/Tag gesteigert werden. Wegen der langen Halbwertzeit ist eine Einmalgabe möglich. Diese sollte wegen der oft eintretenden Müdigkeit bevorzugt abends erfolgen.

D.2.2 Tiaprid

Das Benzamid Tiaprid ist ausschließlich in Deutschland, der Schweiz und Österreich erhältlich und galt lange Zeit bei Kindern als Medikament der 1. Wahl. Allerdings wurde die Wirksamkeit von Tiaprid auf Tics kaum in Studien untersucht. Wegen der langjährigen klinischen Erfahrung mit dieser Substanz und seiner meist relativ guten Verträglichkeit im Vergleich zu zahlreichen anderen Antipsychotika gilt Tiaprid in Deutschland bei Kindern auch weiterhin als Behandlungsalternative.

Die Behandlung sollte einschleichend mit zunächst 2–3 × 50 mg tgl. begonnen und kann bei nicht ausreichender Wirksamkeit und guter Verträglichkeit auf 3 × 100 mg gesteigert werden. Die Maximaldosis beträgt 3 × 200 mg pro Tag. Die häufigsten Nebenwirkungen sind Müdigkeit, unsystematischer Schwindel, Appetit- und Gewichtszunahme, Hyperprolaktinämie und Sexualfunktionsstörungen.

D.2.3 Risperidon

Vor der Markeinführung von Aripiprazol galt das atypische Antipsychotikum Risperidon trotz fehlender Zulassung viele Jahre als Medikament der 1. Wahl in der Behandlung von Tics (Roessner et al. 2011) und war bis dahin das häufigste zur Tic-Behandlung eingesetzte Medikament in Europa. Die Wirkung von Risperidon gilt als gut belegt (Weisman et al. 2013; Whittington et al. 2016). Allerdings führt Risperidon häufiger als Aripiprazol zu unerwünschten Effekten – insbesondere Müdigkeit und Gewichtszunahme – so dass es heute lediglich noch als Medikament der 2. Wahl eingestuft wird. Allerdings hat Risperidon auch positive Wirkungen auf aggressives und impulsives Verhalten, so dass bei Bestehen dieser Symptome Risperidon bevorzugt werden sollte (Roessner et al. 2022).

Die Behandlung sollte einschleichend erfolgen, Beginn beispielsweise mit 1–2 × 0,5 mg/Tag. Oft führen Dosierung zwischen 1–3 mg/Tag zu einer guten Reduktion der Tics. Selten werden Dosierung von mehr als 4 mg/Tag nebenwirkungsfrei gut vertragen.

D.2.4 Andere Antipsychotika

Alle anderen Antipsychotika spielen heute keine bedeutsame Rolle mehr in der Behandlung von Tics. In Europa wurde vorübergehend relativ häufig das Benzamid Sulpirid eingesetzt, da es als besser verträglich galt als andere zu damaliger Zeit verfügbare Antipsychotika. Kontrollierte Studien wurden jedoch nie durchgeführt.

Andere atypische (wie Olanzapin und Ziprasidon) und klassische Antipsychotika werden zur Behandlung von Tics nicht empfohlen.

D.2.5 Clonidin

Der Alpha-2-Agonst Clonidin kann ebenfalls zur Behandlung von Tics eingesetzt werden. Die Wirkung im Vergleich zu den Antipsychotika ist allerdings deutlich geringer und nur dann gut belegt, wenn komorbid eine ADHS besteht (Weisman et al. 2013). Wegen oft eintretender Nebenwirkungen mit Müdigkeit, Schwindel und Hypotonie wird Clonidin in Deutschland nur selten zur Behandlung von Tics eingesetzt. Die Therapie muss niedrig dosiert begonnen werden mit 3–4 × 0,05 mg/Tag mit einer Zieldosis von 0,003–0,006 mg/kg Körpergewicht/Tag.

Andere noradrenerg wirksame Substanzen wie Guanfacin und Atomoxetin haben vermutlich keine Wirkung auf Tics (Roessner et al. 2022).

D.2.6 Cannabis-basierte Medikamente

Mittlerweile wurden sechs kontrollierte Studien zur Frage der Wirksamkeit Cannabis-basierter Medikamente zur Behandlung von Tics durchgeführt, in denen sämtlich eine Wirksamkeit gezeigt werden konnte (Szejko et al. 2022a; Müller-Vahl et al. 2023, Serag et al. 2024). Im Jahr 2025 wurde eine erste Pilotstudie bei Kindern und Jugendlichen (12–18 Jahre) mit einem balancierten oralen Cannabisextrakt durchgeführt, in der ebenfalls positive Effekte bei akzeptabler Verträglichkeit festgestellt werden konnten (Efron et al. 2025). Für die Wirkung scheint primär der Cannabisinhaltsstoff Tetrahydrocannabinol (THC) und nicht Cannabidiol (CBD) verantwortlich zu sein (Abi-Jaoude et al. 2022). Verschiedene Cannabis-basierte Medikamente einschließlich Dronabinol (THC), Cannabisextrakten und -blüten scheinen bei vergleichbarem THC-Gehalt ähnliche Wirkungen zu haben.

D.2.7 Botulinumtoxin

Als weitere, allerdings relativ selten eingesetzte Alternative gelten lokale Botulinumtoxin-Injektionen (Pringsheim et al. 2019). Bis heute wurde allerdings lediglich eine kleine kontrollierte Studie durchgeführt (Marras et al. 2001). Botulinumtoxin-Injektionen kommen besonders in Betracht für die Behandlung von motorischen Tics im Bereich der Nackenmuskeln, des Gesichts und der Stirn sowie der Bauchmuskeln. Zusätzlich kann es zu einer Reduktion von Schmerzen kommen. Voraussetzung für die Behandlung ist, dass die an der Entstehung der Tics beteiligten Muskeln identifiziert und von außen zugänglich sind.

D.3 Operative Therapie: Tiefe Hirnstimulation

Nachdem zwischen 1970 und 2000 bei einigen wenigen PatientInnen mit therapieresistentem Tourette-Syndrom läsionelle Operationen mit Thalamotomien durchgeführt worden waren – die zwar mehrheitlich zu einer deutlichen und anhaltenden Verbesserung der Tics führten, jedoch bei vielen PatientInnen auch zu schwerwiegenden und persistierenden Nebenwirkungen (Temel und Visser-Vanderwalle 2004) – erfolgte 1999 erstmals bei drei erwachsenen PatientInnen mit therapieresistentem Tourette-Syndrom eine tiefe Hirnstimulation. Bis heute wurden insgesamt nur acht kleine, kontrollierte Studien mit maximal 16 PatientInnen durchgeführt, die zu teils positiven, teils aber auch negativen Ergebnissen führten (Szejko et al. 2022b). Basierend auf den Daten einer internationalen Datenbank gilt die tiefe Hirnstimulation als wirksam in der Behandlung von Tics (Martinez-Ramirez et al. 2018). Allerdings sind die Ergebnisse aus offenen, unkontrollierten Studien positiver als jene aus kontrollierten Untersuchungen. Daher gilt die tiefe Hirnstimulation bis heute als experimentelle Behandlung, die nur schwer betroffenen und ansonsten therapieresistenten PatientInnen angeboten und nur in spezialisierten Zentren durchgeführt werden sollte (Szejko et al. 2022b). Bis heute ist unklar, welches der geeignetste Zielpunkt ist. Am häufigsten erfolgt eine Stimulation in mittelliniennahen Thalamuskernen und im Globus pallidus internus.

D.4 Behandlung psychiatrischer Komorbiditäten

Bei allen PatientInnen mit Tourette-Syndrom sollte vor Einleitung einer Behandlung der Tics geprüft werden, ob psychiatrische Komorbiditäten bestehen, da diese die Lebensqualität der PatientInnen meist stärker beeinträchtigen als die Tics (Müller-Vahl et al. 2022). Typische und häufige Komorbiditäten sind eine ADHS, Zwänge, Depressionen und Ängste. Im Hinblick auf die Behandlung dieser Störungen bestehen für PatientInnen mit Tourette-Syndrom keine anderen Empfehlungen als sonst für diese Erkrankungen.

Betont sei an dieser Stelle, dass auch bei PatientInnen mit Tourette-Syndrom Methylphenidat und andere Amphetamine als Medikamente der 1. Wahl gelten. Die Befürchtung, eine Behandlung mit Amphetaminen wie Methylphenidat führe zu einer Verstärkung der Tics, konnte in verschiedenen Studien widerlegt werden (Bloch et al. 2009).

> Die erfolgreiche Behandlung psychiatrischer Begleitsymptome kann sekundär zu einer Verminderung der Tics führen. Daher sollte bei Bestehen mehrerer klinisch relevanter Symptome zunächst das Behandlungsergebnis im Hinblick auf die psychiatrischen Komorbiditäten abgewartet werden, bevor ggf. zusätzlich eine Behandlung der Tics eingeleitet wird.

D.5 Literatur

Abi-Jaoude E, Bhikram T, Parveen F, et al. (2022) A Double-Blind, Randomized, Controlled Crossover Trial of Cannabis in Adults with Tourette Syndrome. Cannabis Cannabinoid Res. https://doi.org/10.1089/can.2022.0091

Andrén P, Jakubovski E, Murphy TL, et al. (2022) European clinical guidelines for Tourette syndrome and other tic disorders-version 2.0. Part II: psychological interventions. Eur Child Adolesc Psychiatry 31:403–423. https://doi.org/10.1007/s00787-021-01845-z

Bloch MH, Panza KE, Landeros-Weisenberger A, Leckman JF (2009) Meta-analysis: treatment of attention-deficit/hyperactivity disorder in children with comorbid tic disorders. J Am Acad Child Adolesc Psychiatry 48:884–893. https://doi.org/10.1097/CHI.0b013e3181b26e9f

Efron D, Taylor K, Chan E, Payne JM, Prakash C, Lee KJ, Cranswick N, Lin PD, Eapen V (2025) A Pilot Randomized Placebo-Controlled Crossover Trial of Medicinal Cannabis in Adolescents with Tourette Syndrome. Cannabis Cannabinoid Res. https://doi:10.1089/can.2024.0188

Marras C, Andrews D, Sime E, Lang AE (2001) Botulinum toxin for simple motor tics: a randomized, double-blind, controlled clinical trial. Neurology 56:605–610

Martinez-Ramirez D, Jimenez-Shahed J, Leckman JF, et al. (2018) Efficacy and Safety of Deep Brain Stimulation in Tourette Syndrome: The International Tourette Syndrome Deep Brain Stimulation Public Database and Registry. JAMA Neurol 75:353–359. https://doi.org/10.1001/jamaneurol.2017.4317

Müller-Vahl K (2024) Tourette-Syndrom und andere Tic-Erkrankungen im Kindes- und Erwachsenenalter, 3. Auflage. Medizinisch Wissenschaftliche Verlagsgesellschaft, Berlin

Müller-Vahl K, Dodel I, Müller N, et al. (2010) Health-related quality of life in patients with Gilles de la Tourette's syndrome. Mov Disord 25:309–314. https://doi.org/10.1002/mds.22900

Müller-Vahl KR, Pisarenko A, Szejko N, et al. (2023) CANNA-TICS: Efficacy and safety of oral treatment with nabiximols in adults with chronic tic disorders – Results of a prospective, multicenter, randomized, double-blind, placebo controlled, phase IIIb superiority study. Psychiatry Res 323:115135. https://doi.org/10.1016/j.psychres.2023.115135

Müller-Vahl KR, Szejko N, Verdellen C, et al. (2022) European clinical guidelines for Tourette syndrome and other tic disorders: summary statement. Eur Child Adolesc Psychiatry 31:377–382. https://doi.org/10.1007/s00787-021-01832-4

Pringsheim T, Okun MS, Müller-Vahl K, et al. (2019) Practice guideline recommendations summary: Treatment of tics in people with Tourette syndrome and chronic tic disorders. Neurology 92:896–906. https://doi.org/10.1212/WNL.0000000000007466

Roessner V, Eichele H, Stern JS, et al. (2022) European clinical guidelines for Tourette syndrome and other tic disorders-version 2.0. Part III: pharmacological treatment. Eur Child Adolesc Psychiatry 31:425–441. https://doi.org/10.1007/s00787-021-01899-z

Roessner V, Plessen KJ, Rothenberger A, et al. (2011) European clinical guidelines for Tourette syndrome and other tic disorders. Part II: pharmacological treatment. Eur Child Adolesc Psychiatry 20:173–196. https://doi.org/10.1007/s00787-011-0163-7

Serag I, Elsakka MM, Moawad MHED, Ali HT, Sarhan K, Shayeb S, Nadim I, Abouzid M (2024) Efficacy of cannabis-based medicine in the treatment of Tourette syndrome: a systematic review and meta-analysis. Eur J Clin Pharmacol;80(10):1483-1493. https://doi:10.1007/s00228-024-03710-9

Szejko N, Saramak K, Lombroso A, Müller-Vahl K (2022a) Cannabis-based medicine in treatment of patients with Gilles de la Tourette syndrome. Neurol Neurochir Pol 56:28–38. https://doi.org/10.5603/PJNNS.a2021.0081

Szejko N, Worbe Y, Hartmann A, et al (2022b) European clinical guidelines for Tourette syndrome and other tic disorders-version 2.0. Part IV: deep brain stimulation. Eur Child Adolesc Psychiatry 31:443–461. https://doi.org/10.1007/s00787-021-01881-9

Wang S, Wei Y-Z, Yang J-H, et al. (2017) The efficacy and safety of aripiprazole for tic disorders in children and adolescents: A systematic review and meta-analysis. Psychiatry Res 254:24–32. https://doi.org/10.1016/j.psychres.2017.04.013

Weisman H, Qureshi IA, Leckman JF, et al. (2013) Systematic review: pharmacological treatment of tic disorders–efficacy of antipsychotic and alpha-2 adrenergic agonist agents. Neurosci Biobehav Rev 37:1162–1171. https://doi.org/10.1016/j.neubiorev.2012.09.008

Whittington C, Pennant M, Kendall T, et al. (2016) Practitioner Review: Treatments for Tourette syndrome in children and young people – a systematic review. J Child Psychol Psychiatry 57:988–1004. https://doi.org/10.1111/jcpp.12556

E Verhaltenstherapie zur Behandlung von Tics

Kirsten R. Müller-Vahl, Ewgeni Jakubovski, Simon Schmitt

E.1 Einführung

Der Nachweis der Wirksamkeit verschiedener Verhaltenstherapien zur Reduktion von Tics stellt in der Behandlung von Tics zweifelsohne die wesentliche Neuerung der letzten Jahre dar. Nachdem bereits seit 1973 vage Hinweise darauf bestanden, dass das Habit Reversal Training (HRT) zur Therapie von Tics geeignet sein könnte (Azrin & Nunn 1973), gilt die Wirkung nach Durchführung zweier großer multizentrischer Studien seit 2010 (bei Kindern) (Piacentini et al. 2010) bzw. 2012 (bei Erwachsenen) (Wilhelm et al. 2012) als erwiesen. Damit ist das HRT gegenwärtig die mit Abstand am besten untersuchte Behandlung für Tics. In den 2022 aktualisierten europäischen Leitlinien zur Therapie von Tics (Andrén, Jakubovski et al. 2022; Müller-Vahl et al. 2022) wird die Verhaltenstherapie als Behandlung der 1. Wahl empfohlen, die vor Einleitung einer medikamentösen Behandlung versucht werden sollte, sofern die Tics nicht zu schwer ausgeprägt sind, keine sofortige Reduktion der Tics von den PatientInnen gewünscht wird bzw. medizinisch notwendig ist, PatientInnen dieser Behandlung zustimmen und die Therapie verfügbar ist.

E.2 Allgemeine Bemerkungen vor Behandlungsbeginn

Wird bei PatientInnen die Diagnose eines Tourette-Syndroms gestellt, erfordert dies nicht in jedem Fall zwingend eine Behandlung im engeren Sinne. Für viele PatientInnen – und die betroffenen Familien – stellt bereits die Diagnose und entsprechende Informationen über die Erkrankung eine deutliche Entlastung dar. Dies ist besonders dann der Fall, wenn die korrekte Diagnose erst viele Jahre nach Beginn der Tics gestellt wurde. Oft wird auch der Kontakt zu anderen Personen mit Tourette-Syndrom bzw. den Selbsthilfegruppen als hilfreich empfunden. In Deutschland sind derzeit aktiv:

- Tourette-Gesellschaft Deutschland e.V. (TGD)
- Interessenverband-Tourette-Syndrom (IVTS)

> Im Internet werden Informationen auf folgenden deutschsprachigen Seiten angeboten:
>
> - www.tourette-gesellschaft.de
> - www.iv-ts.de
> - www.tourette-syndrom.de
> - https://lifeticcer.de
> - www.tourette.de
> - www.tourette.at
> - www.tourette.ch

Vor einer Therapie muss stets geklärt werden, welches dasjenige Symptom ist, das zu der stärksten Beeinträchtigung führt und primär behandlungsbedürftig ist (Roessner et al. 2022). Leider steht bis heute keine Therapie zur Verfügung, die sämtliche Symptome des Tourette-Syndroms gleichzeitig verbessert.

Eine Therapie der Tics sollte immer dann erwogen werden, wenn die Tics stark ausgeprägt sind, zu einer relevanten psychosozialen Beeinträchtigung führen oder Folgeprobleme durch Tics gravierend sind, bspw. Schmerzen oder Verletzungen durch Tics. Eine Nicht-Behandlung der Tics hat nach heutigem Kenntnisstand keine negativen Auswirkungen auf die Ursache und den Verlauf der Erkrankung. Daher sollte – und kann – der Wunsch von PatientInnen nach Nicht-Behandlung der Tics aus medizinischer Sicht respektiert werden.

Da mittlerweile zahlreiche verschiedene Behandlungsmöglichkeiten für Tics zur Verfügung stehen, ist es wichtig, für jeden einzelnen Patienten und Patientin die »passende« Behandlung zu finden. Dies ist allerdings nicht immer einfach und hängt auch von den Wünschen der PatientInnen ab. Vor Behandlungsbeginn sollte darüber informiert werden, welches die realistischen Behandlungsziele sind. So kann durch eine Verhaltenstherapie im Mittel eine Reduktion der Tics um etwa 30-40 % erreicht werden, durch eine medikamentöse Behandlung um etwa 50 %. In Einzelfällen können diese Behandlungen aber auch zu einer deutlich größeren Verminderung der Tics (etwa um 80-90 %) führen. Nie tritt jedoch eine vollständige Symptomfreiheit ein. Prognostische Faktoren, die eine Aussage zum jeweiligen Behandlungsergebnis erlauben, sind bis heute nicht bekannt.

Da Tics im Verlauf stark schwanken, kommt es auch ohne Behandlung immer wieder zu einer Verbesserung – aber auch Verschlechterung – der Tics. Diese Schwankungen sind zurückzuführen auf den altersabhängigen Verlauf, spontane Fluktuationen und situative Einflussfaktoren (▶ Abb. E1). Dadurch kann fälschlicherweise leicht der Eindruck entstehen, dass eine unwirksame Therapie zu einer Verbesserung oder aber eine wirksame Behandlung zu einer Verschlechterung der Tics geführt haben. Es ist daher in aller Regel sinnvoll und notwendig, eine Behandlung über längere Zeit – etwa 2-3 Monate – durchzuführen, bevor der Behandlungseffekt verlässlich beurteilt werden kann.

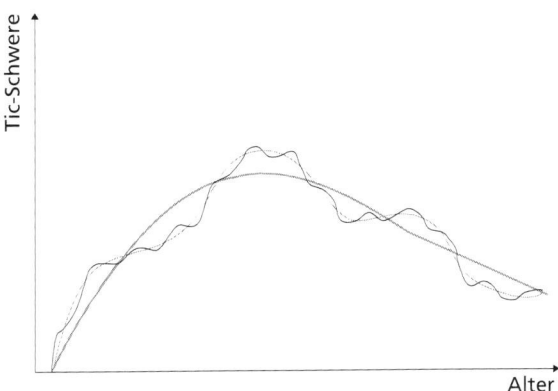

Abb. E.1: Schwankungen der Tics im Verlauf in Abhängigkeit von Alter, spontanen Fluktuationen und situativen Einflüssen
Dicke graue Linie: Alter, dünne graue Linie: spontane Fluktuationen, geschlängelte Linie: situative Einflüsse

E.3 Leitlinien-Empfehlungen

Entsprechend den europäischen (Andrén, Jakubovski et al. 2022) und kanadischen Leitlinien (Pringsheim et al. 2012) stellt die Verhaltenstherapie die Behandlung der ersten Wahl dar und sollte stets vor Einleitung einer medikamentösen Behandlung versucht werden. Dem steht in Deutschland allerdings die nur geringe Verfügbarkeit von entsprechend qualifizierten TherapeutInnen gegenüber.

Derzeit gelten zwei verschiedene verhaltenstherapeutische Techniken in der Behandlung von Tics als vergleichbar gut wirksam: das HRT und das Exposure and Response Prevention Training (ERP). Allerdings liegen weit mehr Studien vor, die die Wirksamkeit des HRT untersucht haben. Im klinischen Alltag wird das HRT zumeist im Rahmen eines umfassenderen Therapieprogramms eingesetzt, der so genannten Comprehensive Behavioral Intervention for Tics (CBIT). Hierzu liegt ein umfassendes englischsprachiges Therapiemanual von Woods und Kollegen vor (Woods et al. 2008) sowie auch die in diesem Band veröffentlichte deutschsprachige Übersetzung.

E.4 Habit Reversal Training (HRT) und Comprehensive Behavioral Intervention for Tics (CBIT)

Heute werden die Begriffe HRT und CBIT meist synonym gebraucht. In Deutschland ist die Bezeichnung Habit Reversal Training viel gebräuchlicher und etablierter als der Begriff Comprehensive Behavioral Intervention for Tics oder CBIT. Wenn von einer Behandlung der Tics mittels HRT gesprochen wird, ist zumeist CBIT gemeint. Diese Begriffsunterscheidung erklärt sich aus der historischen Entwicklung der verschiedenen Behandlungen: nachdem das HRT bereits 1973 erstmals zur Therapie von unliebsamen Angewohnheiten wie Nägelkauen vorgeschlagen worden war, wurde diese Behandlung in den letzten Jahren weiterentwickelt und speziell auf die Therapie von Tics abgestimmt. Diese speziell für Tics geeignete Form des HRT wurde nachfolgend als CBIT bezeichnet. CBIT enthält somit als Kernelement das HRT und kann gewissermaßen als »erweiterte« und »spezifischere« Therapieform des HRT verstanden werden, die speziell auf die Behandlung von Tics ausgerichtet ist. Zu den speziellen Unterschieden siehe Kapitel »Habit Reversal Training« (▶ Kap. E.5).

Der Einfachheit halber soll im nachfolgenden Therapiemanual von Habit Reversal Training bzw. HRT gesprochen werden, auch wenn streng genommen CBIT gemeint ist. Für keinen der Begriffe hat sich ein deutschsprachiger Terminus etabliert. HRT wird zuweilen im Deutschen als »Gewohnheitsumkehrtraining« bezeichnet. Ein auf der Grundlage des HRT speziell für Kinder und Jugendliche entwickeltes Therapieprogramm heißt »THICS« (»Therapieprogramm für Kinder und Jugendliche mit Tic-Störungen«) (Woitecki & Döpfner 2015).

E.5 Habit Reversal Training (HRT)

Das HRT wurde erstmals 1973 von Azrin und Nunn als verhaltenstherapeutische Technik zur Behandlung automatisierter und situationsunspezifischer Verhaltensauffälligkeiten vorgeschlagen. Das zugrundeliegende Konzept basiert auf der Annahme, dass problematische Verhaltensgewohnheiten besonders dann nicht einfach unterlassen werden können, wenn sie

- Teile von Verhaltensketten sind,
- durch ständige Wiederholungen aufrechterhalten werden,
- teilweise unbewusst ablaufen,
- und/oder sozial toleriert werden.

Zunächst wurde das HRT zur Behandlung von pathologischem Nägelkauen, Daumenlutschen und Trichotillomanie empfohlen (Azrin & Nunn 1973). Seit 1988 wurde das HRT auch speziell zur Behandlung von Tics vorgeschlagen (Azrin & Peterson 1988) (für weitere Details ▶ Kap. C).

> Das HRT setzt sich aus fünf Behandlungskomponenten zusammen:
>
> - Wahrnehmungstraining
> - Competing Response Training (CRT)
> - Generalisierungstraining
> - Entspannungstraining
> - Training im Umgang mit unvorhersehbaren Ereignissen

Das Hauptelement des HRT stellt das CRT dar, also das Identifizieren und Erlernen eines Alternativverhaltens.
Neben diesen Elementen des HRT beinhaltet CBIT zusätzlich:

- eine ausführliche Psychoedukation zu unterschiedlichen Aspekten von Tics und Tourette-Syndrom
- eine intensive Funktionsanalyse, um Situationen und Ereignisse zu identifizieren, die regelhaft zu einer Verschlechterung (aber auch Verbesserung) der Tics führen
- ein Belohnungssystem
- ein Entspannungstraining speziell mit Atemübungen und progressiver Muskelentspannung nach Jacobson

E.5.1 Die einzelnen Behandlungsschritte

Psychoedukation und Behandlungskonzept

Zu Beginn des HRT steht eine auf die Bedürfnisse und das Vorwissen der PatientInnen abgestimmte Psychoedukation. Dies kann für TherapeutInnen, die in der Behandlung von PatientInnen mit Tics wenig erfahren sind, durchaus eine Herausforderung darstellen, da nicht wenige PatientInnen mittlerweile gut über ihre Erkrankung informiert sind.

Nachfolgend sollte gemeinsam mit den PatientInnen ein Störungs- und Behandlungskonzept entwickelt werden. Dabei sollten beispielsweise Faktoren identifiziert werden, die die Ausprägung der Tics beeinflussen. Ziel der Therapie kann neben der Verminderung der Tics auch der verbesserte Umgang mit der Erkrankung und die Stärkung des Selbstwerts sein.

Ressourcenaktivierung

Die Stärkung der Ressourcen der PatientInnen ist ein wichtiger Bestandteil der Therapie. Besonders bei sehr auffälligen Tics kann sich die Selbstwahrnehmung stark auf die Tics und deren negative Konsequenzen einengen. Positive Eigenschaften können dann leicht in den Hintergrund treten und werden kaum mehr wahrgenommen. Generell kann davon ausgegangen werden, dass ein gestärktes Selbstbewusstsein zu einer allgemeinen Entlastung und einem besseren Umgang mit den Tics führt. Dies wiederum führt zu einer Stressreduktion, die sich im Allgemeinen positiv auf die Tics auswirkt.

Wahrnehmungstraining

Im Rahmen eines Selbstwahrnehmungstrainings sollen PatientInnen lernen, die unerwünschten Verhaltensgewohnheiten bewusst wahrzunehmen. Sowohl auslösende als auch aufrechterhaltende Faktoren sollen identifiziert werden. Durch das Wahrnehmen früher Anzeichen für die Verhaltensgewohnheiten soll das nachfolgende Eintreten von Verhaltensketten unterbrochen werden.

In der Behandlung von Tics wird im Rahmen des Trainings nicht nur die bewusste Wahrnehmung jedes einzelnen Tics eingeübt, sondern auch der genaue Beginn und Ablauf der Tics sowie das den Tics vorangehende Vorgefühl. Durch die Wahrnehmung des Vorgefühls sollen die PatientInnen möglichst frühzeitig erkennen, wann ein Tic auftreten wird.

Es wird empfohlen, die Wahrnehmung immer nur eines Tics zu üben und beispielsweise pro Woche einen weiteren Tic zu trainieren, so dass die Aufmerksamkeit immer auf einen Tic fokussiert ist. Auch soll das Training zunächst in einer reizarmen Umgebung begonnen und erst im Verlauf und schrittweise auf »schwierigere« Situationen ausgedehnt werden, etwa mit zunehmenden Außenreizen, Ablenkung und Faktoren, die zu einer Provokation der Tics führen.

Auch wenn allgemein empfohlen wird, der Wahrnehmung des Vorgefühls große Beachtung im Rahmen des HRT zu schenken, so ist zunehmend akzeptiert, dass das Einüben einer gegen den Tic gerichteten Gegenbewegung (Competing Response Training, CRT) auch dann gelingen kann, wenn der Patient bzw. die Patientin kein Vorgefühl vor dem Tic verspürt. Diese Beobachtung steht in Einklang mit der Tatsache, dass manche PatientInnen angeben, ihre Tics zwar unterdrücken zu können, aber kein Vorgefühl wahrzunehmen (Sambrani et al. 2016).

> Das Training zur besseren Wahrnehmung der Tics beinhaltet somit vier Schritte:
>
> 1. Wahrnehmung jedes einzelnen derzeit bestehenden Tics
> 2. Genaue Beschreibung des Beginns und Ablaufs jedes einzelnen Tics
> 3. Wahrnehmung und Beschreibung des den Tics vorangehenden Vorgefühls
> 4. Wahrnehmung der Tics und des Vorgefühls in unterschiedlichen Situationen

Erkennen und Veränderung von Einflussfaktoren

Praktisch alle PatientInnen berichten darüber, dass bestimmte Einflussfaktoren zu einer Zu- oder Abnahme ihrer Tics führen. Daher sollen im Rahmen dieses Trainings innere und äußere sowie vorangehende und nachfolgende Einflussfaktoren identifiziert und ggf. verändert werden.

Die PatientInnen sollen dabei erkennen, dass nicht nur Umgebungs- (= äußere) Faktoren zu einer Zunahme der Tics führen können, sondern ebenso auch innere Faktoren, wie etwa Stress und Aufregung. Darüber hinaus können Einflussfaktoren dem Tic vorausgehen (etwa Streit) oder dem Tic nachfolgen (= Konsequenzen), wie etwa Schmerzen oder Hänseleien wegen eines Tics.

Einflussfaktoren auf Tics werden somit unterteilt in:

- innere Einflussfaktoren
- äußere Einflussfaktoren
- vorausgehende Einflussfaktoren
- nachfolgende Einflussfaktoren

Ziel des Trainings ist es, für jeden einzelnen Tic sämtliche inneren und äußeren sowie vorausgehenden und nachfolgenden Einflussfaktoren zu erkennen. Dabei ist es hilfreich, zunächst erst einmal solche Faktoren zu identifizieren, die nicht zu einer Zunahme, sondern einer Verminderung der Tics führen. Mit Hilfe der TherapeutInnen lernen die PatientInnen nachfolgend, Situationen derart zu verändern, dass sie seltener zu einer Verschlechterung der Tics führen. Situationen, die zu einer Verbesserung der Tics führen, werden gestärkt bzw. bewusst herbeigeführt.

Immer wieder berichten PatientInnen von negativen Reaktionen des Umfeldes (etwa in Schule, Beruf, Familie, Freizeit) auf ihre Tics. Der Umgang mit diesen Reaktionen und deren Bewältigung stellt daher einen weiteren wichtigen Bestandteil des Trainings dar.

Der Versuch, sämtliche Tics in der Öffentlichkeit stets zu verschweigen bzw. zu verbergen, erzeugt häufig starken Druck und Stress, der sich wiederum negativ auf die Tics auswirken kann. Für viele PatientInnen ist es daher ratsam, offen mit den Tics umzugehen und zumindest einzelne Personen und das unmittelbare soziale Umfeld über die Erkrankung zu informieren.

Competing Response Training: Erlernen einer Gegenbewegung

Das Hauptelement des HRT stellt das Competing Response Training (CRT) dar, also das Identifizieren und Einüben eines alternativen Verhaltens. Dabei werden im Rahmen der Therapie Verhaltensweisen eingeübt, die mit dem »Problemverhalten« inkompatibel sind und somit der unerwünschten Gewohnheit entgegenwirken.

Für die Behandlung von Tics wird für jeden einzelnen, als störend empfundenen Tic eine Alternativbewegung festgelegt und eingeübt. Diese ist im Idealfall mit der gleichzeitigen Ausführung des Tics inkompatibel (etwa ein bewusstes Herabziehen

der Schultern statt eines Tics mit Hochziehen der Schultern). Die Alternativbewegung soll für mindestens eine Minute, besser bis zum Nachlassen des Vorgefühls, beibehalten werden. Sollte eine derartige Gegenbewegung nicht möglich sein, können alternativ andere Bewegungen durchgeführt werden.
Als Gegenbewegungen kommen folgende Varianten in Betracht:

- Inkompatible Bewegung: Am wirksamsten ist es, wenn die Gegenbewegung mit der gleichzeitigen Ausführung des Tics inkompatibel ist, d.h., die Gegenbewegung schließt aus, dass der Tic gleichzeitig überhaupt noch ausgeführt werden kann. Diese Form der Gegenbewegung sollte immer zuerst versucht werden. Sollte sie nicht möglich sein, können folgende Alternativen versucht werden:
  - Abgeschwächte Bewegung: Alternativ kann statt des Tics eine abgeschwächte oder »entspanntere« Bewegung ausgeführt werden. Diese stellt gewissermaßen eine »Imitation« des Tics dar, aber in abgeschwächter und damit unauffälligerer Form.
  - Teilbewegung: Als weitere Alternative kann nur eine »Teilbewegung« des Tics ausgeführt werden. Dies ist besonders für komplexe Tics geeignet, die viele verschiedene Bewegungen beinhalten.
  - Andere Bewegung: Es kann schließlich aktiv eine Willkürbewegung (auch an einem ganz anderen Körperteil) ausgeführt werden, die mit dem Tic gar nicht in Zusammenhang steht.
  - Zusatzbewegung: Als weitere Möglichkeit kann ein Tic durch eine willentlich und zusätzlich ausgeführte Bewegung kaschiert werden, beispielsweise wenn ein »Mundaufreiß-Tic« mit einem Reiben mit der Hand an der Nase verbunden und dadurch das auffällige Mund aufreißen einfach hinter der Hand verborgen wird.
  - In Willkürbewegung integrieren: Ein Tic kann auch dadurch weniger stark auffallen, indem der Tic in eine »normale« Willkürbewegung integriert wird. Dies wäre der Fall, wenn ein Aufreißen des Mundes mit einer Handbewegung zum Mund kombiniert wird, so dass es den Anschein hat, als müsste man gähnen.
  - Umlenken: Schließlich können Tics »umgelenkt« werden, indem statt eines störenden Tics ein anderer, weniger auffälliger Tic ausgeführt wird.
  - Atmung in den Bauch: das tiefe Einatmen in den Bauch kann nicht nur speziell zur Behandlung von vokalen Tics eingesetzt werden, sondern sich zuweilen auch als »Gegenbewegung« für motorische »Bauch-Tics« eignen.

Im Rahmen des HRT muss für jeden störenden Tic einzeln eine passende Gegenbewegung identifiziert werden. Es wird empfohlen, immer nur für einen Tic eine Gegenbewegung einzuüben und mit dem nächsten Tic erst dann zu beginnen, wenn die Gegenbewegung für den vorhergehenden Tic gut beherrscht wird.

Automatisierung und Generalisierung des Verhaltens

Nachdem ein Alternativverhalten erlernt wurde, muss es auf zahlreiche Alltagssituationen übertragen werden. Analog dem Wahrnehmungstraining sollte das Training zunächst in einer reizarmen Umgebung begonnen und erst im Verlauf und schrittweise auf »schwierigere« Situationen ausgedehnt werden, etwa mit zunehmenden Außenreizen, Ablenkung und Faktoren, die oft zu einer Provokation der Tics führen. Die verschiedenen Gegenbewegungen müssen immer wieder geübt werden, bis sie schließlich »automatisch« ablaufen.

Darüber hinaus kann bereits vor dem Auftreten bestimmter Situationen überlegt werden, welche Tics in dieser Situation eventuell besonders häufig und stark auftreten und stören könnten. Nachfolgend wäre es möglich, eine Gegenbewegung bereits »vorbeugend« auszuführen, also bereits bevor der Tic überhaupt eintritt. Auch könnte im Vorfeld überlegt werden, wie eine spezielle Situation ggf. verändert oder beeinflusst werden kann, damit ein Tic seltener auftritt oder zumindest weniger stark auffällt.

Entspannungstraining

Entspannungstechniken haben das Ziel, die Eigenwahrnehmung zu steigern sowie körperliche und geistige Anspannung zu vermindern. Dadurch soll nicht nur das Erleben von Gelassenheit, Zufriedenheit und Wohlbefinden, sondern auch die Belastbarkeit in Stresssituationen gesteigert werden. Im Rahmen des HRT haben sich besonders die Progressive Muskelentspannung und Atemübungen bewährt. Da Tics in aller Regel durch Stress und Anspannung verstärkt werden, können Entspannungsverfahren dieser Entwicklung entgegenwirken. Darüber hinaus können Entspannungsverfahren aber auch gezielt in Situationen eingesetzt werden, in denen Tics vermehrt auftreten: Häufig vermindern sich Tics während der Entspannungsübungen, so dass situativ eine Symptomminderung erreicht werden kann.

Kontingenzmanagement

Da das Training sehr viel Motivation und Mitarbeit der PatientInnen verlangt, wird es häufig durch ein Belohnungssystem ergänzt, um das erwünschte Verhalten weiter zu verstärken. Es sollte dabei darauf geachtet werden, dass nicht der Erfolg, sondern das Bemühen positiv verstärkt werden.

E.5.2 Zeitlicher Ablauf der Therapie

Das HRT bzw. CBIT wurden in klinischen Studien als Kurzzeitpsychotherapie mit 8 ambulanten Sitzungen in 10 Wochen durchgeführt. Die ersten beiden Sitzungen dauern je 90 Minuten, die verbleibenden 6 Sitzungen jeweils 60 Minuten. Je nach Art, Anzahl und Schwere der zu behandelnden Tics, dem Alter der PatientInnen, der Introspektionsfähigkeit und Motivation sind zuweilen sogar weniger Sitzungen ausreichend. Bei Bedarf werden im Abstand von wenigen Monaten bis zu 3 Booster-Sitzungen angeboten. Abweichend von der Durchführung in klinischen Studien können im klinischen Alltag Dauer und Frequenz der Sitzungen nach Bedarf angepasst werden.

E.5.3 Hinweise zur Durchführung

Vor einer Behandlung mit HRT sollten sich die PatientInnen und deren behandelnde TherapeutInnen folgenden Aspekten bewusst sein:

- Eine Verhaltenstherapie der Tics führt nicht unmittelbar zu einer Verminderung der Tics. Wird ein sehr zeitnaher Behandlungserfolg gewünscht – oder ist dieser wegen starker oder sogar autoaggressiver Tics notwendig – dann sollte zunächst eine medikamentöse Therapie erwogen werden.
- HRT führt im Mittel zu einer Verminderung der Tics um ca. 30–40 %. Im Einzelfall kann die Therapie aber auch zu einer deutlich stärkeren Reduktion der Tics führen.
- Bei manchen PatientInnen führt HRT nicht zu einer relevanten Symptomverbesserung.
- Nach allgemeiner klinischer Erfahrung sprechen komplexe Tics meist besser auf eine Behandlung mit HRT an als einfache Tics.
- Augen-Tics gelten gemeinhin als schwieriger zu behandeln. Daher wird empfohlen, die Therapie nicht mit der Behandlung von Augen-Tics zu beginnen.
- Voraussetzung für eine erfolgreiche Behandlung der Tics mittels HRT ist, dass PatientInnen bereit sind, sich sehr intensiv mit den Tics, dem vorangehenden Vorgefühl, auslösenden Einflussfaktoren und auch Konsequenzen und Reaktionen der Tics durch die Umwelt auseinander zu setzen. Diese intensive Beschäftigung mit den Tics kann zumindest vorübergehend zu einer – entweder lediglich subjektiv empfundenen oder aber auch einer objektiv vorhandenen – Zunahme der Tics führen. Mittel- und langfristig führt – zumindest nach heutigem Kenntnisstand – eine Behandlung mit HRT nicht zu einer Verschlechterung der Tics. Theoretisch kann sich aber jede psychotherapeutische Intervention auch negativ auf die Symptomatik auswirken. Die Sorge, dass sich aus einer bewusst ausgeführten Gegenbewegung ein neuer Tic entwickeln könnte, ist vermutlich unbegründet. Auch dies kann aktuell aber nicht mit letzter Sicherheit ausgeschlossen werden.
- Eine Behandlung mit HRT erfordert einen gewissen Zeitaufwand, nicht nur für die Therapiesitzungen, sondern auch für das – am besten tägliche – Üben.
- Eine erfolgreiche Behandlung mit HRT setzt eine entsprechende Motivation und Mitarbeit der PatientInnen (inklusive häuslichem Üben) voraus.
- Die Umsetzung des HRT in Alltagssituationen kann schwierig sein. Zuweilen gelingt die Kontrolle über die Tics nur in einzelnen Situationen.
- Andere Nachteile oder sonstige negative Folgen einer Verhaltenstherapie mit HRT sind nicht bekannt.

- Bei Kindern kann – je nach Entwicklungsstand – eine Behandlung mit HRT/CBIT etwa ab einem Alter von 9 Jahren in Betracht gezogen werden.
- Die Behandlung von Tics mittels Verhaltenstherapie hat eine intensive Diskussion darüber in Gang gesetzt, ob die willentliche Unterdrückung von Tics nachfolgend zu einer überschießenden Zunahme der Tics (= Rebound) führt. Diese Annahme basiert primär auf der Beschreibung von PatientInnen, die über eine Verschlechterung ihrer Tics nach willentlicher Tic-Unterdrückung berichten. Mittlerweile konnte in verschiedenen Studien – sowohl bei Kindern als auch bei Erwachsenen – gezeigt werden, dass die willentliche Unterdrückung von Tics nachfolgend *nicht* zu einer Zunahme der Tics führt (Verdellen et al. 2007; Müller-Vahl et al. 2014).
- Nicht selten wird aktuell die Diagnose einer Tic-Störung bzw. eines Tourette-Syndroms falsch positiv gestellt, obwohl tatsächlich eine funktionelle (dissoziative) Bewegungsstörung mit »Tic-ähnlichen« bzw. »Tourette-ähnlichen« Symptomen besteht (Martino et al. 2023). Es mehren sich Hinweise, dass auch eine funktionelle Bewegungsstörung mit HRT behandelt werden kann. Kontrollierte Studien fehlen allerdings bisher.
- Häufiger als bisher angenommen, besteht bei PatientInnen mit Tourette-Syndrom komorbid eine funktionelle (dissoziative) Bewegungsstörung mit »Tic-ähnlichen« bzw. »Tourette-ähnlichen« Symptomen (Müller-Vahl et al. 2024). Vor Behandlungsbeginn ist zwingend eine differenzialdiagnostische Abklärung erforderlich.

E.6   Exposure and Response Prevention (ERP)

Alternativ zum HRT kann eine Verhaltenstherapie der Tics mittels Exposure and Response Prevention (ERP) (deutsch: »Exposition mit Reaktionsverhinderung«) erfolgen. Hinweise, dass ERP ein geeignetes Verfahren zur Behandlung von Tics sein könnte, liegen bereits seit 1983 vor (Bullen & Hemsley 1983). Systematisch wurde das ERP seit 1997 primär von einer niederländischen Gruppe um C. Verdellen untersucht. In einer ihrer Studien (n = 43) waren ERP und HRT vergleichbar gut zur Behandlung von Tics wirksam (Verdellen et al. 2004).

Während beim HRT/CBIT als Hauptelement der Therapie gegen jeden einzelnen Tic gezielt eine Gegenbewegung eingeübt wird, beruht das ERP auf einer gleichzeitigen Unterdrückung aller Tics. Dadurch soll der von PatientInnen mit Tics oft beschriebene Automatismus unterbrochen werden, dass einem Vorgefühl immer auch ein Tic folgen müsse. Durch die Reaktionsverhinderung (= Tic-Unterdrückung) tritt eine Habituation an das den Tics vorangehende Vorgefühl (= Exposition) ein, so dass mit zunehmender Übung eine Gewöhnung eintritt und dadurch der Drang zu ticcen kontinuierlich nachlässt (Verdellen et al. 2008).

Im Rahmen der praktischen Durchführung wird PatientInnen gerne eine gewisse Analogie zum Verhalten bei einem Mückenstich aufgezeigt: Wird das durch den Stich induzierte Jucken ausgehalten, ohne zu kratzen, lässt das Jucken rasch nach und der Stich verheilt. Das Kratzen hingegen führt zu einer Zunahme des Juckreizes und nachfolgend zu einem noch stärkeren Kratzen.

Im Rahmen der Therapie wird geübt, das Vorgefühl für eine immer längere Zeit auszuhalten und die Ausführung des nachfolgenden Tics zu verhindern. Dies kann mit Hilfe einer Stoppuhr kontrolliert werden. Währenddessen unterstützen die TherapeutInnen die PatientInnen mit Cheerleading. Zu Beginn der Therapie werden psychoedukativ Informationen zum Tourette-Syndrom vermittelt. Außerdem soll ein Tic-Inventar erstellt werden, welches aktuelle Tics der PatientInnen sowie dazugehörige Vorgefühle beinhaltet. Bei PatientInnen, die ihre Tics selbst nicht wahrnehmen, kann das Arbeiten mit einem Spiegel hilfreich sein. Die Tic-freie Zeit wird zunehmend verlängert. PatientInnen sollen als Hausaufgabe regelmäßig die Reaktion auf das Vorgefühl unterdrücken. Um dieses Verhalten zu fördern, können auf operanter Konditionierung basierende Belohnungssysteme eingeführt werden. Eine spezielle Gegenbewegung (competing response) wie beim HRT wird beim ERP nicht eingeübt. Das ERP wird vor allem dann eingesetzt, wenn sehr viele Tics bestehen oder viele verschiedene Tics gleichzeitig auftreten. Je nach Wirksamkeit können bei PatientInnen einzelne Tics auch mit HRT und andere mit ERP behandelt werden. Theoretisch ist auch eine Kombination (gleichzeitige Unterdrückung und Ausführung einer Gegenbewegung) möglich. Bei der Wahl der Therapieform sollte auch der Präferenz der PatientInnen Rechnung getragen werden. Laut Manual erfolgt die Behandlung mit ERP über zwölf Wochen in wöchentlichen Sitzungen à zwei Stunden und umfasst zwei Übungssitzungen und daran anschließend zehn Behandlungssitzungen.

E.7 Studien zur Wirksamkeit von HRT/CBIT und ERP

Nachdem erstmals 1973 (Azrin & Nunn 1973) bzw. 1988 (Azrin & Peterson 1988) vorgeschlagen worden war, Tics mittels HRT zu behandeln, wurden zahlreiche Studien durchgeführt zur Frage der Wirksamkeit von HRT/CBIT und ERP in der Behandlung von Tics. Es liegen mittlerweile eine Reihe von Studien mit randomisiertem und kontrolliertem Design vor (Wilhelm et al. 2003; Verdellen et al. 2004; Deckersbach et al. 2006; Piacentini et al. 2010; Wilhelm et al. 2012; Jakubovski et al. 2016, Yates et al. 2016; Dabrowski et al. 2018; Andrén et al. 2019; Haas et al. 2022). Eine umfassende Übersicht findet sich beispielsweise in der aktualisierten europäischen Leitlinie zur Behandlung von Tics mittels Verhaltenstherapie (Andrén & Jakubovski et al. 2022). Damit ist das HRT/CBIT gegenwärtig die am besten untersuchte Therapie für Tics.

Die ersten beiden großen Studien stammen aus den Jahren 2010 und 2012 und untersuchten die Wirksamkeit von CBIT bei 126 Kindern im Alter zwischen 9–17 Jahren (Piacentini et al. 2010) bzw. 122 Erwachsenen (Wilhelm et al. 2012). Im Vergleich zu supportiver Psychotherapie trat unter Behandlung mit CBIT eine

Reduktion der Tics um 25% (Piacentini et al. 2010) bzw. 30% (Wilhelm et al. 2012) ein. Mehr als 50% der Kinder in der CBIT-Gruppe (aber nur knapp 19% in der Kontrollgruppe) wurden als »sehr gut« oder »deutlich« gebessert eingestuft. Interessanterweise war in beiden Untersuchungen der Behandlungseffekt nicht nur unmittelbar nach Ende der Therapie, sondern auch noch sechs Monate nach Ende der Therapiesitzungen nachweisbar. Auch in verschiedenen weiteren kontrollierten Studien wurde die Wirksamkeit von HRT/CBIT im Vergleich zur supportiven Psychotherapie sowohl bei erwachsenen PatientInnen, als auch bei Kindern und Jugendlichen nachgewiesen (Wilhelm et al. 2003; Deckersbach et al. 2006; Yates et al. 2016; Dabrowski et al. 2018; Seragni et al. 2018; Chen et al. 2020; Zimmerman-Brenner et al. 2022).

Bisher wurde nur in einer einzigen Studie mit 43 PatientInnen vergleichend die Wirksamkeit von HRT und ERP untersucht (Verdellen et al. 2004). Beide Behandlungen führten zu einer signifikanten Reduktion der Tics mit leichter (aber nicht signifikanter) Überlegenheit von ERP.

Erstmals 2012 konnte in kleineren Studien gezeigt werden, dass eine Behandlung mit HRT/CBIT nicht nur »face-to-face« (also durch eine im persönlichen Kontakt mit den TherapeutInnen in der Praxis durchgeführte Behandlung) erfolgen kann, sondern auch erfolgreich via Videokonferenz durchgeführt werden kann (Himle et al. 2012). Diese Ergebnisse konnten in nachfolgenden kleinen Studien bestätigt werden (Ricketts, Bauer et al. 2016; Prato et al. 2022). Die PatientInnen waren mit der videobasierten Therapie jeweils sehr zufrieden. Auch in einer weiteren, in den USA durchgeführten großen Studie mit 113 PatientInnen führte eine per Video durchgeführte CBIT-Behandlung (teleCBIT) nach sechs Monaten sowohl bei Kindern als auch Erwachsenen zu einer signifikanten Reduktion der Tics (Capriotti et al. 2023). Eine in Dänemark durchgeführte Studie mit 116 Kindern und Jugendlichen zeigte, dass eine per Video durchführte Behandlung mit ERP vergleichbar wirksam ist wie eine face-to-face-Behandlung (Soerensen et al. 2023a). Der Behandlungeffekt war nicht nur unmittelbar zu Beginn der Therapie, sondern auch anhaltend nachweisbar (Soerensen et al. 2023b).

Darüber hinaus wurde die Wirksamkeit von Internet-basierten Behandlungen untersucht. In einer schwedischen Studie untersuchten Andrén und KollegInnen (2019) HRT- und ERP-Interventionen über eine Internetplattform und konnten zeigen, dass beide Interventionen zu einer signifikanten Verringerung der Beeinträchtigung durch die Tics führten. Allerdings führte nur die ERP-Onlinebehandlung zu einer signifikanten Verbesserung der Tics, während die Tic-Reduktion in der HRT-Gruppe nicht signifikant war. Ein Vorteil dieses Behandlungsformats war der geringere Zeitaufwand für die TherapeutInnen (durchschnittlich ca. 25 Minuten pro Teilnehmer und Woche, hauptsächlich durch Nutzung von Textnachrichten). In einer israelischen Studie wurde CBIT über eine Internetplattform angewandt und mit einer Wartelistenkontrollgruppe verglichen. Dabei wurde eine deutliche Verbesserung der Tics in der Behandlungsgruppe festgestellt (Rachamim et al. 2022). Auch in dieser Studie gab es eine deutliche Zeitersparnis für die TherapeutInnen mit telefonischen Kontakten von ca. sieben Minuten pro Teilnehmerin oder Teilnehmer und Woche. Haas et al. (2022) untersuchten die Wirksamkeit von internet-basiertem CBIT, wobei die Behandlung vollständig unabhängig von

TherapeutInnen über eine Internetplattform angeboten wurde. Dabei wurde das Signifikanzniveau für eine Überlegenheit der CBIT-Internetplattform gegenüber der Placebogruppe hinsichtlich der Tic-Reduktion nur sehr knapp verpasst. Dennoch deuten zahlreiche weitere Analysen darauf hin, dass auch eine TherapeutInnen-unabhängige internetbasierte CBIT-Behandlung der Tics vergleichbar gut wirksam ist.

Mittlerweile wurden die Ergebnisse weiterer, ähnlich durchgeführter großer Studien veröffentlicht, in denen die Wirksamkeit einer Online-Behandlung untersucht wurde. In der multizentrischen, in zwei Studienzentren in England durchgeführten Studie von Hollis und KollegInnen mit 224 PatientInnen (Hollis et al. 2021) wurde die Wirksamkeit einer 10-wöchigen ERP-Online-Therapie gegenüber Psychoedukation verglichen. Die ERP-Online-Behandlung führte zu einer signifikanten Tic-Reduktion, die auch drei Monate nach Ende der Behandlung anhielt. Nach Einschätzung der AutorInnen ist durch eine derartige Online-unterstütze Behandlung im Vergleich zur Face-to-Face-Behandlung etwa nur ein Viertel der Kontaktzeit mit einem Therapeuten bzw. einer Therapeutin erforderlich, um ein ähnliches Behandlungsergebnis zu erzielen. In einer großen, in Schweden durchgeführten Studie mit 221 Kindern und Jugendlichen wurde die Wirksamkeit von internetgestütztem ERP über zehn Wochen vergleichend untersucht zu einer über das Internet durchgeführten und durch TherapeutInnen unterstützten Psychoedukation (Andrén, Holmsved et al. 2022; Andrén, Fernández de la Cruz et al. 2022). Während einer Nachuntersuchung nach drei Monaten hatten sich die Tics in beiden Gruppen signifikant verbessert, allerdings in der ERP etwas stärker. Auch war die Responderrate in der ERP-Gruppe höher.

In mehreren kleineren Studien konnte gezeigt werden, dass zumindest bei Kindern das in Aussicht stellen einer Belohnung zu einer weiteren Verbesserung des Behandlungserfolgs von HRT/CBIT führt (Himle et al. 2008; Capriotti et al. 2012).

Schließlich weisen erste Studien darauf hin, dass die Therapie nicht nur in Einzelsitzungen, sondern auch als Gruppentherapie erfolgreich durchgeführt werden kann (Yates et al. 2016; Nissen et al. 2019; Nissen et al. 2021; Heijerman-Holtgrefe et al. 2021; Zimmerman-Brenner et al. 2022). Bei Kindern fanden sich keine Hinweise darauf, dass dabei Tics anderer PatientInnen imitiert werden und es im Rahmen der Gruppentherapie durch Echophänomene zu einer Zunahme der Tics kommt. Allerdings wurde in der Studie von Zimmerman-Brenner und KollegInnen (2022) eine temporäre Verschlechterung von vokalen Tics direkt nach der Behandlung der TeilnehmerInnen festgestellt. In einer kleinen Studie führte eine per Video durchgeführte Gruppentherapie bei drei Kindern zu einer deutlichen Tic-Reduktion (Inoue et al. 2022).

Während die Wirkung von HRT/CBIT auf Tics als gut belegt gilt, konnten in den bisherigen Studien keine Hinweise darauf gefunden werden, dass die Behandlung auch zu einer Verbesserung begleitend bestehender psychiatrischer Symptome führt (Woods et al. 2011). Es wird daher vermutet, dass CBIT eine symptomspezifische Behandlung für Tics ist.

Diese positiven Behandlungsergebnisse führten dazu, dass sowohl in den europäischen (Andrén & Jakubovski et al. 2022; Müller-Vahl et al. 2022) als auch in den kanadischen Leitlinien zur Behandlung von Tics (Pringsheim et al. 2012) Verhaltenstherapien mittels HRT/CBIT und ERP als wirksame Behandlung eingestuft und zur Behandlung von Tics empfohlen werden.

Zwei im Jahre 2013 publizierten systematischen Übersichten bzw. Metaanalysen zufolge, in denen fünf kontrollierte Studien mit insgesamt 353 Patienten berücksichtigt wurden, führt eine Verhaltenstherapie mit HRT, CBIT oder ERP zu einer signifikanten Reduktion der Tics von 18,3–37,5 % mit gleicher Wirksamkeit bei Kindern und Erwachsenen (Dutta & Cavanna 2013; Wile & Pringsheim 2013). Auch eine 2019 veröffentlichte systematische Übersicht kommt zu dem Ergebnis, dass CBIT wirksam in der Behandlung von Tics ist und sogar die einzige Behandlungsmethode für Tics ist, für die mit hoher Wahrscheinlichkeit eine Wirksamkeit angenommen werden könne (Pringsheim et al. 2019). Obwohl die Datenlage zu ERP deutlich schlechter ist, wird allgemein angenommen, dass alle verhaltenstherapeutischen Therapieformen (HRT/CBIT, ERP) vergleichbar gut in der Behandlung von Tics wirksam sind.

Bisher wurde in nur einer Studie die Wirksamkeit einer Verhaltenstherapie direkt mit der einer medikamentösen Behandlung verglichen. Rizzo et al. (2018) randomisierten 110 junge Menschen (8–17 Jahre) in drei Gruppen: Verhaltenstherapie (entweder HRT oder ERP), Pharmakotherapie (entweder Risperidon, Aripiprazol oder Pimozid) oder Psychoedukation. Nach der Behandlung verbesserte sich der Schweregrad der Tics in den beiden Behandlungsgruppen im Vergleich zur Psychoedukationsgruppe signifikant ohne signifikante Unterschiede zwischen den beiden Behandlungsgruppen.

Einer Übersichtsarbeit zufolge sind Antipsychotika wie Aripiprazol und Risperidon zumindest bei Kindern und Jugendlichen etwas stärker wirksam als eine Verhaltenstherapie mit HRT/CBIT (Hollis et al. 2016). Allerdings muss dabei berücksichtigt werden, dass eine Verhaltenstherapie praktisch nebenwirkungsfrei ist, während Antipsychotika oft zu relevanten Nebenwirkungen führen. Daher könnte eine Verhaltenstherapie – trotz der möglicherweise etwas geringeren Wirkung – insgesamt zu einer besseren Lebensqualität führen als eine medikamentöse Behandlung. Grundsätzlich kann auch eine Kombinationsbehandlung bestehend aus Verhaltenstherapie und Pharmakotherapie in Betracht gezogen werden. Allerdings wurden Hinweise darauf gefunden, dass HRT/CBIT eine stärkere Tic-reduzierende Wirkung aufweist, wenn nicht gleichzeitig eine medikamentöse Behandlung der Tics erfolgt (Sukhodolsky et al. 2017).

E.8 Langzeitwirkung nach Ende der Therapie

Den vorliegenden Studien und Metaanalysen zufolge hält der Behandlungseffekt des HRT/CBIT auch Monate nach Therapieende noch an (Piacentini et al. 2010; Wilhelm et al. 2012; Dutta & Cavanna 2013; Wile & Pringsheim 2013; Dabrowski et al. 2018; Andrén et al. 2019; Nissen et al. 2019; Chen et al. 2020; Haas et al. 2022).

Zum Therapieende erhalten PatientInnen Hinweise, wie bei einer Verschlechterung der Tics oder dem Auftreten neuer Tics vorzugehen ist. Je nach Erfordernis können zu einem späteren Zeitpunkt Booster-Sitzungen durchgeführt werden.

> **Wovon hängt der Erfolg des HRT ab?**
>
> - Alter der PatientInnen: allgemein wird eine Therapie – je nach Entwicklungstand – ab einem Alter von ca. 9 Jahren empfohlen
> - Therapiemotivation: diese ist oft bei Jugendlichen unzureichend
> - Anzahl, Art und Schwere der Tics: einfache Tics – und besonders Augen-Tics – gelten als schwieriger behandelbar
> - Vorhandensein und Stärke des Vorgefühls: Abwesenheit oder zu starkes Vorgefühl können die Behandlung erschweren
> - Anzahl, Art und Schwere der Komorbiditäten
> - Subjektive Beeinträchtigung
> - Wunsch der PatientInnen: bevorzugt der Patient bzw. die Patientin eine Pharmakotherapie, sollte dieser Präferenz entsprochen werden
> - Wirkungen und Nebenwirkungen früherer Behandlungen der Tics
> - Erfahrungen der behandelnden ÄrztInnen bzw. TherapeutInnen
> - Lokale Verfügbarkeit qualifizierter TherapeutInnen

E.9   Literatur

Andrén P, Aspvall K, de la Cruz LF, Wiktor P, Romano S, Andersson E, Murphy T, Isomura K, Serlachius E, Mataix-Cols D (2019) Therapist-guided and parent-guided internet-delivered behaviour therapy for paediatric Tourette's disorder: a pilot randomised controlled trial with long-term follow-up. BMJ Open 9:e024685.

Andrén P, Fernández de la Cruz L, Isomura K, Lenhard F, Hall CL, Davies EB, et al. (2022) Efficacy and cost-effectiveness of therapist-guided internet-delivered behaviour therapy for children and adolescents with Tourette syndrome: study protocol for a single-blind randomised controlled trial. Trials. 2021;22(1):669.

Andrén P, Jakubovski E, Murphy TL, Woitecki K, Tarnok Z, Zimmerman-Brenner S, et al. (2022) European clinical guidelines for Tourette syndrome and other tic disorders – version 2.0. Part II: psychological interventions. European Child & Adolescent Psychiatry.;31(3):403-23.

Andrén P, Holmsved M, Ringberg H, et al. (2022) Therapist-supported internet-delivered exposure and response prevention for children and adolescents with tourette syndrome: a randomized clinical trial. *JAMA Network Open*;5(8):e2225614-e14

Azrin NH, Nunn RG (1973) Habit-reversal: a method of eliminating nervous habits and tics. Behav Res Ther 11: 619–628.

Azrin NH, Nunn RG, Frantz SE (1980) Habit reversal vs. negative practice treatment of nailbiting. Behav Res Ther 18: 281–285.

Azrin NH, Peterson AL (1988) Habit reversal for the treatment of Tourette syndrome. Behav Res Ther 26: 347–351.

Bullen JG, Hemsley DR (1983) Sensory experience as a trigger in Gilles de la Tourette's syndrome. J Behav Ther Exp Psychiatry 14: 197–201.

Capriotti MR, Brandt BC, Ricketts EJ, et al (2012) Comparing the effects of differential reinforcement of other behavior and response-cost contingencies on tics in youth with Tourette syndrome. J Appl Behav Anal 45: 251–263.

Capriotti MR, Wellen BC, Young BN, et al. (2023) Evaluating the feasibility, acceptability, and preliminary effectiveness of tele-comprehensive behavior therapy for tics (teleCBIT) for Tourette syndrome in youth and adults. J Telemed Telecare 2023:1357633X231189305. doi: 10.1177/1357633X231189305

Chen C-W, Wang H-S, Chang H-J, Hsueh C-W (2020) Effectiveness of a modified comprehensive behavioral intervention for tics for children and adolescents with tourette's syndrome: A randomized controlled trial. *Journal of Advanced Nursing*, 76(3), 903-915. https://doi.org/10.1111/jan.14279

Dabrowski J, King J, Edwards K, Yates R, Heyman I, Zimmerman-Brenner S, et al. (2018) The Long-Term Effects of Group-Based Psychological Interventions for Children With Tourette Syndrome: A Randomized Controlled Trial. Behavior Therapy;49(3):331-43.

Deckersbach T, Rauch S, Buhlmann U, Wilhelm S (2006) Habit reversal versus supportive psychotherapy in Tourette's disorder: A randomized controlled trial and predictors of treatment response. Behav Res Ther 44: 1079–1090.

Dutta N, Cavanna AE (2013) The effectiveness of habit reversal therapy in the treatment of Tourette syndrome and other chronic tic disorders: a systematic review. Funct Neurol 28: 7–12.

Haas M, Jakubovski E, Kunert K, Fremer C, Buddensiek N, Häckl S, Lenz-Ziegenbein M, Musil R, Roessner V, Münchau A, Neuner I, Koch A, Müller-Vahl K (2022) ONLINE-TICS: Internet-Delivered Behavioral Treatment for Patients with Chronic Tic Disorders. Journal of Clinical Medicine, 11(1), 250. https://doi.org/10.3390/jcm11010250

Heijerman-Holtgrefe AP, Verdellen CWJ, van de Griendt JMTM, Beljaars LPL, Kan KJ, Cath D et al. (2021) Tackle your Tics: pilot findings of a brief, intensive group-based exposure therapy program for children with tic disorders. European Child & Adolescent Psychiatry;30(3):461-73.

Himle MB, Freitag M, Walther M, et al (2012) A randomized pilot trial comparing videoconference versus face-to-face delivery of behavior therapy for childhood tic disorders. Behav Res Ther 50: 565–570.

Himle MB, Woods DW, Bunaciu L (2008) Evaluating the role of contingency in differentially reinforced tic suppression. J Appl Behav Anal 41: 285–289.

Hollis C, Pennant M, Cuenca J, et al (2016) Clinical effectiveness and patient perspectives of different treatment strategies for tics in children and adolescents with Tourette syndrome: a systematic review and qualitative analysis. Health Technol Assess Winch Engl 20: 1–450, vii–viii.

Hollis C, Hall CL, Jones R, Marston L, Novere ML, Hunter R et al. (2021) Therapist-supported online remote behavioural intervention for tics in children and adolescents in England (ORBIT): a multicentre, parallel group, single-blind, randomised controlled trial. The Lancet Psychiatry;8(10):871-82.

Inoue T, Togashi K, Iwanami J, et al. (2022) Open-case series of a remote administration and group setting comprehensive behavioral intervention for tics (RG-CBIT): A pilot trial. Frontiers in Psychiatry;13:890866.

Jakubovski E, Reichert C, Karch A, et al (2016) The ONLINE-TICS Study Protocol: A Randomized Observer-Blind Clinical Trial to Demonstrate the Efficacy and Safety of Internet-Delivered Behavioral Treatment for Adults with Chronic Tic Disorders. Front Psychiatry 7: 119.

Martino D, Hedderly T, Murphy T, Müller-Vahl KR, Dale RC, Gilbert DL, Rizzo R, Hartmann A, Nagy P, Anheim M, Owen T, Malik O, Duncan M, Heyman I, Liang H, McWilliams A, O'Dwyer S, Fremer C, Szejko N, Han VX, Kozlowska K, Pringsheim TM (2023) The spectrum of functional tic-like behaviours: Data from an international registry. Eur J Neurol.;30(2):334-343. doi: 10.1111/ene.15611.

Müller-Vahl KR, Riemann L, Bokemeyer S (2014) Tourette patients' misbelief of a tic rebound is due to overall difficulties in reliable tic rating. J Psychosom Res 76:472–476.

Müller-Vahl KR, Szejko N, Verdellen C, Roessner V, Hoekstra PJ, Hartmann A, et al. (2022) European clinical guidelines for Tourette syndrome and other tic disorders: summary statement. European Child & Adolescent Psychiatry;31(3):377-82.

Müller-Vahl KR, Pisarenko A, Fremer C, Haas M, Jakubovski E, Szejko N (2024) Functional Tic-Like Behaviors: A Common Comorbidity in Patients with Tourette Syndrome. Mov Disord Clin Pract.;11(3):227-237. doi: 10.1002/mdc3.13932.

Nissen JB, Carlsen AH, Thomsen PH (2021) One-year outcome of manualised behavior therapy of chronic tic disorders in children and adolescents. Child and Adolescent Psychiatry and Mental Health;15(1):9.

Nissen JB, Kaergaard M, Laursen L, Parner E, Thomsen PH (2019) Combined habit reversal training and exposure response prevention in a group setting compared to individual training: a randomized controlled clinical trial. European Child & Adolescent Psychiatry;28(1):57-68.

Piacentini J, Woods DW, Scahill L, et al (2010) Behavior therapy for children with Tourette disorder: a randomized controlled trial. JAMA J Am Med Assoc 303: 1929–1937.

Prato A, Maugeri N, Chiarotti F et al. (2022) A randomized controlled trial comparing videoconference vs. face-to-face delivery of behavior therapy for youths with Tourette syndrome in the time of COVID-19. *Frontiers in psychiatry*;13:862422.

Pringsheim T, Doja A, Gorman D, McKinlay D, Day L, Billinghurst L, et al. (2012) Canadian Guidelines for the Evidence-Based Treatment of Tic Disorders: Pharmacotherapy. The Canadian Journal of Psychiatry;57(3):133-43.

Pringsheim T, Holler-Managan Y, Okun MS, Jankovic J, Piacentini J, Cavanna AE, Martino D, Müller-Vahl K, Woods DW, Robinson M, Jarvie E, Roessner V, Oskoui M (2019) Comprehensive systematic review summary: Treatment of tics in people with Tourette syndrome and chronic tic disorders. Neurology. 2019 May 7;92(19):907-915. doi: 10.1212/WNL.0000000000007467. Erratum in: Neurology. 2019 Aug 27;93(9):415. doi: 10.1212/WNL.0000000000007918.

Rachamim L, Zimmerman-Brenner S, Rachamim O, Mualem H, Zingboim N, Rotstein M (2022) Internet-based guided self-help comprehensive behavioral intervention for tics (ICBIT) for youth with tic disorders: a feasibility and effectiveness study with 6 month-follow-up. European Child & Adolescent Psychiatry;31(2):275-87.

Ricketts EJ, Goetz AR, Capriotti MR, et al. (2016) A randomized waitlist-controlled pilot trial of voice over Internet protocol-delivered behavior therapy for youth with chronic tic disorders. Journal of Telemedicine and Telecare;22(3):153-162.

Ricketts EJ, Bauer CC, Ran D, et al. (2016) Pilot Open Case Series of Voice over Internet Protocol-delivered Assessment and Behavior Therapy for Chronic Tic Disorders. *Cogn Behav Pract*;23(1):40-50. doi: 10.1016/j.cbpra.2014.09.003

Rizzo R, Pellico A, Silvestri PR, Chiarotti F, Cardona F. A Randomized Controlled Trial Comparing Behavioral, Educational, and Pharmacological Treatments in Youths With Chronic Tic Disorder or Tourette Syndrome. Frontiers in Psychiatry. 2018;9.

Roessner V, Eichele H, Stern JS, Skov L, Rizzo R, Debes NM, et al. (2022) European clinical guidelines for Tourette syndrome and other tic disorders-version 2.0. Part III: pharmacological treatment. Eur Child Adolesc Psychiatry. 2022;31(3):425-41.

Sambrani T, Jakubovski E, Müller-Vahl KR (2016) New Insights into Clinical Characteristics of Gilles de la Tourette Syndrome: Findings in 1032 Patients from a Single German Center. Front Neurosci 10: 415.

Seragni G, Chiappedi M, Bettinardi B, Zibordi F, Colombo T, Reina C, Angelini L (2018) Habit reversal training in children and adolescents with chronic tic disorders: an Italian randomized, single-blind pilot study. Minerva Pediatr;70(1):5-11. doi:10.23736/S0026-4946.16.04344-9

Soerensen CB, Lange T, Jensen SN, Grejsen J, Aaslet L, Skov L, Debes NM (2023a) Exposure and Response Prevention for Children and Adolescents with Tourette Syndrome Delivered via Web-Based Videoconference versus Face-to-Face Method. Neuropediatrics;54(2):99-106. doi: 10.1055/a-1987-3205

Soerensen CB, Lange T, Jensen SN, Grejsen J, Aaslet L, Skov L, Debes NM (2023b) Exposure and Response Prevention: Evaluation of Tic Severity Over Time for Children and Adolescents with Tourette Syndrome and Chronic Tic Disorders. Neuropediatrics. 2023 Apr;54(2):89-98. doi: 10.1055/a-1993-3783.

Sukhodolsky DG, Woods DW, Piacentini J, et al. (2017) Moderators and predictors of response to behavior therapy for tics in Tourette syndrome. Neurology 88: 1029–1036.

Verdellen CWJ, Hoogduin CAL, Kato BS, et al. (2008) Habituation of premonitory sensations during exposure and response prevention treatment in Tourette's syndrome. Behav Modif 32: 215–227.

Verdellen CWJ, Hoogduin CAL, Keijsers GPJ (2007) Tic suppression in the treatment of Tourette's syndrome with exposure therapy: the rebound phenomenon reconsidered. Mov Disord Off J Mov Disord Soc 22: 1601–1606.

Verdellen CWJ, Keijsers GPJ, Cath DC, Hoogduin CAL (2004) Exposure with response prevention versus habit reversal in Tourettes's syndrome: a controlled study. Behav Res Ther 42: 501–511.

Wile DJ, Pringsheim TM (2013) Behavior Therapy for Tourette Syndrome: A Systematic Review and Meta-analysis. Curr Treat Options Neurol 15: 385-95.

Wilhelm S, Deckersbach T, Coffey BJ, et al. (2003) Habit reversal versus supportive psychotherapy for Tourette's disorder: a randomized controlled trial. Am J Psychiatry 160: 1175–1177.

Wilhelm S, Peterson AL, Piacentini J, et al. (2012) Randomized trial of behavior therapy for adults with Tourette syndrome. Arch Gen Psychiatry 69: 795–803.

Woitecki K, Döpfner M (2015) Therapieprogramm für Kinder und Jugendliche mit Tic-Störungen (THICS). Hogrefe, Göttingen; Bern; Wien; Paris; Oxford; Prag; Toronto; Boston; Amsterdam; Kopenhagen; Stockholm; Florenz; Helsinki

Woods DW, Piacentini J, Chang S, et al (2008) Managing Tourette syndrome: a behavioral intervention for children and adults. Oxford University Press, New York; Oxford

Woods DW, Piacentini JC, Scahill L, et al (2011) Behavior therapy for tics in children: acute and long-term effects on psychiatric and psychosocial functioning. J Child Neurol 26:858–865.

Yates R, Edwards K, King J, et al (2016) Habit reversal training and educational group treatments for children with tourette syndrome: A preliminary randomised controlled trial. Behav Res Ther 80: 43–50.

Zimmerman-Brenner S, Pilowsky-Peleg T, Rachamim L, Ben-Zvi A, Gur N, Murphy T, et al. (2022) Group behavioral interventions for tics and comorbid symptoms in children with chronic tic disorders. European Child & Adolescent Psychiatry. 2022;31(4):637-48.

F Alternative Psychotherapien und Ausblick

Valerie Brandt, Kirsten R. Müller-Vahl, Ewgeni Jakubovski

> **Hinweis**
>
> Mit Ausnahme von Psychoedukation und Entspannungstechniken wurden alle in diesem Kapitel genannten Therapieansätze für Tics bisher nur unzureichend untersucht und spielen in der Praxis bislang kaum eine Rolle.

F.1 Psychoedukation

Die Psychoedukation ist ein wesentlicher Bestandteil aller etablierten oder sich in der Entwicklung befindenden Therapieverfahren. PatientInnen und Angehörige profitieren in der Regel sehr davon, Näheres über den Verlauf und die biologischen/genetischen Hintergründe zu erfahren (▶ Kap. A und ▶ Kap. B). Auch die Edukation von MitschülerInnen und KommilitonInnen kann dabei helfen, Einstellungen gegenüber Betroffenen zum Positiven zu verändern (Nussey et al., 2013). Eine Informationsbroschüre zur Psychoedukation für Erwachsene findet sich in unseren Onlinematerialien.

F.2 Ressourcenaktivierung

Bei der Ressourcenaktivierung konzentriert sich die Behandlung auf die Stärken und Fähigkeiten der PatientInnen und umfasst Entspannungs- und Achtsamkeitstechniken. Ressourcen können in allen intrapersonellen (z.B. spezifische Fähigkeiten, Interessen, Ziele) und interpersonellen (z.B. Unterstützung von Familienmitgliedern, FreundInnen) Stärken und Fähigkeiten gefunden werden. Bei der Ressourcenaktivierung wird ein Fokus auf diese Stärken und Fähigkeiten gelegt, anstatt sich auf Probleme und Symptome zu konzentrieren. Es geht um die Befriedigung von Bedürfnissen, Steigerung des Selbstwertgefühls und des Wohlbefindens. In einer Pilotstudie untersuchten Viefhaus und KollegInnen Interventionen zur Ressoucenaktivierung bei 24 Jugendlichen mit Tic-Störungen (Viefhaus et al., 2019). Die Studie zeigte eine signifikante Verringerung des Schweregrads von Tics und Tic-bezogenen Beeinträchtigungen, was darauf hindeutet, dass die Ressourcenaktivierung eine potenziell wirksame Behandlung für PatientInnen mit Tic-Störungen darstellen könnte.

F.3 Kognitive psychophysiologische Therapie

O'Connor und KollegInnen haben ein neues Behandlungsmodell vorgeschlagen, welches kognitiv-verhaltenstherapeutische und psychophysiologische Elemente umfasst (O'Connor et al., 2016). Dieses Modell beschreibt einen Zusammenhang zwischen maladaptiven Überzeugungen über Tics, dem Vorgefühl, perfektionistischen Persönlichkeitsmerkmalen und negativen psychophysiologischen Folgen, wie z. B. erhöhter Muskelspannung in Körperbereichen, in denen Tics auftreten. Die von O'Connor entwickelte kognitive psychophysiologische Behandlung ist eine Kombination aus sensomotorischer Aktivierung und (meta-)kognitiven Interventionen, die auf die betroffenen Körperregionen abzielen. Bislang wurden zwei offene Studien veröffentlicht, in denen 36 Erwachsene bzw. sieben Kinder mit Tourette-Syndrom untersucht wurden (Leclerc et al., 2016; O'Connor et al., 2016). In diesen Studien konnte eine Verringerung der Tic-Schwere nach der Behandlung festgestellt werden. Obwohl dies ein möglicherweise vielversprechender neuer Behandlungsansatz ist, werden kontrollierte Studien benötigt, um die Wirksamkeit verlässlich bestimmen zu können.

F.4 Akzeptanz- und Commitment Therapie (ACT)

Sowohl das HRT als auch die Expositionstherapie basieren stark auf kognitiver Kontrolle. Neue Ansätze beziehen Aufmerksamkeitsprozesse ein. Im klinischen Alltag berichten PatientInnen häufig, dass eine verstärkte Aufmerksamkeit auf Tics zu einer verstärkten Symptomatik führe. Allerdings war bisher unklar, ob der Effekt daher rührt, dass PatientInnen in diesen Situationen ihre Tics lediglich aufmerksamer registrieren. Experimentelle Studien konnten allerdings nachweisen, dass Aufmerksamkeitsfokussierung auf eigene Tics zu einer Zunahme der Tic-Frequenz führt, wenn Tics nicht willentlich kontrolliert werden (Brandt et al., 2015; Misirlisoy et al., 2015). Das Vermeidenwollen bestimmter Gedanken und Gefühle hat oft den gegenteiligen Effekt und führt dazu, dass sich bestimmte Gedanken immer wieder »aufdrängen«. Gleichermaßen können Tic-bezogene Gedanken vermehrt zu Tics führen (O'Connor et al., 2014).

Zu neueren, alternativen Ansätzen gehören die Akzeptanz- und Commitment Therapie (ACT) (Hayes et al., 2003) sowie Achtsamkeits-basierte Ansätze (Reese et al., 2021; Reese et al., 2015). Das Akzeptieren und Loslassen unangenehmer Gedanken und Gefühle soll dazu führen, dass sich diese in Zukunft weniger aufdrängen.

ACT für Tics hat zum Ziel, den PatientInnen zu helfen, ineffektive Strategien des Unterdrückens von Dranggefühlen und als negativ erlebte emotionale Zustände, die oft mit ADHS, Zwängen und Depressionen einhergehen, abzulegen. Es konnte in einer Studie gezeigt werden (n = 45; Alter: 8–17 J.), dass das Akzeptieren und Annehmen von Dranggefühlen die empfundene Intensität von Dranggefühlen sowie die Häufigkeit des Auftretens von Tics reduzieren kann (Gev et al. 2016).

Eine erste Pilotstudie (n = 13; Alter: 14–25 J.) wandte ACT in Kombination mit HRT an. Im Vergleich zu den Effektstärken, die üblicherweise für das HRT gefunden werden, hatte ACT keinen zusätzlichen Effekt (Franklin et al. 2011). Es könnte allerdings spekuliert werden, dass ACT und HRT gegensätzlich wirken – und sich nicht ergänzen – sodass die Wirksamkeit von ACT für Tics gesondert untersucht werden sollte.

F.5 Achtsamkeitsbasierte Stressreduktion

Ebenfalls für Tic-Störungen angepasst (Reese et al., 2015) wurde die achtsamkeitsbasierte Stressreduktion (Kabat-Zinn, 1990). Hierbei lernen PatientInnen in acht Wochen, ihre Aufmerksamkeit auf das »hier und jetzt« zu richten. Dabei sollen Gefühle und Gedanken angenommen und nicht bewertet werden. Die Therapie umfasst hauptsächlich vier Komponenten: Sitzmeditation, Yoga, Lauf-Meditation und den »Körper-Scan«. Die PatientInnen sollen wahrnehmen, was sie in diesem Moment erleben, ohne den Versuch zu unternehmen, es zu ändern. Während sich PatientInnen bei der Expositionstherapie allein auf das Dranggefühl konzentrieren und versuchen, unerwünschte Tics willentlich zu unterdrücken, ist das Ziel des achtsamkeitsbasierten Ansatzes die Akzeptanz des Dranggefühls bei Konzentration auf den Atem.

Der Ansatz wurde bisher allerdings nur in einer nicht kontrollierten, unverblindeten Pilotstudie mit 17 TeilnehmerInnen untersucht, welche eine Verbesserung der Tics um etwa 20% feststellte. Beachtlich war vor allem die subjektiv empfundene Beeinträchtigung durch die Symptome, die sich um fast 40% verbesserte (Reese et al. 2015).

In einer späteren Studie untersuchten Reese und KollegInnen achtsamkeitsbasierte Interventionen in einem Onlineformat (Reese et al. 2021). In dieser offenen Studie mit fünf erwachsenen PatientInnen mit Tic-Störung wurde die Intervention als praktikabel und akzeptabel eingestuft. Die TeilnehmerInnen nahmen an etwa

90 % der Therapiestunden teil und führten etwa 40–60 % der Aufgaben aus, die sie zuhause durchführen sollten. Allerdings waren die Behandlungseffekte in Bezug auf die Tic-Schwere und die Tic-bezogenen Beeinträchtigungen bescheiden. Die Tic-Schwere fiel von 31 auf 29 Punkte (Skala 0–50), was einem kleinen Effekt gleicht. Die AutorInnen weisen insbesondere darauf hin, dass die TeilnehmerInnen die Hausaufgaben in diesem Online-Format weniger gut befolgten als erwartet.

Mindfulness Interventionen sind bereits in vielen Bereichen erfolgreich in Anwendung. Auch für das Tourette-Syndrom ist eine HRT-Mindfulness-Studie geplant (Li et al. 2022).

F.6 Entspannungstechniken

Obwohl PatientInnen immer wieder einen Zusammenhang zwischen Stress und verstärkten Tics berichten, sind die Effekte von Entspannungstrainings per se uneindeutig. Während in einer kleinen Studie (n = 6) eine Verbesserung der Tics feststellt wurde (Peterson & Azrin 1992), konnte in einer randomisierten kontrollierten Studie bei Kindern (n = 16) keine langfristige Verbesserung der Tics im Vergleich zur Kontrollgruppe nachgewiesen werden (Bergin et al. 1998). Tics verbesserten sich um 32 % in der Entspannungsgruppe, allerdings verbesserten sie sich in der HRT-Gruppe um 55 %. Entspannungstechniken allein scheinen daher eine wenig effektive therapeutische Methode zu sein oder nicht für alle PatientInnen wirksam zu sein.

Im Rahmen der in diesem Buch (▶ Kap. E) beschriebenen Therapieprogramme CBIT, HRT und ERP sind Entspannungstechniken wie progressive Muskelrelaxation und Atem-Entspannung ebenfalls integriert. Obwohl sie nicht separat innerhalb der Therapie evaluiert wurden, gelten sie als sinnvolles Behandlungselement.

F.7 Tiefenpsychologisch orientierte und supportive Psychotherapie

Eine ausschließlich tiefenpsychologisch orientierte oder rein supportive Psychotherapie ist nicht wirksam in der Behandlung von Tics (Piacentini et al. 2010; Wilhelm et al. 2012). Selbstverständlich können supportive Psychotherapien oder eine Psychoedukation dennoch im Einzelfall eine entscheidende Hilfe für den Patienten oder die Patientin darstellen (Andren et al. 2022). Vor Therapiebeginn sollte stets mit den PatientInnen besprochen werden, was das Ziel der jeweiligen Behandlung ist.

F.8 Hypnose

Auch für die Wirksamkeit der Hypnose zur Behandlung von Tics bestehen nur anekdotische Daten.

F.9 Sport

Während Langeweile, Stress, Angst, Frustration und Müdigkeit zu einer vorübergehenden Verschlechterung der Tics führen können (Bornstein et al. 1990; O'Connor et al. 1994; Silva et al. 1995), berichten PatientInnen häufig über eine Abnahme bei konzentriertem Arbeiten oder auch bei sportlichen Aktivitäten.

Sport kann zu einer signifikanten Tic-Reduktion führen, die auch nach dem Sport anhält (Nixon et al. 2014). Auch wenn sportliche Aktivitäten eventuell nicht direkt zu einer langfristigen Verbesserung von Tics führen, können sie während der Ausübung und kurz danach Erleichterung bringen, zu einer Reduktion von Stress und einer Verbesserung der Stimmung führen (Nixon et al. 2014) und damit zu einer zeitweiligen Verminderung der Symptome. Eine neue Übersichtsarbeit von Iverson und Black fasst zusammen, dass umweltbedingte und interne Variablen wie Müdigkeit, Angst und bestimmte Gedanken die Schwere der Tics verschlimmern und sogar die positiven Auswirkungen der Behandlung aufheben können (Iverson & Black 2022). Die Einflüsse von Stress, Ablenkung und Beobachtung haben in den verschiedenen Studien, in denen sie untersucht wurden, unterschiedliche Auswirkungen gezeigt. In der bisherigen Forschung wurden Variablen wie der Umgang mit sozialen Medien und die Ernährungsgewohnheiten nur wenig beachtet.

F.10 Bio-/Neurofeedback

Anhand von Neuro-/Biofeedback (z. B. Frequenzband-Training, Training der langsamen kortikalen Potenziale) können PatientInnen lernen, bestimmte physiologische Prozesse selbst zu kontrollieren. Beispielsweise können Pulsfrequenz, Blutdruck oder auch Aktivität in bestimmten Hirnarealen (mittels EEG oder fMRT abgeleitet, z. B. Frequenzbänder) in Echtzeit über einen Monitor präsentiert werden mit dem Ziel, eine bessere Selbstregulation zu erreichen. Eine randomisierte, kontrollierte Studie mit 21 Jugendlichen mit Tourette-Syndrom konnte zeigen, dass Feedback über die Aktivität der SMA Tics um 5 Punkte (Skala 0–50) reduzierte (Sukhodolsky et al. 2020). Eine Fallserie mit 100 PatientInnen konnte ebenfalls zeigen, dass Neurofeedback bei vielen PatientInnen hilfreich sein kann, auch in

Kombination mit Verhaltenstherapie (Solberg & Solberg 2022). Während das Neurofeedback allerdings in den europäischen (Andren et al. 2022) und kanadischen Leitlinien (Steeves et al. 2012) nicht empfohlen wird, halten andere AutorInnen diese Therapie besonders bei gleichzeitig bestehender ADHS für vielversprechend (Farkas et al. 2015).

F.11 Selbstüberwachung

Selbstüberwachung bedeutet, dass die PatientInnen gebeten werden, ihre Tics bewusst zu beobachten und aufzuzeichnen. Die Methode dient dazu, Situationen zu identifizieren, in denen Tics verstärkt oder vermindert auftreten. Nicht kontrollierte und nicht verblindete Einzelfallstudien zeigten eine Verringerung der Tics (Billings 1978; Peterson & Azrin 1992). Kontrollierte Studien fehlen allerdings bisher, sodass eine abschließende Bewertung nicht möglich ist.

Selbstüberwachung ist auch eine Komponente des HRT, die den PatientInnen helfen soll, Situationen besser zu erkennen, in denen Tics verstärkt auftreten bzw. geringer ausgeprägt sind. Dies wiederum soll in den Alltag integriert werden, um eine bessere Kontrolle über die Tics zu erlangen.

F.12 Negatives Üben / Massierte negative Übungen

Der Ansatz des negativen Übens (auch »Massed Negative Practice«) steht im Gegensatz zur Expositionstherapie. Während der Übung werden die Tics für etwa 15–30 Minuten wiederholt, kraftvoll und absichtlich ausgeführt. Eine randomisierte, kontrollierte Studie (n = 22) konnte allerdings zeigen, dass HRT wesentlich effektiver ist als das negative Üben (Azrin et al. 1980). Negatives Üben kann sogar zu einer Verschlimmerung der Tics führen (Crawley 1986). In den europäischen Behandlungsleitlinien wird das negative Üben daher nicht zur Behandlung von Tics empfohlen (Andrén et al. 2022).

F.13 Lebensqualität

McGuire und KollegInnen untersuchten, ob Modifikationen der Verhaltenstherapie von Tic Störungen zu einer weiteren Verbesserung führen, indem der

Schwerpunkt von der Verringerung der Tic-Schwere auf die Verbesserung der allgemeinen Lebensqualität der Betroffenen verschoben wird. Es wurde ein modulares Behandlungsprotokoll (»Leben mit Tics« engl.: »Living with Tics«; LWT) entwickelt, welches HRT mit Psychoedukation, Problemlösungsstrategien, Strategien zur Steigerung der Belastbarkeit und Bewältigungsstrategien in der Schule verbindet, mit dem Ziel, die Resilienz zu verbessern und Tic-bedingte Beeinträchtigungen zu verringern. Vorläufige Ergebnisse dieser Intervention bei Jugendlichen (n = 24) zeigen, dass die LWT-Intervention die Lebensqualität im Vergleich zu einer Warteliste-Kontrollgruppe stärker verbessert. Zehn TeilnehmerInnen (83 %) in der LWT-Bedingung wurden als ResponderInnen eingestuft, verglichen mit nur vier TeilnehmerInnen (33 %) in der Warteliste-Bedingung. Die Behandlungserfolge blieben bei einer einmonatigen Nachuntersuchung erhalten (McGuire et al. 2015).

F.14 Ausblick

Basierend auf den Befunden, dass Tics und Dranggefühle durch gezielte Aufmerksamkeitslenkung weg von den Tics abnehmen können (Brandt et al. 2015; Misirlisoy et al. 2015; O'Connor et al. 2014), liegt es nahe, Tics und eventuell auch Dranggefühle durch gezielte Aufmerksamkeitslenkung günstig zu beeinflussen.

Eine gut untersuchte aufmerksamkeitsbasierte Therapie ist das aufmerksamkeitsbasierte Training nach Wells (Wells 1990). Dieser Ansatz wurde ursprünglich für PatientInnen mit Panikstörung entwickelt, die typischerweise eine zu hohe Aufmerksamkeit auf körperliche Prozesse richten.

Die erfolgreiche Anwendung des aufmerksamkeitsbasierten Trainings bei Zwangsstörungen lässt zusätzlich vermuten, dass diese Therapieform sich auch zur Behandlung von Tics eignen könnte, da Tics und Zwänge sowohl phänomenologische (Shprecher et al. 2015), als auch genetische (Davis et al. 2013; Pauls et al. 1991) und neurophysiologische (Mantovani et al. 2006) Überlappungen aufweisen. So sind komplexe Tics oft nur schwer von Zwangshandlungen abzugrenzen (beispielsweise Tics, die symmetrisch ausgeführt werden müssen, Anfass-, Wiederhol- oder Klopf-Tics). Auch scheinen fließende Übergänge zu bestehen bzw. Kombinationen aus Tics und Zwängen (etwa, wenn ein Tic dreimal oder »genau richtig« ausgeführt werden muss).

Es kann daher vermutet werden, dass PatientInnen mit Tics von dem Aufmerksamkeitstraining nach Wells profitieren könnten. Eine Pilotstudie mit allerdings lediglich drei PatientInnen zeigte, dass Tics durch das Training etwas reduziert werden konnten (Schaich et al. 2020). Randomisierte, kontrollierte Studie stehen aber noch aus.

> Die Online-Zusatzmaterialien sind unter folgendem Link für Sie verfügbar[1]:
>
> https://dl.kohlhammer.de/978-3-17-044557-4.

F.15 Literatur

Andrén, P., Jakubovski, E., Murphy, T. L., Woitecki, K., Tarnok, Z., Zimmerman-Brenner, S., van de Griendt, J., Debes, N. M., Viefhaus, P., Robinson, S., Roessner, V., Ganos, C., Szejko, N., Muller-Vahl, K. R., Cath, D., Hartmann, A., & Verdellen, C. (2022) European clinical guidelines for Tourette syndrome and other tic disorders-version 2.0. Part II: psychological interventions. *Eur Child Adolesc Psychiatry, 31*(3), 403-423. https://doi.org/10.1007/s00787-021-01845-z

Azrin, N. H., Nunn, R. G., & Frantz, S. E. (1980). Habit Reversal Vs Negative Practice Treatment of Nervous Tics. *Behavior Therapy, 11*(2), 169-178. https://doi.org/Doi 10.1016/S0005-7894(80)80017-7

Bergin, A., Waranch, H. R., Brown, J., Carson, K., & Singer, H. S. (1998) Relaxation therapy in Tourette syndrome: a pilot study. *Pediatr Neurol, 18*(2), 136-142. https://www.ncbi.nlm.nih.gov/pubmed/9535299

Billings, A. (1978). Self-Monitoring in the Treatment of Tics - Single-Subject Analysis. *Journal of Behavior Therapy and Experimental Psychiatry, 9*(4), 339-342. https://doi.org/Doi 10.1016/0005-7916(78)90010-1

Bornstein, R. A., Stefl, M. E., & Hammond, L. (1990). A survey of Tourette syndrome patients and their families: The 1987 Ohio Tourette survey. *The Journal of neuropsychiatry and clinical neurosciences, 2*, 275-281. https://doi.org/10.1176/jnp.2.3.275

Brandt, V. C., Lynn, M. T., Obst, M., Brass, M., & Munchau, A. (2015). Visual feedback of own tics increases tic frequency in patients with Tourette's syndrome. *Cogn Neurosci, 6*(1), 1-7. https://doi.org/10.1080/17588928.2014.954990

Crawley, B., Powell, G. (1986). A Comparison of the Effects of Massed Practice and Relaxation upon the Frequency of a Facial Tic. *Behavioural and Cognitive Psychotherapy, 14*(3), 249-257.

Davis, L. K., Yu, D., Keenan, C. L., Gamazon, E. R., Konkashbaev, A. I. et al. (2013). Partitioning the heritability of Tourette syndrome and obsessive compulsive disorder reveals differences in genetic architecture [Research Support, American Recovery and Reinvestment Act. Research Support, Non-U.S. Gov't]. *PLoS Genet, 9*(10), e1003864. https://doi.org/10.1371/journal.pgen.1003864

Farkas A, Bluschke A, Roessner V, Beste C (2015) Neurofeedback and its possible relevance for the treatment of Tourette syndrome. Neurosci Biobehav Rev 51: 87–99.

Franklin, M. E., Best, S. H., Wilson, M. A., Loew, B., & Compton, S. N. (2011). Habit reversal training and acceptance and commitment therapy for tourette syndrome: a pilot project.

---

1 Wichtiger urheberrechtlicher Hinweis: Alle zusätzlichen Materialien, die im Download-Bereich zur Verfügung gestellt werden, sind urheberrechtlich geschützt. Ihre Verwendung ist nur zum persönlichen und nichtgewerblichen Gebrauch erlaubt. Jede Verwendung außerhalb der engen Grenzen des Urheberrechts ist ohne Zustimmung des Verlags unzulässig und strafbar. Das gilt insbesondere für Vervielfältigungen, Übersetzungen, Mikroverfilmungen und für die Einspeicherung und Verarbeitung in elektronischen Systemen.

Journal of Developmental and Physical Disabilities, 23(1), 49-60. https://doi.org/10.1007/s1 0882-010-9221-1

Gev, E., Pilowsky-Peleg, T., Fennig, S., Benaroya-Milshtein, N., Woods, D. W., Piacentini, J., Apter, A., & Steinberg, T. (2016). Acceptance of premonitory urges and tics. *Journal of Obsessive-Compulsive and Related Disorders, 10,* 78-83. https://doi.org/10.1016/j.jocrd.2016. 06.001

Hayes, S. C., Strosahl, K. D., & Wilson, K. G. (2003). *Acceptance and commitment therapy: An experimental approach to behavior change.* The Guilford Press.

Iverson, A. M., & Black, K. J. (2022). Why Tic Severity Changes from Then to Now and from Here to There. *J Clin Med, 11*(19). https://doi.org/10.3390/jcm11195930

Kabat-Zinn, J. (1990). *Full catastrophe living: using the wisdom of your body and mind to face stress, pain, and illness.* Dell Publishing.

Leclerc, J. B., O'Connor, K. P., G, J. N., Valois, P., & Lavoie, M. E. (2016). The Effect of a New Therapy for Children with Tics Targeting Underlying Cognitive, Behavioral, and Physiological Processes. *Front Psychiatry, 7,* 135. https://doi.org/10.3389/fpsyt.2016.00135

Li, Y., Yan, J., Cui, L., Chu, J., Wang, X., Huang, X., Li, Y., & Cui, Y. (2022). Protocol of a randomized controlled trial to investigate the efficacy and neural correlates of mindfulness-based habit reversal training in children with Tourette syndrome. *Front Psychiatry, 13,* 938103. https://doi.org/10.3389/fpsyt.2022.938103

Mantovani, A., Lisanby, S. H., Pieraccini, F., Ulivelli, M., Castrogiovanni, P., & Rossi, S. (2006). Repetitive transcranial magnetic stimulation (rTMS) in the treatment of obsessive-compulsive disorder (OCD) and Tourette's syndrome (TS) [Clinical Trial. Research Support, Non-U.S. Gov't]. *Int J Neuropsychopharmacol, 9*(1), 95-100. https://doi.org/10.1017/ S1461145705005729

McGuire, J. F., Arnold, E., Park, J. M., Nadeau, J. M., Lewin, A. B., Murphy, T. K., & Storch, E. A. (2015). Living with tics: reduced impairment and improved quality of life for youth with chronic tic disorders. *Psychiatry Res, 225*(3), 571-579. https://doi.org/10.1016/j.psychres.2 014.11.045

Misirlisoy, E., Brandt, V., Ganos, C., Tubing, J., Munchau, A., & Haggard, P. (2015). The Relation Between Attention and Tic Generation in Tourette Syndrome. *Neuropsychology, 29*(4), 658-665. https://doi.org/10.1037/neu0000161

Nixon, E., Glazebrook, C., Hollis, C., & Jackson, G. M. (2014). Reduced Tic Symptomatology in Tourette Syndrome After an Acute Bout of Exercise: An Observational Study. *Behav Modif, 38*(2), 235-263. https://doi.org/10.1177/0145445514532127

Nussey, C., Pistrang, N., & Murphy, T. (2013, Sep). How does psychoeducation help? A review of the effects of providing information about Tourette syndrome and attention-deficit/ hyperactivity disorder. *Child Care Health Dev, 39*(5), 617-627. https://doi.org/10.1111/ cch.12039

O'Connor, K., Gareau, D., & Blowers, G. (1994). Personal constructs associated with tics. *British Journal of Clinical Psychology, 33*(2), 151-158. https://doi.org/10.1111/j.2044-826 0.1994.tb01106.x

O'Connor, K., Lavoie, M., Blanchet, P., & St-Pierre-Delorme, M. E. (2016). Evaluation of a cognitive psychophysiological model for management of tic disorders: an open trial. *Br J Psychiatry, 209*(1), 76-83. https://doi.org/10.1192/bjp.bp.114.154518

O'Connor, K., St-Pierre-Delorme, M. E., Leclerc, J., Lavoie, M., & Blais, M. T. (2014). Meta-cognitions in tourette syndrome, tic disorders, and body-focused repetitive disorder. *Can J Psychiatry, 59*(8), 417-425. https://doi.org/10.1177/070674371405900804

Pauls, D. L., Raymond, C. L., Stevenson, J. M., & Leckman, J. F. (1991). A family study of Gilles de la Tourette syndrome [Research Support, Non-U.S. Gov't. Research Support, U.S. Gov't, P.H.S.]. *Am J Hum Genet, 48*(1), 154-163. http://www.ncbi.nlm.nih.gov/pub med/1985456

Peterson, A. L., & Azrin, N. H. (1992). An evaluation of behavioral treatments for Tourette syndrome. *Behav Res Ther, 30*(2), 167-174. https://www.ncbi.nlm.nih.gov/pubmed/1567346

Reese, H. E., Brown, W. A., Summers, B. J., Shin, J., Wheeler, G., & Wilhelm, S. (2021). Feasibility and acceptability of an online mindfulness-based group intervention for adults with tic disorders. *Pilot Feasibility Stud, 7*(1), 82. https://doi.org/10.1186/s40814-021-00818-y

Reese, H. E., Vallejo, Z., Rasmussen, J., Crowe, K., Rosenfield, E., & Wilhelm, S. (2015). Mindfulness-based stress reduction for Tourette syndrome and chronic tic disorder: A pilot study. *Journal of psychosomatic research, 78*(3), 293-298. https://doi.org/10.1016/j.jpsychores.2014.08.001

Schaich, A., Brandt, V., Senft, A., Schiemenz, C., Klein, J. P., Fassbinder, E., Munchau, A., & Alvarez-Fischer, D. (2020). Treatment of Tourette Syndrome With Attention Training Technique-A Case Series. *Front Psychiatry, 11*, 519931. https://doi.org/10.3389/fpsyt.2020.519931

Shprecher, D. R., Kious, B. M., & Himle, M. H. (2015, Nov). Advances in mechanistic understanding and treatment approaches to Tourette syndrome. *Discovery Medicine, 20*(111), 295-301. http://www.ncbi.nlm.nih.gov/pubmed/26645901

Silva, R. R., Munoz, D. M., Barickman, J., & Friedhoff, A. J. (1995). Environmental factors and related fluctuation of symptoms in children and adolescents with Tourette's disorder. *Journal of Child Psychology and Psychiatry, 36*(2), 305-312. https://doi.org/10.1111/j.1469-7610.1995.tb01826.x

Solberg, B., & Solberg, E. (2022). Infra-low frequency neurofeedback in application to Tourette syndrome and other tic disorders: A clinical case series. *Front Hum Neurosci, 16*, 891924. https://doi.org/10.3389/fnhum.2022.891924

Sukhodolsky, D. G., Walsh, C., Koller, W. N., Eilbott, J., Rance, M., Fulbright, R. K., Zhao, Z., Bloch, M. H., King, R., Leckman, J. F., Scheinost, D., Pittman, B., & Hampson, M. (2020, Jun 15). Randomized, Sham-Controlled Trial of Real-Time Functional Magnetic Resonance Imaging Neurofeedback for Tics in Adolescents With Tourette Syndrome. *Biol Psychiatry, 87*(12), 1063-1070. https://doi.org/10.1016/j.biopsych.2019.07.035

Viefhaus, P., Feldhausen, M., Gortz-Dorten, A., Volk, H., Dopfner, M., & Woitecki, K. (2019, Mar). A new treatment for children with chronic tic disorders – Resource activation. *Psychiatry Res, 273*, 662-671. https://doi.org/10.1016/j.psychres.2019.01.083

Wells, A. (1990). Panic disorder in association with relaxation induced anxiety: An attentional training approach to treatment. *Behavior Therapy, 21*, 273-280.

Teil II Habit Reversal Training (HRT) mit Therapiesitzungen

HRT: Manual zur Behandlung von Tics

Ewgeni Jakubovski, Kirsten R. Müller-Vahl

Anmerkungen zum Gebrauch des Manuals

- Die Behandlung der Tics kann mit oder ohne begleitende Medikation erfolgen.
- Der Behandlung sollte eine ausführliche Diagnostik vorausgehen. Sollten neben den Tics behandlungsbedürftige Komorbiditäten bestehen (insbesondere eine Abhängigkeitserkrankung, ADHS, Zwangsstörung oder affektive Erkrankungen), sollte die Behandlung dieser Störungen ggf. der Behandlung der Tics vorangestellt werden.
- Bei der Arbeit mit Kindern kann es je nach Altersstufe sinnvoll sein, die Eltern in die Behandlung einzubeziehen. Diese können ihre Kinder bei den Hausaufgaben unterstützen und für die Ausführung der Übungen belohnen. Bei Jugendlichen sollten Für und Wider einer Beteiligung der Eltern mit den PatientInnen diskutiert werden.
- Auch Erwachsene sollten überlegen, eine Bezugsperson in die Therapie einzubeziehen, die bei den Hausaufgaben und den Übungen unterstützen kann.
- Das Manual richtet sich an TherapeutInnen, die mit den Prinzipien und dem Vorgehen von Kognitiver Verhaltenstherapie vertraut sind.
- Das HRT besteht aus zwei Teilen. Der erste Teil beinhaltet acht Sitzungen, welche auf zehn Wochen ausgelegt sind. Die ersten beiden Sitzungen sind als Doppelsitzungen geplant (Dauer = 90 Minuten). Alle nachfolgenden Sitzungen dauern 60 Minuten. Die ersten sechs Sitzungen sollten wöchentlich stattfinden und die Sitzungen 7 und 8 jeweils zweiwöchentlich. Der zweite Teil der Behandlung ist optional und besteht aus drei Auffrischungssitzungen (Booster-Sitzungen), welche ein, zwei und drei Monate nach dem Ende der Behandlung erfolgen können. Ziele der Auffrischungssitzungen sind neben der Rückfallprophylaxe auch die Stärkung des Selbstmanagements der PatientInnen.
- Das Manual sollte als Leitfaden verstanden werden. Die Behandlung sollte dabei stets auf die individuellen Bedürfnisse der jeweiligen PatientInnen ausgerichtet werden. So können nach eigenem Ermessen und Bedarf optional Wiederholungssitzungen und zusätzliche Sitzungen angeboten werden.
- Vor Behandlungsbeginn muss eine Tic-Hierarchie erstellt werden. Es ist jedoch möglich und zuweilen notwendig, diese Hierarchie der Tics während der Therapie zu verändern bzw. flexibel anzupassen. So können z. B. bereits behandelte Tics einer erneuten Behandlung bedürfen. Auch können während der Therapie ganz neue Tics auftreten. Schließlich kann sich die gewünschte Reihenfolge der

zu behandelnden Tics ändern (da Tics plötzlich als störender empfunden werden oder sich verstärken).

Vorbereitung der PatientInnen auf die Therapie

PatientInnen haben zu Beginn der Therapie zuweilen Bedenken, etwa ob das HRT für sie die richtige Therapie ist, ob das HRT überhaupt wirksam ist oder eventuell sogar zu einer Verschlechterung von Symptomen führen kann. Um die Therapiemotivation zu erhöhen und unbegründete Ängste zu beseitigen, sollten derartige Bedenken bereits vor Beginn der Therapie proaktiv angesprochen werden:

1. Gibt es einen Rebound nach Unterdrückung der Tics?
   Viele PatientInnen glauben, dass die willentliche Unterdrückung von Tics zu einem Rebound, d. h., einer überschießenden Zunahme der Tics führt. Dies wurde in mehreren Studien an Kindern und Erwachsenen untersucht. Es hat sich dabei herausgestellt, dass entgegen dieser Einschätzung die Tics nach einer kürzeren oder längeren Phase der willentlichen Unterdrückung zwar wieder zunehmen, dabei aber maximal das Ausgangsniveau erreichen. Daher müssen PatientInnen nicht befürchten, dass eine Behandlung mit HRT unmittelbar zu einer Verschlechterung ihrer Tics führen könnte.
2. Können sich durch das HRT neue Tics entwickeln?
   Eine weitere häufige Befürchtung ist, dass alte Tics durch neue »ersetzt« werden könnten. So befürchten manche PatientInnen, dass sich aus einer willentlich erlernten Gegenbewegung nachfolgend ein (unwillkürlicher) Tic entwickeln könnte. In Studien zum HRT haben sich hierauf bisher keine Hinweise ergeben. Zudem werden Gegenbewegungen stets in Absprache mit den PatientInnen entwickelt. Befürchten PatientInnen, dass eine bestimmte Bewegung zu einem Tic werden könnte, so kann eine andere Gegenbewegung ausgewählt werden.
3. Können sich die Tics durch das HRT verschlimmern?
   Zuweilen haben PatientInnen das Empfinden, dass sich einzelne Tics durch die im Rahmen der Therapie veränderte Aufmerksamkeitslenkung verschlimmern. Hierbei handelt es sich meist nur um eine subjektiv empfundene und nur selten um eine tatsächlich objektiv nachweisbare Verschlechterung der Tics. In aller Regel ist diese – empfundene oder tatsächliche – Zunahme der Tics kurzzeitig und vorübergehend. Praktisch nie handelt es sich um einen anhaltenden Effekt. PatientInnen sollten darüber aufgeklärt werden, dass eine derartige kurzzeitige Intensivierung der Tics keine negativen Auswirkungen auf den Therapieerfolg hat.

Hinweis

Nachfolgend werden alle Elemente der einzelnen Therapiesitzungen chronologisch (Sitzung 1–8 sowie Auffrischungssitzungen) dargestellt. Die Reihenfolge der Therapieelemente baut im Wesentlichen aufeinander auf, so dass einzelne Therapieschritte nicht einfach ausgelassen oder ausgetauscht werden sollten. Dennoch sind selbstverständlich individuell sinnvolle Anpassungen möglich.

Sitzung 1

> **Überblick**
>
> 1.1 Psychoedukation zum Tourette-Syndrom 100
> 1.2 Psychoedukation zur Behandlung 105
> 1.3 Erstellung der Tic-Hierarchie 107
> 1.4 Wahrnehmung von Einflussfaktoren 109
> 1.5 Einführung des Belohnungssystems 111
> 1.6 Hausaufgaben 112

> **Materialien für die Sitzung**
>
> (siehe Online-Zusatzmaterial)
>
> - Übungsblatt »Tic-Liste«
> - Übungsblatt »Tic-Hierarchie«
> - Übungsblatt »Beobachtung der Einflussfaktoren«
> - Übungsblatt »Tic-Beobachtungsprotokoll«

Ziel der ersten Sitzung ist es, die PatientInnen über die Erkrankung und die Behandlung von Tic-Störungen umfassend zu informieren. Die erste Sitzung ist für eine Dauer von 90 Minuten konzipiert.

Vor dem eigentlichen Beginn der Therapiesitzung sollte kurz thematisiert werden, wie es den PatientInnen geht. Falls nicht schon geschehen, sollte eine kurze (biographische) Anamnese erhoben werden. Die PatientInnen sollten die Möglichkeit erhalten, ihre aktuellen Beschwerden kurz zu beschreiben.

1.1 Psychoedukation zum Tourette-Syndrom

> **Hinweis**
>
> Ausführliche Informationen zum Tourette-Syndrom wurden bereits gegeben (▶ Kap. A und ▶ Kap. B). Hier sollen lediglich noch einmal kurz jene Aspekte hervorgehoben werden, die im Rahmen der Psychoedukation unbedingt ange-

sprochen werden sollten. Für in der Behandlung von PatientInnen mit Tics wenig erfahrene TherapeutInnen werden Formulierungsvorschläge gegeben.

1.1.1 Inhalte der Psychoedukation

- In diesem Abschnitt sollen den PatientInnen grundlegende Informationen zu Tic-Störungen vermittelt werden. Es sollten dabei die verschiedenen Tic-Arten (motorisch, vokal), die unterschiedliche Komplexität (einfach versus komplex) sowie das den Tics typischerweise vorausgehende Vorgefühl besprochen werden. Auch sollte den PatientInnen dabei die Diagnose erklärt werden.
- Bei der Erklärung von möglichen Ursachen von Tics sollten biologische, genetische und Umwelteinflüsse erwähnt werden.

1.1.2 Arten von Tics

Zusammenfassend könnten den PatientInnen etwa in folgender Weise Informationen zu Tics gegeben werden:

»Tics sind unwillkürliche, meist rasche, wiederholte Bewegungen bestimmter Muskeln oder Muskelgruppen. Man unterscheidet verschiedene Arten von Tics je nach ihrer Erscheinung. Es gibt motorische Tics – d.h. Bewegungen – und vokale Tics – d.h. Lautäußerungen. Diese können einfach und kurz sein oder aber komplex und lang.«

Motorische Tics

»Am häufigsten bestehen einfache motorische Tics (z.B. Naserümpfen). Unter komplexen motorischen Tics werden umfassendere, scheinbar absichtsvolle Bewegungen verstanden, an denen mehrere Muskelgruppen beteiligt sind, wie Springen, Hüpfen und das Drehen um die eigene Achse. Die Kopropraxie (das Zeigen obszöner Gesten) und die Echopraxie (das Imitieren von Bewegungen anderer) stellen Sonderformen komplexer motorischer Tics dar.«

Nachfolgend finden sich zahlreiche Beispiele für einfache und komplexe motorische Tics. Eine solche Zusammenstellung bietet nicht nur den TherapeutInnen, sondern auch den PatientInnen eine Hilfe bei der späteren Erstellung der Tic-Liste und der Tic-Hierarchie. Nicht selten wird erst unter Zuhilfenahme einer solchen Aufstellung deutlich, welche Tics aktuell überhaupt bestehen.

Tab. II.1.1: Beispiele für motorische Tics

Art der Tics	Beispiele
Einfache motorische Tics	Augenzwinkern, -blinzeln, Augenverdrehen
	Augenbrauen hochziehen
	Naserümpfen, Naseverziehen
	Backen aufblasen
	Mundöffnen, Mundverziehen
	Lippenbewegungen
	Zunge hervorstrecken
	Kieferbewegungen
	Stirnrunzeln
	Grimassieren
	Zähneklappern
	Kopfschütteln, -werfen, -verdrehen, -zucken, -nicken
	Schulterzucken
	Arm-/ Handbewegungen
	Bauchbewegungen
	Rumpfbewegungen
	Bein-/ Fußbewegungen
Komplexe motorische Tics	Scheinbar absichtsvolle Bewegungen, Gesten im Gesicht, an Kopf, Hand, Armen, Rumpf, Fuß, Beinen
	Hüpfen, Springen
	Klatschen, Klopfen
	Im Kreis drehen
	Verbiegende, beugende Rumpfbewegungen
	Ausfahrende Armbewegungen
	Aufstampfen
	Dystone Tics (mit langsamen und oft verdrehenden Bewegungen)
	Schreibtics
	Tic-ähnliche zwanghafte Handlungen
	Echopraxie
	Kopropraxie
	Palipraxie (mehrfaches Wiederholen ein und derselben Handlung)
	autoaggressive Handlungen (beispielsweise sich selbst schlagen, mit dem Kopf gegen die Wand schlagen, sich beißen, kneifen, kratzen)

Vokale Tics

Eine Information zum Thema »vokale Tics« könnte wie folgt formuliert werden:

»Einfache vokale Tics sind unwillkürliche, absichtslose Lautäußerungen wie Räuspern, Husten, Schniefen oder andere Nasal- und Rachenlaute. Selten kommen vokale Tics von erheblicher Lautstärke (etwa mit lauten Schreien) vor. Einfache vokale Tics werden nicht selten verkannt und statt als Tics als »Angewohnheit«, Raucherhusten, Asthma oder Allergie eingestuft. Die Koprolalie – das Aussprechen obszöner Wörter – ebenso wie die Palilalie – das Wiederholen selbst ausgesprochener Wörter ähnlich einem Stottern – und die Echolalie – das Wiederholen von gehörten Geräuschen oder Wörtern – stellen Sonderformen komplexer vokaler Tics dar. Anders als oft angenommen, besteht eine Koprolalie nicht bei allen PatientInnen mit Tourette-Syndrom, sondern nur bei etwa 20–30 % der Betroffenen.«

Nachfolgend findet sich eine Zusammenstellung typischer vokaler Tics. Analog zu den motorischen Tics sind einfache vokale Tics viel häufiger als komplexe vokale Tics.

Tab. II.1.2: Beispiele für vokale Tics

Art der Tics	Beispiele
Einfache vokale Tics	Räuspern
	Schniefen, Schnäuzen
	Husten, Hüsteln
	Nase hochziehen
	Prusten
	Geräuschvolles Ein- oder Ausatmen
	Quieken, Quietschen, Grunzen
	Pfeifen, Summen
	Ausstoßen von Schreien
	Ausrufen von Silben (hm, eh, ah, ha)
	Ausstoßen von Tier- oder anderen Lauten
	Spucken
Komplexe vokale Tics	Echolalie
	Koprolalie
	Palilalie
	Sprechblockaden
	Atypische Sprachwendungen
	Ausrufen von Sprachfragmenten
	Ausrufen anderer sozial unangemessener Wörter (Englisch: non-obscene socially inappropriate behaviour, NOSI)

1.1.3 Das Vorgefühl

Da dem Vorgefühl im Rahmen des HRT eine besondere Bedeutung zukommt, sollte diesem Aspekt auch im Rahmen der Psychoedukation besonderer Raum gegeben werden. Dies könnte beispielsweise wie folgt beschrieben werden:

> »75–90% aller Erwachsenen mit Tourette-Syndrom geben an, ein Vorgefühl unmittelbar vor dem Ausführen ihrer Tics zu verspüren. Das den Tics vorangehende Vorgefühl wird am häufigsten als unangenehmes Gefühl beschrieben, das umschrieben am Ort des nachfolgend eintretenden Tics auftritt. Meist wird das Vorgefühl als Spannungs-, Druck- oder Dranggefühl, als Kribbeln oder am Auge auch als Fremdkörpergefühl und im Rachen als Kratzen oder Kitzeln empfunden. Deutlich weniger PatientInnen beschreiben statt eines lokalen, eng umgrenzten ein eher diffuses, unbestimmtes Vorgefühl.«

1.1.4 Diagnosestellung

PatientInnen sollten darüber informiert werden, dass die Diagnose einer Tic-Störung stets klinisch gestellt wird (anhand von Anamnese und Untersuchungsbefund) und dass bis heute keine Biomarker zur Sicherung der Diagnose bekannt sind. Auch sollte erläutert werden, dass weiterführende Untersuchungen (etwa Labordiagnostik, MRT, Lumbalpunktion) nur in begründeten Einzelfällen und primär zum Ausschluss anderer Erkrankungen sinnvoll und notwendig sind.

Schließlich sollten die PatientInnen die Unterschiede zwischen den verschiedenen primären Tic-Störungen (Tourette-Syndrom, vorübergehende Tic-Störung, chronische motorische und vokale Tic-Störung) kennen.

1.1.5 Häufigkeit von Tic-Störungen

Für viele PatientInnen stellt es eine Entlastung dar zu erfahren, dass Tics ein relativ häufiges Phänomen sind. Folgende Fakten können zu diesem Zweck vermittelt werden:

- Es wird geschätzt, dass bei etwa jedem 8.–10. Kind im Grundschulalter Tics auftreten, die oft jedoch vorübergehend und zumeist auf einen oder wenige, gering ausgeprägte motorische Tics beschränkt sind.
- Multiple und andauernde Tics treten bei etwa 4–6 von 100 Personen auf.
- Ein Tourette-Syndrom findet man nach derzeitigem Kenntnisstand bei 4–7 von 1000 Personen (d.h. bei 0,4–0,7%).
- Das Tourette-Syndrom tritt weltweit in allen Regionen und in allen ethnischen Gruppen und Rassen in nahezu gleicher Häufigkeit und mit gleicher klinischer Symptomatik auf.
- Aus nicht geklärter Ursache tritt das Tourette-Syndrom – und auch alle anderen Tic-Störungen – bei Jungen/Männern drei- bis viermal häufiger auf als bei Mädchen/Frauen.

1.1.6 Ursachen des Tourette-Syndroms

Viele PatientInnen sind daran interessiert, Näheres über die Ursachen des Tourette-Syndroms zu erfahren. Primär ist der Hinweis wichtig, dass das Tourette-Syndrom eine organisch bedingte Erkrankung ist und keine funktionelle (dissoziative) Störung oder eine »Angewohnheit«.

Zur Pathogenese könnten beispielsweise folgende Hinweise gegeben werden:

»Auch wenn in den vergangenen Jahren zahlreiche neue Erkenntnisse gewonnen werden konnten, so ist die genaue Ursache des Tourette-Syndroms bis heute nicht bekannt. Es steht allerdings außer Zweifel, dass Tic-Störungen hirnorganisch bedingte Erkrankungen sind, d. h., sie sind auf Veränderungen im Gehirn zurückzuführen und nicht etwa psychisch bedingt. Bei der Entstehung von Tics sind verschiedene Hirnregionen beteiligt: das Stirnhirn, die Basalganglien und das limbische System. Dabei spielen zahlreiche Botenstoffsysteme des Gehirns eine Rolle allen voran das dopaminerge System. Verschiedene Medikamente, die diese Systeme beeinflussen, werden zur Behandlung der Tics eingesetzt.«

Zu den genetischen Ursachen und nicht-genetischen Einflussfaktoren könnte wie folgt aufgeklärt werden:

»Es gilt heute als erwiesen, dass das Tourette-Syndrom – und auch alle anderen Tic-Störungen – erblich bedingt sind. Bis heute stehen allerdings keine Untersuchungen für eine entsprechende genetische Diagnostik zu Verfügung. Es gilt als erwiesen, dass das Tourette-Syndrom nicht durch ein einzelnes Gen verursacht wird. Vielmehr ist von einer multifaktoriellen Ursache auszugehen. Für die Manifestation eines Tourette-Syndroms muss daher nicht nur eine entsprechende erbliche Veranlagung bestehen, sondern zusätzlich auch erworbene Faktoren einwirken. Neben Infekten und immunologisch bedingten Mechanismen werden auch Geburtskomplikationen oder ungünstige Einflüsse während der Schwangerschaft (etwa Rauchen der Mutter) als relevante Umweltfaktoren diskutiert.«

1.2 Psychoedukation zur Behandlung

1.2.1 Inhalte der Psychoedukation

- In diesem Abschnitt soll das Behandlungsrational des HRT dargelegt werden. Dabei sollten die TherapeutInnen die Notwendigkeit der Mitarbeit der PatientInnen und des Übens zwischen den Sitzungen betonen.
- Es ist wichtig, die realistischen Ziele der Therapie zu besprechen. Auch sollten Alternativen zur Verhaltenstherapie (Pharmakotherapie und in seltenen Ein-

zelfällen operative Therapie) sowie die Möglichkeit der »Nicht-Behandlung« erörtert werden.

1.2.2 Zweckmäßigkeit einer Therapie

TherapeutInnen sollten folgende allgemeine Fakten zur Behandlung von PatientInnen mit Tourette-Syndrom kennen:

- Für viele PatientInnen und die betroffenen Familien stellt bereits die Diagnose eine deutliche Entlastung dar.
- Oft wird auch der Kontakt zu einer der Selbsthilfegruppen als hilfreich empfunden.
- Die Diagnose eines Tourette-Syndroms erfordert nicht zwingend eine Behandlung im engeren Sinne.
- Vor einer Therapie muss stets geklärt werden, welches dasjenige Symptom ist, das zur stärksten Beeinträchtigung führt. Studien zur Lebensqualität haben gezeigt, dass dies häufig nicht etwa die Tics sind, sondern eine komorbide Zwangsstörung, ADHS oder Depression. Eine Therapie der Tics sollte immer dann erwogen werden, wenn die Tics stark ausgeprägt sind oder zu einer relevanten psychosozialen Beeinträchtigung führen.
- Eine Nicht-Behandlung der Tics hat nach heutigem Kenntnisstand keine negativen Auswirkungen auf die Ursache oder den Verlauf der Tic-Erkrankung.

1.2.3 Habit Reversal Training (HRT)

Folgende Einleitung könnte zur allgemeinen Information zum HRT gewählt werden:

> »Das Habit Reversal Training – zu Deutsch: *Gewohnheitsumkehrtraining* – setzt sich aus mehreren Behandlungskomponenten zusammen. Bei der Behandlung von Tics steht zunächst das bewusste Wahrnehmen des den Tics vorangehenden Vorgefühls im Vordergrund. Dies wird zunächst ausführlich trainiert. Für jeden einzelnen, als störend empfundenen Tic wird dann eine *Alternativbewegung* festgelegt und eingeübt. Diese ist im Idealfall mit der gleichzeitigen Ausführung des Tics inkompatibel (etwa ein bewusstes Augenaufreißen statt eines Blinzeltics). Ein weiteres Element ist das Entspannungstraining. Dadurch soll nicht nur das Erleben von Gelassenheit, Zufriedenheit und Wohlbefinden, sondern auch die Belastbarkeit in Stresssituationen gesteigert werden. Mit Hilfe eines Belohnungsprogramms wird die *Motivation* gesteigert. Häufig berichten PatientInnen darüber, dass bestimmte äußere Faktoren zu einer Symptomverschlechterung führen. Daher sollen im Rahmen dieses Trainings *Einflussfaktoren* identifiziert und verändert werden.«

Ziel und Wirksamkeit des HRT

Zu Beginn der Therapie sollte den PatientInnen ein realistisches Therapieziel mitgeteilt werden, um unrealistische Erwartungen zu vermeiden und die Compliance zu erhöhen. Das Ziel des HRT ist eine klinisch relevante Reduktion der Tics. Im Mittel tritt eine Reduktion der Tics um etwa 30% ein – nicht aber eine vollständige Symptomfreiheit. Allerdings können sich die Tics in Einzelfällen auch um 80–90% reduzieren. Demgegenüber wird davon ausgegangen, dass durch eine erfolgreiche Pharmakotherapie im Mittel eine Tic-Reduktion um ca. 50% erzielt werden kann.

1.3 Erstellung der Tic-Hierarchie

Nach der einleitenden Psychoedukation sollte in jedem Fall bereits in der ersten Therapiesitzung mit den ersten konkreten Schritten des HRT begonnen werden. Je nachdem, wie viel Informationen von PatientInnen gewünscht werden und wie viel Vorwissen bereits besteht, kann die Psychoedukation selbstverständlich auch über mehrere Therapiesitzungen gestreckt werden.

Bevor mit der Erstellung der so genannten Tic-Hierarchie begonnen wird, sollte zunächst eine so genannte Tic-Liste erstellt werden. Dies ist eine möglichst vollständige Liste aller gegenwärtig bestehenden Tics. Erst danach – in einem 2. Schritt – sollten die Tics dann im Hinblick auf die Schwere und das Ausmaß der Tic-bedingten Beeinträchtigung bewertet und somit in eine hierarchische Reihenfolge (=Tic-Hierarchie) gebracht werden.

1.3.1 Schritt 1: Notieren aller Tics (= Erstellen der Tic-Liste)

Zum Erstellen der Tic-Liste kann folgende Instruktion gegeben und das *Übungsblatt »Tic-Liste«* (siehe Online-Zusatzmaterial) verwendet werden:

> »In die Tic-Liste tragen Sie alle Tics ein, die innerhalb der letzten 7 Tage bei Ihnen mindestens einmal aufgetreten sind. Am besten beschreiben Sie den Tic zunächst in Ihren Worten und überlegen sich dann, wie Sie ihn gerne bezeichnen möchten. Es ist sehr wichtig, dass Ihre Tic-Liste wirklich vollständig ist. Denken Sie hierbei noch nicht daran, welche der Tics sie gerne behandeln würden. Es ist auch unerheblich, ob die Tics häufig oder selten aufgetreten sind oder ob sie Sie stören oder nicht.«

Falls die TherapeutInnen während der Sitzung Tics beobachten, die die PatientInnen nicht in die Tic-Liste aufgenommen haben oder eventuell gar nicht wahrnehmen, sollten sie die PatientInnen darauf aufmerksam machen. Häufig ist an dieser Stelle der Hinweis hilfreich, dass niemand alle bestehenden Tics auch bewusst wahrnehmen und spontan in die Tic-Liste eintragen kann.

> **Tipp**
>
> Nicht allen PatientInnen ist bewusst, welche Symptome als Tics zu bewerten sind. So werden manche Tics für Angewohnheiten gehalten oder Zwangshandlungen für motorische Tics. Daher ist es im Einzelfall oft sinnvoll und notwendig, die Tic-Liste im Detail mit den PatientInnen zu besprechen. Zur Prüfung der Vollständigkeit kann die Nutzung einer Aufstellung aller Tics (▶ Tab. II.1.1 und ▶ Tab. II.1.2) hilfreich sein.

> **Tipp**
>
> Als Hausaufgabe können PatientInnen dazu angeregt werden, Videos von sich selbst anzufertigen, sich im Spiegel zu betrachten oder Angehörige/FreundInnen zu befragen, um die Tic-Liste weiter zu vervollständigen.

> **Tipp**
>
> Sollten PatientInnen Schwierigkeiten bei der Erstellung der Tic-Liste haben, können folgende Hilfen gegeben werden, um alle aktuell bestehenden Tics wahrzunehmen:
>
> - Selbstbeobachtung im Spiegel
> - Betrachtung einer eigenen Videoaufnahme
> - Befragung vertrauter Personen, welche Tics aktuell bestehen
> - Gespräch über die Tics. Dies führt häufig zu einer vorübergehenden Zunahme der Tics.
> - absichtliche Provokation der Tics durch Herbeiführen von Situationen, die bekanntermaßen zu einer Verschlechterung der Tics führen
> - Lesen einer Liste aller möglichen Tics. Dadurch können die PatientInnen ggf. weitere eigene Tics identifizieren.

1.3.2 Schritt 2: Bewertung der Tics (= Erstellen der Tic-Hierarchie)

Nachdem im vorangegangenen Schritt alle aktuell bestehenden Tics identifiziert und beschrieben wurden, sollen sie nun in eine Hierarchie gebracht werden. Dafür müssen die Tics bewertet werden.

Alle in der Tic-Liste aufgeführten Tics sollen nun in das *Übungsblatt »Tic-Hierarchie«* (siehe Online-Zusatzmaterial) übertragen werden und auf einer Skala von 0–

10 hinsichtlich der Schwere/des subjektiven Leidensdruckes bewertet werden. Dies kann den PatientInnen wie folgt erläutert werden:

»Damit wir den *Leidensdruck* durch jeden einzelnen Ihrer Tics besser erkennen und vergleichen können, bewerten Sie bitte alle Ihre Tics auf einer Skala von 0 bis 10. Dabei bedeutet der Wert »0«, dass dieser Tic Sie in der vergangenen Woche überhaupt nicht belastet bzw. gestört hat oder auch gar nicht aufgetreten ist. Der Wert »10« bedeutet, dass die Belastung durch diesen Tic in der vergangenen Woche »maximal« war, d. h., dass Sie sich eine stärkere Belastung durch einen Ihrer Tics nicht vorstellen können bzw. bisher noch nicht erlebt haben.«

Hinweis

Da Tics von Tag zu Tag stark schwanken und damit auch ganz unterschiedlich stark stören können, ist es für viele PatientInnen sehr hilfreich, eine solche Bewertung der Tics nicht nur an einem Tag, sondern an drei verschiedenen Tagen und eventuell auch in drei ganz unterschiedlichen Situationen (bei der Arbeit, zuhause, bei der Ausübung eines Hobbys) vorzunehmen. Eine abschließende Bewertung und damit die Erstellung der Tic-Hierarchie kann dann ganz einfach dadurch erfolgen, dass aus den drei Bewertungen an drei verschiedenen Tagen ein Mittelwert gebildet wird.

Anhand der so erstellten Tic-Hierarchie wird festgelegt, in welcher Reihenfolge die Behandlung der Tics erfolgt. In aller Regel sollte daher mit dem Tic begonnen werden, der die PatientInnen am meisten stört. Alternativ kann aber auch der Tic ausgewählt werden, für den die größten Erfolgsaussichten bestehen. Es ist dabei egal, ob der erste zu behandelnde Tic ein vokaler oder ein motorischer Tic ist.

Tipp

Erfahrungsgemäß ist die Behandlung von »Augen-Tics« (also etwa Augen blinzeln, Augen verdrehen, Augenbrauen hochziehen) schwieriger als die Behandlung anderer motorischer oder vokaler Tics. Daher sollte das HRT in aller Regel nicht mit der Therapie eines Augen-Tics begonnen werden.

1.4 Wahrnehmung von Einflussfaktoren

Alle PatientInnen kennen Situationen und Einflüsse, die ihre Tics verstärken, aber auch vermindern können. Diese Faktoren werden im Rahmen des HRT »Einflussfaktoren« genannt. Wie bereits erläutert, werden sie unterteilt in äußere und innere sowie vorangehende und nachfolgende Einflussfaktoren.

Im Folgenden soll den PatientInnen die Bedeutung von vorausgehenden und nachfolgenden Einflussfaktoren auf die Ausprägung ihrer Tics verdeutlicht werden. Dies könnte beispielsweise wie folgt geschehen:

> »Alle PatientInnen mit Tics berichten darüber, dass bestimmte Situationen ihre Tics beeinflussen. Allerdings können es individuell unterschiedliche Faktoren sein, die zu einer Zunahme oder einer Abnahme der Tics führen. Dabei könnte es sich um Situationen handeln, die den Tics vorangehen. Die meisten PatientInnen berichten z. B. über eine Zunahme ihrer Tics bei Stress, Angst, Frustration und Anspannung. Diese Situationen bezeichnen wir von nun an als »vorausgehende« Einflussfaktoren. Dies können innere, also in der Person selbst liegende, vorausgehende Einflussfaktoren sein wie z. B. Entspannung, Angst, Erwartungen und Aufregung oder auch äußere, also in der Umwelt liegende vorausgehende Einflussfaktoren wie z. B. einen Vortrag halten, sich in einer Menschenmenge aufhalten und mit der Straßenbahn fahren.
> Darüber hinaus können Tics auch dadurch beeinflusst werden, dass ihr Auftreten zu bestimmten Konsequenzen führt. Dies können wiederum äußere Faktoren sein wie z. B. angeschaut oder beobachtet werden und (wegen des Tics) angesprochen oder gehänselt werden oder innere Faktoren wie Scham, wenn ein Tic auftritt oder Nackenschmerzen als Folge eines Kopfruck-Tics. Lassen Sie uns diese Faktoren von nun an »nachfolgende Einflussfaktoren« nennen.
> Je besser Sie verstehen, welche Faktoren welchen Ihrer Tics beeinflussen, desto eher werden Sie in der Lage sein, Ihre Tics allein schon dadurch zu reduzieren, dass sie diese Situationen verändern.«

1.4.1 Instruktionen zur Erstellung einer eigenen Liste von Einflussfaktoren

Hierzu kann in der Sitzung das *Übungsblatt »Beobachtung der Einflussfaktoren«* (siehe Online-Zusatzmaterial) verwendet werden. Bei der Auswahl relevanter Einflussfaktoren ist auf Folgendes zu achten:

- Bei der Erstellung der Liste sollte Schritt für Schritt vorgegangen werden. D. h., dass je Sitzung die Konzentration ausschließlich auf den aktuell ausgewählten Tic aus der Tic-Hierarchie gelegt wird und nur für diesen die jeweiligen Einflussfaktoren identifiziert werden sollen (etwa Tic Nummer 1 in der 1. Sitzung).
- Sollten die PatientInnen Schwierigkeiten haben, für einen Tic derartige Einflussfaktoren zu finden, dann kann es hilfreich sein, zunächst solche Faktoren, Situationen und Umstände zu benennen, in denen der Tic nicht häufiger, sondern seltener auftritt.
- Das *Übungsblatt »Beobachtung der Einflussfaktoren«* (siehe Online-Zusatzmaterial) enthält eine Liste mit zahlreichen verschiedenen Einflussfaktoren, wie sie von PatientInnen häufig beschrieben werden. Es kann hilfreich sein, diese Liste

möglicher Einflussfaktoren mit den PatientInnen gemeinsam durchzugehen und Situationen zu markieren, in welchen es zu einer Verschlechterung des Tics kommt. Eine Tic-Verschlechterung kann sich sowohl in Form einer Zunahme der Intensität, der Komplexität, der Häufigkeit (= Frequenz) oder aber der Beeinträchtigung durch den Tic äußern.

- Selbstverständlich ist die auf dem *Übungsblatt »Beobachtung der Einflussfaktoren«* vorgenommene Zusammenstellung nicht abschließend und vollständig. Es sollte daher stets nach weiteren Situationen gefragt werden, in denen der Tic verstärkt auftritt und so die Liste ggf. ergänzt werden.
- Bei der Erstellung der Liste sollte stets zwischen äußeren und inneren sowie zwischen vorausgehenden und nachfolgenden Einflussfaktoren unterschieden werden.

> **Hinweis**
>
> Die PatientInnen sollten darauf hingewiesen werden, dass für jeden Tic dieselben, aber auch unterschiedliche Einflussfaktoren bestehen können. Die Identifikation der Einflussfaktoren sollte gleich zu Beginn des jeweils zu behandelnden Tics erfolgen.

1.5 Einführung des Belohnungssystems

Das zum HRT gehörende Belohnungssystem kann auf folgende Art erklärt werden:

> »Eine Therapie ist harte Arbeit. Belohnen Sie sich dafür, dass Sie diese Mühen auf sich nehmen. Das wird Ihnen helfen, Ihre *Motivation* aufrecht zu erhalten und mehr Spaß beim Üben zu haben. Wichtig ist, dass die Belohnung für die Mühe erfolgt, nicht für den Erfolg! Wählen Sie die jeweilige Belohnung daher auch nach dem Aufwand aus, den Sie erbracht haben.«

Eine Liste individueller positiver Verstärker soll mit den PatientInnen zusammen erarbeitet werden. Hierfür können Beispiele aus der nachfolgenden Aufzählung genutzt werden.

> **Beispiele für Belohnungen**
>
> - Musik hören
> - ein Bad nehmen
> - einen Film oder eine Serie sehen
> - einen Podcast hören

- ein interessantes Buch oder eine Zeitschrift lesen
- eine Tasse Kaffee oder Tee trinken
- sich selbst einen Blumenstrauß kaufen
- ein Gespräch mit jemandem führen, der Sie gut versteht
- sich Zeit für eine Verabredung nehmen
- ein leckeres Essen kochen
- 10 Minuten einfach nur mal ruhig dasitzen
- ausschlafen
- einen Spaziergang machen
- Sport treiben
- mit jemandem Essen gehen
- etwas unternehmen, etwa einen Ausflug mit der Familie
- shoppen gehen
- zum Friseur, zur Kosmetik, Maniküre oder Pediküre gehen
- sich eine Massage gönnen
- sich ein kleines Geschenk machen (etwa Musik runterladen, ein Buch oder eine Zeitschrift kaufen)

1.6 Hausaufgaben

Hausaufgaben sind ein wichtiger Bestandteil des HRT, ohne deren Erledigung meist kein Behandlungserfolg erzielt werden kann. Es ist daher sinnvoll, den PatientInnen vor dem Aufgeben der Hausaufgaben zu erläutern, wofür die Hausaufgaben wichtig sind.

Hausaufgaben bis zur 2. Therapiesitzung

- Vervollständigung der individuellen Tic-Hierarchie (und ggf. Bewertung der Tics an drei verschiedenen Tagen und Bildung eines Mittelwerts)
- Identifikation alle inneren und äußeren sowie vorausgehenden und nachfolgenden Einflussfaktoren für den ersten Tic, d. h. jenen Tic, der mit Hilfe der Tic-Hierarchie als der am meisten störende Tic identifiziert wurde und daher als erstes mittels HRT behandelt werden soll
- Beobachtung des ersten Tics mit Hilfe des *Übungsblatts* »Tic-Beobachtungsprotokoll« (siehe Online-Zusatzmaterial)
- Belohnung für die Erledigung der Hausaufgaben

Sitzung 2

Überblick

2.1	Besprechung der Hausaufgaben	114
	2.1.1 Tic-Hierarchie überprüfen und ggf. aktualisieren	114
2.2	Motivationsaufbau	115
	2.2.1 Was stört an den Tics?	115
	2.2.2 Therapieziele definieren	115
2.3	Behandlung von Tic 1	116
	2.3.1 Strategien zur Veränderung der Einflussfaktoren	116
	2.3.2 Wahrnehmungstraining	118
	2.3.3 Competing Response Training: Auswahl und Einüben einer Gegenbewegung	122
2.4	Hausaufgaben	130

Materialien für die Sitzung

(siehe Online-Zusatzmaterial)

- Übungsblatt »Tic-Hierarchie«
- Übungsblatt »Störungs-Protokoll«
- Übungsblatt »Veränderung der Einflussfaktoren«
- Infoblatt »Zusätzliche Strategien«
- Übungsblatt »Tics, Vorgefühl und Gegenbewegung«
- Beispielblatt »Gegenbewegungen für Tics«
- Übungsblatt »Tic-Beobachtungsprotokoll«

Hauptziel dieser Sitzung ist die Einführung in das HRT und die anschließende Behandlung des ersten Tics aus der Tic-Hierarchie mittels Competing Response Training (CRT). Diese Sitzung ist für die Dauer von 90 Minuten konzipiert.

Sitzung 2 beginnt – wie auch alle nachfolgenden Sitzungen – mit der Besprechung der Hausaufgaben und endet mit dem Aufgeben von neuen Hausaufgaben zur nächsten Sitzung.

2.1 Besprechung der Hausaufgaben

Die Sitzung sollte mit einer Besprechung der Hausaufgaben aus der vorhergehenden Sitzung beginnen. Zudem sollten die PatientInnen nach besonderen Vorkommnissen und relevanten Veränderungen, aber auch nach positiven Ereignissen in der vergangenen Woche gefragt werden. Es sollte darüber hinaus stets auch über die aktuelle Belastung durch die Tics gesprochen werden. Dies kann mit Hilfe der als Hausaufgabe überarbeiteten Tic-Hierarchie erfolgen.

2.1.1 Tic-Hierarchie überprüfen und ggf. aktualisieren

Für die Einschätzung des Therapieerfolges und die Motivation der PatientInnen hat es sich als wirkungsvoll erwiesen, die Schwere und die damit einhergehende Belastung jedes einzelnen Tics kontinuierlich zu erfassen. Deswegen sollten die PatientInnen die Tic-Hierarchie in jeder Sitzung aktualisieren. Dafür sollte eine Bewertung auf einer Skala von 1–10 in der Spalte 2 des *Übungsblattes »Tic-Hierarchie«* (siehe Online-Zusatzmaterial) vorgenommen werden. Dies kann mit den folgenden Worten geschehen:

> »Damit es uns leichter fällt, auch kleinere Erfolge im Verlauf der Therapie wahrzunehmen, werde ich Sie zu Beginn jeder Therapiestunde bitten, alle Ihre Tics kurz auf einer Skala von 0 bis 10 zu bewerten. Genau wie wir es in der ersten Sitzung gemacht haben.«

Falls dies von PatientInnen als hilfreich empfunden wird, kann der Verlauf der Bewertung jedes einzelnen Tics auch mit Hilfe eines Schaubildes veranschaulicht werden (▶ Abb. 2.1).

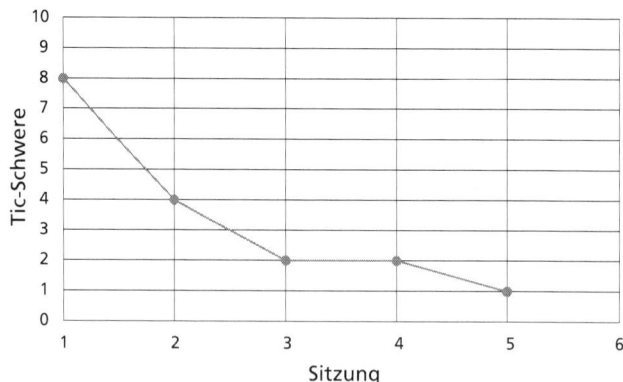

Abb. 2.1: Graphische Veranschaulichung der Bewertung eines einzelnen Tics im Verlauf der Therapie. Beispiel: Verlauf des Tics »Nase hochziehen»

Eine Aktualisierung der Tic-Hierarchie kann im Laufe der Therapie aus verschiedenen Gründen notwendig werden:

- Auftreten neuer Tics
- Verstärkung oder Abschwächung bereits bestehender Tics
- Veränderung der Wahrnehmung und Bewertung eines bestehenden Tics
- Aufnahme neuer Aktivitäten, bei welchen ein Tic stärker stört als bisher
- Auftreten von Schmerzen durch die Ausführung eines Tics

2.2 Motivationsaufbau

2.2.1 Was stört an den Tics?

Dieser Abschnitt kann auf folgende Art und Weise eingeleitet werden:

»Jede Verhaltenstherapie hat das Ziel, etwas zu verändern, das einen stört. Deshalb ist es wichtig, dass Sie sich immer wieder bewusst machen, was Sie an Ihren Tics stört und was Sie mit dieser Verhaltenstherapie erreichen bzw. verändern möchten.«

Weiterführende Fragen könnten sein:

»Was stört Sie konkret an Ihren Tics?«
»Wann empfinden Sie Ihre Tics als besonders störend?«
»Wie reagieren andere auf Ihre Tics?«

Bei der Erarbeitung und Dokumentation der Beeinträchtigung durch die Tics kann das *Übungsblatt* »*Störungs-Protokoll*« (siehe Online-Zusatzmaterial) genutzt werden.

Manche PatientInnen können auch Faktoren benennen, die sie an Ihren Tics *mögen* bzw. sind sich manchmal gar nicht sicher, ob sie sich wünschen würden, ganz ohne Tourette-Syndrom leben zu wollen. Bevor eine Behandlung mit HRT eingeleitet wird, kann es daher hilfreich sein zu eruieren, ob es etwas gibt, das die PatientInnen an ihren Tics mögen oder als positiv empfinden. Dies sollte dann in die Formulierung der Therapieziele einfließen.

2.2.2 Therapieziele definieren

Nachdem gemeinsam mit den PatientInnen festgestellt wurde, wann und warum welche Tics als störend empfunden werden, gelingt es meist ohne größere Schwierigkeiten, Therapieziele zu definieren. Konkrete Ziele sind wichtig, da sie die Therapiemotivation steigern. Ohne solche konkreten Ziele fällt es PatientInnen meistens schwer, Zeit und Mühe in die Therapie zu investieren. Darüber hinaus kann nur dann am Ende der Behandlung beurteilt werden, ob die Therapie erfolgreich war, wenn vor Beginn der Therapie klare Ziele definiert wurden.

> **Hinweis**
>
> Bei PatientInnen mit Tourette-Syndrom bestehen neben den Tics oft psychiatrische Komorbiditäten wie Zwänge, ADHS oder Depression. Diese können ebenfalls zu einer erheblichen Beeinträchtigung der Lebensqualität führen. Es sollte daher im Rahmen des HRT darauf geachtet werden, dass die Behandlung der Tics im Mittelpunkt der Therapie steht und nicht etwa die Behandlung einer der Komorbiditäten. Die PatientInnen sollten ggf. darauf hingewiesen werden, dass mit Hilfe des HRT »nur« die Tics behandelt werden sollen – und nicht andere mögliche Symptome der Erkrankung.

2.3 Behandlung von Tic 1

An dieser Stelle beginnt nun die »eigentliche« Therapie des ersten Tics. Der nachfolgend dargestellte Ablauf für die Behandlung von Tic 1 wird sich in allen späteren Sitzungen für die Behandlung aller weiteren Tics dann jeweils wiederholen.

Zusammengefasst beinhaltet die Behandlung jedes einzelnen Tics folgende einzelnen Schritte:

- Strategien zur Veränderung der Einflussfaktoren
- Wahrnehmungstraining
  - Beschreibung des Tics
  - Beschreibung des Vorgefühls
  - Übung der Wahrnehmung
- Gegenbewegung
  - Auswahl einer Gegenbewegung
  - Einüben der Gegenbewegung

2.3.1 Strategien zur Veränderung der Einflussfaktoren

In Sitzung 1 wurden bereits alle inneren und äußeren sowie vorausgehenden und nachfolgenden Einflussfaktoren für Tic 1 identifiziert. Dies wurde als Hausaufgabe weiter vertieft und überprüft. Basierend auf dieser Liste der für Tic 1 relevanten Einflussfaktoren sollen nun Strategien zur Veränderung der Einflussfaktoren erarbeitet werden. Bevor wir damit beginnen, sollte noch einmal die Vollständigkeit der Liste der Einflussfaktoren überprüft und ggf. ergänzt bzw. aktualisiert werden.

Für jeden einzelnen Tic erfolgt die Veränderung der Einflussfaktoren daher in zwei Schritten:

- Schritt 1: Ergänzung bzw. Aktualisierung der Liste aller Einflussfaktoren
- Schritt 2: Veränderung der Einflussfaktoren

Ziel der Veränderung der Einflussfaktoren ist es, vorausgehende und nachfolgende Einflussfaktoren so zu verändern, dass die Auftretenshäufigkeit von Tic 1 geringer wird.

Dafür kann das *Übungsblatt »Veränderung der Einflussfaktoren«* verwendet werden. Im *Beispielblatt »Veränderung der Einflussfaktoren«* sind zahlreiche Beispiele gegeben, wie Einflussfaktoren positiv verändert werden können (siehe jeweils Online-Zusatzmaterial).

Bei der Erarbeitung individueller Strategien zur Veränderung der Einflussfaktoren sollten folgende Punkte beachtet werden:

- Situationen, die die Tic-Häufigkeit verstärken, sollten minimiert werden.
- Nachfolgende Einflussfaktoren, die eventuell zu einem sekundären Krankheitsgewinn führen könnten, sollten minimiert werden. Zum Beispiel sollten PatientInnen darauf aufmerksam gemacht werden, dass es ungünstig ist, Tics als Entschuldigung zu nutzen, um unangenehme Situationen zu meiden oder zu verlassen.
- Der Gebrauch des HRT als Coping-Mechanismus sollte maximiert werden.
- Bei unvermeidbaren Stresssituationen sollten kognitive Strategien oder Entspannungstechniken eingesetzt werden.
- Das Hauptziel ist es, die Lebensqualität der PatientInnen zu verbessern.

Nachdem geeignete Strategien ausgewählt wurden und im *Übungsblatt »Veränderung der Einflussfaktoren«* (siehe Online-Zusatzmaterial) notiert wurden, sollen die PatientInnen diese Strategien als Hausaufgabe im Alltag üben. Dabei sollte der Schwierigkeitsgrad langsam gesteigert werden.

> **Tipp**
>
> PatientInnen sollten darauf hingewiesen werden, dass Veränderungen nie von »jetzt auf gleich« eintreten, sondern immer eine gewisse Zeit brauchen. Daher sollten sich PatientInnen ausreichend Zeit nehmen, neue Strategien einzuüben. Für manche PatientInnen könnte es hilfreich sein, die Veränderungen über die Zeit schriftlich (oder in Form eines Schaubilds, ▶ Abb. 2.1) festzuhalten.

Weitere Strategien zur Veränderung der Einflussfaktoren können dem *Infoblatt »Zusätzliche Strategien«* (siehe Online-Zusatzmaterial) entnommen werden.

2.3.2 Wahrnehmungstraining

Das Wahrnehmungstraining ist eine wichtige Voraussetzung für die erfolgreiche Einübung der gegen die Tics gerichteten Gegenbewegung. Es ist wichtig, dass die PatientInnen die Bedeutung des Wahrnehmungstrainings verstehen, da sie sich nur dann auf das Training einlassen werden. Dies ist umso wichtiger, weil sich viele PatientInnen nicht gerne mit ihren Tics beschäftigen und möglicherweise über viele Jahre hinweg gelernt haben, nur wenig auf die Tics und das vorangehende Vorgefühl zu achten. Das Wahrnehmungstraining stellt diese möglicherweise langjährige Praxis quasi auf den Kopf.

Das Wahrnehmungstraining setzt sich aus folgenden Schritten zusammen:

- Wahrnehmung aller aktuell bestehenden Tics
- Wahrnehmung und Beschreibung des genauen Ablaufs jedes einzelnen Tics
- Wahrnehmung und Beschreibung des jedem einzelnen Tic vorangehenden Vorgefühls

Wie auch bei der Erarbeitung der Strategien zur Veränderung der Einflussfaktoren sollte das Wahrnehmungstraining für jeden Tic einzeln erfolgen. In der Regel sollte daher pro Sitzung ein Tic bearbeitet werden.

Das Wahrnehmungstraining sollte gemeinsam mit den PatientInnen in folgenden Schritten erarbeitet werden:

Beschreibung von Tic 1

Zunächst ist es wichtig, eine detaillierte Beschreibung von Tic 1 zu erarbeiten. Dabei sollte besonders auf den zeitlichen Ablauf – und insbesondere den Beginn – des Tics geachtet werden. Zudem ist es wichtig, alle Teilbewegungen von Tic 1 zu erfassen. Dafür sollten alle an Tic 1 beteiligten Muskelgruppen und Körperteile gemeinsam mit den PatientInnen analysiert werden.

Den PatientInnen kann für diese Übung folgende Anleitung gegeben werden:

»Ziel dieser Aufgabe ist es, dass Sie sich vergegenwärtigen, wie genau jeder einzelne Tic beginnt und wie der genaue Ablauf ist. Die Beschreibung eines einfachen Tics (etwa ein kurzes Augenblinzeln) ist meist recht einfach. Je komplexer der Tics aber ist, desto wichtiger (und schwieriger) ist es, dass Sie genau erkennen, wie der exakte *Bewegungsablauf* Ihres Tics ist. Diese genaue Beschreibung des Ablaufs jedes einzelnen Tics ist besonders wichtig, da nur auf diese Weise eine geeignete *Gegenbewegung* ausgewählt werden kann. Beschreiben Sie den Ablauf daher so genau wie möglich! Es soll praktisch »jeder einzelne Muskel«, den Sie während des Tics bewegen, aufgeführt werden.«

Folgende weitere Hilfen können den PatientInnen für die genaue Beschreibung motorischer und vokaler Tics gegeben werden (▶ Tab. II.2.1).

Tab. II.2.1: Beschreibungshilfen für Tics

Art der Tics	Beschreibungshilfen
Motorische Tics	Wie viele Muskeln, Muskelgruppen oder Körperteile sind an dem Tic beteiligt?
	Handelt es sich um eine einfache Bewegung, bei dem nur ein Muskel oder eine Muskelgruppe beteiligt ist (wie etwa beim Augenblinzeln) oder sind verschiedene Körperteile beteiligt (= komplexer Tic)?
	Besteht eine scheinbar absichtsvolle Bewegung (etwa ein Streichen mit der Hand durchs Haar)?
	Handelt es sich um einen »schnellen« (kurzen, abrupten) oder eher um einen »langsamen« Tic?
	Ist der Tic für andere sichtbar oder nicht?
	Führt der Tic zu Schmerzen oder anderen unangenehmen Empfindungen?
	Ist mit dem Tic eine autoaggressive Handlung verbunden? Z.B. mit der Faust gegen den Kopf schlagen oder mit dem Kopf gegen die Wand stoßen.
	Besteht eine Echopraxie, d.h., es müssen Bewegungen imitiert werden, die bei anderen Personen gesehen wurden (etwa ein Kopfschütteln)?
	Besteht eine Kopropraxie, d.h. ein Zeigen obszöner Bewegungen (beispielsweise das sogenannte Mittelfingerzeichen oder ein Fassen in den Schritt)?
Vokale Tics	Wie hört sich der vokale Tic an? Welches Geräusch entsteht dabei (z.B. Hüsteln, Räuspern, Schniefen)?
	Ist der vokale Tic mit dem Aussprechen einer Silbe (etwa »he« oder »ah«) oder eines Wortes verbunden?
	Besteht ein Drang, obszöne Wörter auszurufen (= Koprolalie, z.B. Ausrufen von Schimpfwörtern wie »fuck«, »shit«, »Scheiße«)?
	Entsteht der jeweilige vokale Tic durch Ein- oder Ausatmung?
	Geht die Atmung während des vokalen Tics durch den Mund oder die Nase ein bzw. aus?
	Wie genau beginnt jeder einzelne vokale Tic? Geht der Atmung durch Mund oder Nase eventuell noch eine kurze Bewegung (etwa ein Mundverziehen) voraus?
	Bestehen vokale Tics, die das Sprechen beeinträchtigen, etwa durch Wiederholungen von Wörtern oder Silben (ev. sogar ähnlich einem Stottern) oder durch Wortverzerrungen oder durch eine Änderung der Sprechgeschwindigkeit oder -lautstärke oder durch Sprechblockaden, die das flüssige Sprechen behindern?

Tipp

Sollten Tic-Serien mit vielen unmittelbar aufeinanderfolgenden Tics oder Tics mit sehr komplexen Bewegungsabläufen bestehen, dann sollten Sie die PatientInnen anweisen, besonders darauf zu achten, mit welcher Bewegung die Tic-Serie beginnt, da im Rahmen des Competing Response Trainings nachfolgend eine Gegenbewegung gefunden werden soll, die sich primär gegen den Beginn der Tic-Serie richtet.

> **Tipp**
>
> Sollten die PatientInnen spontan den Beginn, den Ablauf oder die beteiligten Körperregionen und Muskelgruppen nur unzureichend erfassen, sollten sie darauf aufmerksam gemacht und zu einer detaillierteren Beschreibung des Tics ermutigt werden.

Beschreibung des Vorgefühls von Tic 1

Ziel des HRT ist es, für jeden störenden Tic *so früh wie möglich* eine Gegenbewegung auszuführen. Daher wird der Wahrnehmung des den Tics vorangehenden Vorgefühls größtmögliche Aufmerksamkeit geschenkt.

> **Hinweis**
>
> Im Idealfall wird die Gegenbewegung bereits dann schon ausgeführt, wenn der Tic noch gar nicht eingetreten ist, die PatientInnen aber anhand des Vorgefühls bereits bemerkt haben, dass der Tic unmittelbar eintreten wird.

Folgende Beschreibung kann für die PatientInnen im Rahmen des Wahrnehmungstrainings für das Vorgefühl hilfreich sein:

»Die meisten Menschen mit Tics empfinden bereits spontan ein Vorgefühl, das dem Auftreten des Tics unmittelbar vorausgeht. Meist handelt es sich um ein Vorgefühl direkt an dem Ort, an dem anschließend auch der Tic eintritt. Es kann aber auch ein »diffuses« Gefühl sein, das zwar »anzeigt«, dass gleich ein Tic eintreten wird, aber unklar bleibt, wo dieser Tic auftreten wird. Empfinden Sie ein Vorgefühl, bevor Tic 1 eintritt? Bitte versuchen Sie, das Vorgefühl vor Tic 1 so genau wie möglich zu beschreiben.«

Im Laufe des Trainings kann für jeden einzelnen Tic das Vorgefühl im *Übungsblatt »Tics, Vorgefühl und Gegenbewegung«* (siehe Online-Zusatzmaterial) eingetragen werden.

> **Hinweis**
>
> Sollten die PatientInnen spontan bzw. nach obiger Anleitung kein Vorgefühl empfinden, können eventuell beispielhaft Beschreibungen des Vorgefühls von anderen PatientInnen genannt werden wie Druck-/Engegefühl, Juckreiz oder

Anspannung. Manchen PatientInnen fällt es schwer, ihr Vorgefühl in Worte zu fassen. Bereits die Aussage, »ich merke, dass der Tic kommt« macht dann aber deutlich, dass ein Vorgefühl wahrgenommen wird.

Tipp

Geben PatientInnen an, dass sie vor einem Tic – trotz des Wahrnehmungstrainings – kein Vorgefühl verspüren, dann sollte dennoch nachfolgend mit dem Einüben einer Gegenbewegung begonnen werden, da gut belegt ist, dass Tics auch ohne die Wahrnehmung eines Vorgefühls erfolgreich unterdrückt werden können.

Übung der Wahrnehmung von Tic 1

Mit dem Wahrnehmungstraining für Tic 1 und dem vorangehenden Vorgefühl sollte stets während der Sitzung unter Anleitung begonnen werden. Nachdem der Ablauf von Tic 1 genau beschrieben wurde, sollte anschließend gemeinsam geübt werden. Diese Übung könnte wie folgt angekündigt werden:

> »Lassen Sie uns die Wahrnehmung Ihrer Tics nun konkret üben. Wir werden uns jetzt einfach über verschiedene Themen unterhalten und ich möchte Sie bitten, dass Sie jedes Mal, wenn Sie einen Tic bei sich bemerken, Ihren Finger heben. Falls Sie einen Tic verpassen sollten, werde ich Sie darauf hinweisen.«

Während dieser Übung sollten die PatientInnen für jede erfolgreiche Tic-Wahrnehmung kurz gelobt werden. Diese Übung sollte solange durchgeführt werden, bis die PatientInnen im Mittel vier von fünf Tics bemerkt haben bzw. nicht mehr als etwa 20 % der Tics unbemerkt bleiben. Dies wird in der Regel nach einer Übezeit von 5–10 Minuten erreicht.

Werden 80 % der aufgetretenen Tics wahrgenommen, dann sollte der nächste Schritt des Trainings begonnen werden. Dabei wird die oben beschriebene Übung wiederholt, allerdings ergänzt durch die Aufgabe, nun bereits auf das dem Tic vorangehende Vorgefühl zu achten.

Als Anleitung für die Übung könnte dienen:

> »Lassen Sie uns diese Übung nun noch einmal wiederholen. Diesmal achten Sie aber bitte auf das Vorgefühl vor dem Tic und heben Sie Ihren Zeigefinger bereits dann, wenn Sie das Vorgefühl wahrnehmen, also noch bevor Sie den Tic ausführen.«

Tipp

Falls die PatientInnen trotz wiederholtem Wahrnehmungstraining das Auftreten der Tics nicht ausreichend wahrnehmen (d. h., deutlich weniger als 80 % der

Tics bemerken), kann es für die PatientInnen hilfreich sein, dass die TherapeutInnen die Tics der PatientInnen simulieren. Die PatientInnen erhalten dann die Aufgabe, jeden bei dem Therapeuten bzw. der Therapeutin beobachteten »Tic« durch ein zuvor vereinbartes Zeichen (etwa Heben der Hand oder Klopfen auf den Tisch) anzuzeigen.

Tipp

Falls die PatientInnen Schwierigkeiten haben, das Vorgefühl vor einem Tic wahrzunehmen, kann es hilfreich sein, dass die PatientInnen den entsprechenden Tic zunächst erst einmal willentlich simulieren und diese Übung mit dem simulierten Tic ausgeführt wird.

Hinweis

Das intensive Wahrnehmungstraining kann dazu führen, dass PatientInnen ihre Tics stärker wahrnehmen und beobachten als vor der Therapie und die Tics dadurch – zumindest vorübergehend – als störender empfinden. In einem solchen Fall ist es wichtig, den PatientInnen zu erklären, dass die verstärkte Wahrnehmung der Tics in aller Regel vorübergehend und im Rahmen des HRT nicht ungewöhnlich ist und dass die Fortsetzung des Trainings sehr bald dazu führen wird, dass die Tics abnehmen und insgesamt als weniger störend erlebt werden.

2.3.3 Competing Response Training: Auswahl und Einüben einer Gegenbewegung

Das Competing Response Training für Tic 1 sollte erst dann begonnen werden, wenn die einzelnen Schritte des vorherigen Wahrnehmungstrainings gut und verlässlich beherrscht werden. Im Rahmen des HRT wird für jeden einzelnen als störend empfundenen Tic gezielt eine spezielle Gegenbewegung ausgewählt.

Das Konzept der Gegenbewegung kann auf folgende Art und Weise erklärt werden:

> »Wir kommen nun an den Punkt, an dem Sie eine Gegenbewegung für Ihren ersten Tic auswählen sollen. Die Gegenbewegung ist das Herzstück des HRT und sollte deshalb sorgfältig ausgesucht werden. Sie soll das Auftreten des jeweiligen Tics verhindern oder zumindest verringern. Eine Gegenbewegung für einen bestimmten Tic sollte im Idealfall die gleichzeitige Ausführung dieses Tics unmöglich machen. Wir sagen auch, dass beide Bewegungen miteinander inkompatibel sein sollen, d. h., dass Tic und Gegenbewegung nicht gleichzeitig ausgeführt werden können. Für den Tic »Schulter hochziehen« wäre beispiels-

weise ein Drücken der Schulter nach unten eine ideale Gegenbewegung (da es nicht möglich ist, die Schulter gleichzeitig nach oben und unten zu bewegen!).«

Im Rahmen des Competing Response Trainings soll nun gemeinsam mit den PatientInnen für Tic 1 eine passende Gegenbewegung gefunden werden.

Auswahl einer Gegenbewegung

Durch die Ausführung der Gegenbewegung soll das Auftreten des Tics völlig verhindert oder zumindest verringert werden. Dazu können folgende Hinweise zur Auswahl einer Gegenbewegung gegeben werden:

- Sie sollte weniger auffallen als der Tic selbst.
- Sie sollte sozial verträglich sein, also eine Bewegung darstellen, die selbst so wenig Aufmerksamkeit erzeugt wie möglich.
- Sie sollte gut in den Alltag integriert werden können.
- Sie sollte individuell angepasst werden, d. h., die PatientInnen sollten die Gegenbewegung als »angenehm« und »passend« empfinden.

Gegenbewegung für motorische Tics

Grundsätzlich gibt es drei verschiedene Formen von Gegenbewegungen. Wenn immer möglich, sollte die erste der drei nachfolgend beschriebenen Varianten gewählt werden, da sie in aller Regel am erfolgreichsten und verlässlichsten zu einer Verminderung der Tics führt.

1. Inkompatible Bewegung

Die Gegenbewegung ist mit der gleichzeitigen Ausführung des Tics inkompatibel, d. h., die Gegenbewegung schließt aus, dass der Tic gleichzeitig überhaupt noch ausgeführt werden kann. Dabei sollte darauf geachtet werden, dass sich die Gegenbewegung primär gegen jene Bewegung richtet, mit der der Tic beginnt.

> **Beispiel**
>
> Ein Kopfruck-Tic nach vorne wird durch eine Gegenbewegung mit einem Drücken des Kopfes nach hinten verhindert, da es unmöglich ist, den Kopf gleichzeitig nach vorne und nach hinten zu bewegen.

2. Abgeschwächte Bewegung

Sollte es einmal nicht möglich sein, eine inkompatible Gegenbewegung für einen Tic zu finden oder die Ausführung einer mit dem Tic inkompatiblen Gegenbewegung einfach nicht gelingen, dann besteht alternativ die Möglichkeit, statt des

Tics eine »abgeschwächte« oder »entspanntere« Bewegung als »Gegenbewegung« auszuführen. Diese Bewegung wäre quasi eine »Imitation« des »eigentlichen« Tics, aber in bewusst kontrollierter und abgeschwächter Form.

> **Beispiel**
>
> Statt eines ruckartigen Schlagens des Kopfes nach hinten wird der Kopf langsam und kontrolliert in den Nacken bewegt, ähnlich einer Dehnübung.

3. *Teilbewegung*

Als weitere Alternative kann eine »Gegenbewegung« ausgeführt werden, die weder dem Tic entgegengesetzt ist noch eine abgeschwächte Variante darstellt, sondern eine Bewegung darstellt, die nur eine Teilbewegung des Tics beinhaltet. Dieses Vorgehen kann zuweilen bei komplexen Tics sehr effektiv sein. Wenn der Tic sehr viele verschiedene Bewegungen, evtl. auch noch an ganz unterschiedlichen Körperteilen beinhaltet, dann kann es zuweilen gelingen, diese »Tic-Serien« dadurch zu unterbrechen, dass einfach nur eine einzelne Teilbewegung willentlich ausgeführt wird.

> **Hinweis**
>
> Besonders bei komplexen Tics und Tic-Serien muss darauf geachtet werden, dass die Gegenbewegung tatsächlich derjenigen Bewegungen entgegengesetzt ist, mit der der Tic bzw. die Tic-Serie beginnt.

> **Beispiel**
>
> Geht einem Kopfruck-Tic nach hinten vorher noch ein Hochziehen der Schultern voran, so richtet sich die Gegenbewegung gegen das Schulterhochziehen (und nicht gegen das Kopfrucken nach hinten). Dadurch werden alle nachfolgenden Teilbewegungen des Tics automatisch auch unterdrückt. Die Gegenbewegung stoppt den Tic von Beginn an.

Gegenbewegung für vokale Tics

Vokale Tics sind Tics, die durch das Hervorbringen von Geräuschen, Silben oder Wörtern gekennzeichnet sind. Vokale Tics entstehen durch Ein- oder Ausatmung durch Mund oder Nase. Auch für die Behandlung vokaler Tics stehen verschiedene Strategien bei der Auswahl der »Gegenbewegung« zur Verfügung:

1. Inkompatibles Geräusch

Die ideale Gegenbewegung für einen vokalen Tic hat genau das entgegengesetzte Atemmuster wie der Tic selbst. Je nachdem, ob der Tic durch eine Ein- oder Ausatmung durch Mund oder Nase hervorgerufen wird, steht eine der vier nachfolgend aufgeführten Strategien als inkompatibles Geräusch zur Verfügung (▶ Tab. II.2.2):

Tab. II.2.2: Strategien für ein inkompatibles Geräusch

	Mund	Nase
Ausatmen	Entsteht der vokale Tic durch ein geräuschvolles Ausatmen durch den Mund (etwa Räuspern), dann stellt die Gegenbewegung ein Einatmen durch den Mund dar mit nachfolgendem Ausatmen durch die Nase	Entsteht der vokale Tic durch ein geräuschvolles Ausatmen durch die Nase (etwa Schnauben), dann stellt die Gegenbewegung ein Einatmen durch die Nase dar mit nachfolgendem Ausatmen durch den Mund
Einatmen	Entsteht der vokale Tic durch ein geräuschvolles Einatmen durch den Mund (etwa Juchzen), dann stellt die Gegenbewegung ein Ausatmen durch den Mund dar mit nachfolgendem Einatmen durch die Nase	Entsteht der vokale Tic durch ein geräuschvolles Einatmen durch die Nase (etwa Hochziehen), dann stellt die Gegenbewegung ein Ausatmen durch die Nase dar mit nachfolgendem Einatmen durch den Mund

Hinweis

Das inkompatible Geräusch wird durch kontrolliertes Atmen erzeugt. Kontrolliertes Atmen wiederum beinhaltet auch, dass sich beim Einatmen (durch Mund oder Nase) der Bauch immer hebt (also ausdehnt) und beim Ausatmen wieder senkt (d.h. abflacht). Die Bewegungen des Bauches können dadurch überprüft werden, indem man die Hand auf den Bauch legt.

2. Abgeschwächtes Geräusch

Statt eines lauten vokalen Tics wird dasselbe Geräusch (mit demselben Atemmuster) kontrolliert und leise – und damit weniger auffällig – ausgeführt.

Beispiel

Statt eines lauten Räusperns erfolgt ein willentliches, kontrolliert und bewusst ausgeführtes leises Räuspern.

3. Teilgeräusch

Analog der Teilbewegung für motorische Tics eignet sich auch das Teilgeräusch besonders für längere und komplexe vokale Tics. Es wird dabei versucht, einen »Teil« des vokalen Tics kontrolliert auszuführen, um so das Eintreten des übrigen Teils des vokalen Tics zu verhindern oder zumindest zu verringern.

> **Beispiel**
>
> Geht der vokale Tic mit einem Ausrufen der Silbe »heho« einhergeht, würde ein »Teilgeräusch« lediglich das Aussprechen der Silbe »he« bedeuten. Diese Art der »Gegenbewegung« kann auch für das Ausrufen von (obszönen) Wörtern sehr effektiv genutzt werden: statt eines ganzen Wortes wie »ficken« wird nur ein Wortteil (etwa »fi«) oder auch nur der Anfangsbuchstabe (also »f«) ausgesprochen.

Beispiele für Gegenbewegungen

Zahlreiche weitere konkrete Vorschläge für Gegenbewegungen sind im *Beispielblatt »Gegenbewegungen für Tics«* zusammengestellt. Sobald für einen speziellen Tic eine passende Gegenbewegung gefunden wurde, sollte diese im *Übungsblatt »Vorgefühl und Gegenbewegung«* notiert werden (siehe jeweils Online-Zusatzmaterial).

> **Hinweis**
>
> Im Verlaufe des Trainings kann es sich durchaus einmal herausstellen, dass eine zunächst als günstig eingestufte Gegenbewegung doch nicht gut geeignet ist, um den Tic zu vermindern, oder sich im Alltag nicht bewährt. Die PatientInnen sollten dann ermutigt werden, eine neue Gegenbewegung auszuwählen und diese alternativ im Alltag hinsichtlich ihrer Wirksamkeit zu testen. Auch können zunächst zwei verschiedene Gegenbewegungen ausgewählt und im Alltag getestet werden und erst danach entschieden werden, welche Bewegung langfristig genutzt werden soll.

Einüben der Gegenbewegung

Die für Tic 1 anhand der oben beschriebenen Kriterien ausgewählte Gegenbewegung muss nun im zweiten Teil des Competing Response Trainings in drei Schritten geübt werden:

Schritt 1: Trockenübung

Es empfiehlt sich, die Gegenbewegung zunächst erst einmal »trocken« zu üben, das heißt, unabhängig vom Tic selbst. Dies mag manchen PatientInnen zunächst komisch erscheinen, führt aber dazu, dass sich die PatientInnen besser auf die Ausführung der Gegenbewegung konzentrieren, sie besser üben und ggf. auch noch einmal kleinere Korrekturen vornehmen können.

Auch kann es hilfreich sein, wenn zunächst die TherapeutInnen die Gegenbewegung ausführen und den PatientInnen demonstrieren. So kann den PatientInnen ein Gefühl dafür vermittelt werden, wie die Gegenbewegung »aussieht« und eingesetzt werden kann.

Die ausgewählte Gegenbewegung sollte nachfolgend mehrfach und in unterschiedlichen Situationen (mit zunehmender Ablenkung und zunehmendem Schwierigkeitsgrad) als »Trockenübung« ausgeführt werden. Dadurch können sich die PatientInnen zunehmend an die Ausführung der Gegenbewegung gewöhnen, so dass sich diese zunehmend weniger »künstlich« und »unnatürlich« anfühlt. Dies sollte mit zunehmender Übung immer leichter fallen. Falls gewünscht, kann die Ausführung der Gegenbewegung durch Beobachtung im Spiegel oder mittels Videoaufnahme überprüft werden.

Schritt 2: Üben mit dem Tic

Erst im nächsten Schritt sollen die PatientInnen die Gegenbewegung immer dann ausführen, sobald das den Tic ankündigende Vorgefühl auftritt, spätestens aber mit Beginn des Tics.

Für diese Übung kann beispielsweise folgende Instruktionen gegeben werden:

> »Führen Sie die Gegenbewegung für mindestens eine Minute aus. Falls das Vorgefühl dann immer noch deutlich wahrnehmbar ist, setzen Sie die Übung bitte fort und führen die Bewegung so lange weiter aus, bis das Vorgefühl nachlässt oder ganz verschwindet.«

Tipp

Bitte vergessen Sie nicht, die PatientInnen für die korrekte Ausführung der Gegenbewegung zu loben.

Tipp

Sie sollten die PatientInnen schon vor Beginn der Übung darauf hinweisen, dass die meisten PatientInnen das Einüben der Gegenbewegung anfangs als komisch oder künstlich wahrnehmen. Dieses Gefühl schwächt sich in aller Regel im Laufe der Therapie ab und sistiert schließlich meist völlig. Für die PatientInnen können dafür Beispiele aus dem Alltag hilfreich sein: Auch das Erlernen anderer

> Tätigkeiten wie Auto fahren, das Spielen eines Instrumentes oder das Erlernen einer Sportart sind anfangs meist mit einem ähnlichen Gefühl von »Unnatürlichkeit« oder »Künstlichkeit« verknüpft, das sich mit zunehmender Übung und Training meist sehr rasch verliert. Nach kurzer Zeit laufen anfangs ungewohnte Bewegungen dann völlig »automatisch« ab.

Tipp

Für manche PatientInnen ist es hilfreich, die Zeit bis zur Abschwächung des Vorgefühls mit einer Uhr zu stoppen. Gerade zu Beginn des Trainings kann es sein, dass der Drang, den Tic auszuführen, deutlich länger als eine Minute andauert. In diesem Fall sollten die PatientInnen versuchen, die Gegenbewegung so lange wie möglich auszuführen. Mit zunehmendem Training verkürzt sich die Zeitdauer bis zur Habituation an das Vorgefühl meist deutlich.

Hinweis

Die Gegenbewegung sollte so früh wie möglich ausgeführt werden, also gleich zu Beginn des Tics – oder besser noch, sobald das Vorgefühl für den jeweiligen Tic gespürt wird. In diesem Zusammenhang können die PatientInnen ggf. auch noch einmal auf die einzelnen Schritte des Wahrnehmungstrainings hingewiesen werden. Je besser dieses zuvor geübt wurde, desto leichter fällt nun die unmittelbare Ausführung der Gegenbewegung.

Hinweis

Die PatientInnen sollten mit zunehmender Übung dazu übergehen, die Gegenbewegung »ganz nebenbei« auszuführen und dafür andere Bewegungen nicht unterbrechen. Je besser dies gelingt, desto eher kann die Bewegung in den Alltag integriert werden. In den Therapiesitzungen kann dies gut während eines Gesprächs geübt werden.

Schritt 3: Anwendung der Gegenbewegung

Nach dem erfolgreichen Üben der Gegenbewegung sollen die PatientInnen instruiert werden, sich zu bemühen, die Gegenbewegung von nun an auch »immer« auszuführen, wenn sie das Vorgefühl für den entsprechenden Tic wahrnehmen oder spätestens dann, wenn der Tic auftritt.

Die Ausführung der Gegenbewegung sollte während der Therapiesitzungen durch die TherapeutInnen kontrolliert werden. Für das erfolgreiche Einsetzen sollten die PatientInnen gelobt werden.

> **Hinweis**
>
> Die PatientInnen sollten darauf hingewiesen werden, dass es kaum möglich ist, jeden Tic bei jedem Auftreten stets sofort wahrzunehmen und die Gegenbewegung immer auch unmittelbar auszuführen.

Die PatientInnen sollten nachfolgend angeleitet werden (vor allem zuhause), den Schwierigkeitsgrad beim Einsatz der Gegenbewegung sukzessive zu steigern. Während es sich empfiehlt, die Gegenbewegung anfangs in einer reizarmen Umgebung ohne Ablenkung und in Situationen zu üben, in denen die Tics meist geringer ausgeprägt sind, sollten bei zunehmend sicherer Anwendung bewusst auch »schwierigere Situationen« aufgesucht werden etwa

- wenn die PatientInnen abgelenkt oder anderweitig beschäftig sind
- in Situationen, die meist zu einer Zunahme der Tics führen,
- parallel zu anderen Beschäftigungen,
- wenn die PatientInnen wenig motiviert und müde sind.

> **Tipp**
>
> Für manche PatientInnen ist es eine große Hilfe, eine Bezugsperson in die Therapie mit einzubeziehen. In diesem Fall kann auch erwogen werden, die Bezugsperson an einer Therapiesitzung teilnehmen zu lassen. So könnte beispielsweise vermittelt werden, wie die Bezugsperson zuhause motivieren und loben, aber auch unterstützen kann, wenn eine Übung noch nicht erfolgreich durchgeführt wird.

> **Hinweis**
>
> Das Einüben der Gegenbewegung sollte zunächst in Situationen mit »geringem Schwierigkeitsgrad« erfolgen, also in Situationen, in denen der Tic seltener und in geringerer Intensität auftritt. Erst mit zunehmender Übedauer sollte die Gegenbewegung dann auch in »schwierigeren« Situationen geübt werden, in denen es erfahrungsgemäß zu einem starken und häufigen Auftreten der Tics kommt. Hierzu sollten sich die PatientInnen noch einmal bewusst machen, welche Einflussfaktoren für diesen Tic bestehen.

2.4 Hausaufgaben

Jede Therapiesitzung endet mit dem Aufgeben von Hausaufgaben. Dabei sollten bis zur nächsten Therapiesitzung stets auch all jene Schritte wiederholt und vertieft werden, die in den vorangegangenen Sitzungen bereits erarbeitet wurden. Von nun an wird in jeder Therapiesitzung ein neuer Tic erarbeitet, so lange bis alle störenden Tics behandelt wurden.

Das Üben zwischen den einzelnen Therapiesitzungen stellt einen wichtigen Teil des HRT dar, ohne den kein Behandlungserfolg erzielt werden kann. Unabhängig von der Instruktion, die Gegenbewegung wenn immer möglich auszuführen, sollte gezielte Übungszeit zu Hause eingeplant werden:

- Es sollte regelmäßig geübt werden, am besten täglich, mindestens aber 3–4 × pro Woche.
- Eine Übung sollte ca. 30 Minuten dauern.
- Es sollte mit ansteigendem Schwierigkeitsgrad geübt werden.
- Zeiten zum Üben sollten fest in den Wochenkalender eingeplant werden.
- Die Übungen sollten in Ruhe, ohne Störungen und Eile durchgeführt werden.
- Nahestehende Personen wie Freunde oder Familie sollten um Unterstützung gebeten werden.

> **Hausaufgaben bis zur 3. Therapiesitzung**
>
> - Üben der Gegenbewegung für Tic 1 mit zunehmendem Schwierigkeitsgrad
> - Veränderung der Einflussfaktoren für Tic 1
> - Während der Übungen den Tic mit Hilfe des *Übungsblattes »Tic-Beobachtungsprotokoll«* beobachten (siehe Online-Zusatzmaterial)

Erinnern Sie schließlich die PatientInnen daran, sich für das Üben mit etwas Angenehmem zu belohnen.

Sitzung 3

Überblick

3.1	Besprechung der Hausaufgaben	132
3.2	Motivationsaufbau	132
3.3	Ressourcenarbeit	133
3.4	Wiederholung der Übungen für Tic 1	133
3.5	Behandlung von Tic 2	133
	3.5.1 Strategien zur Veränderung der Einflussfaktoren	133
	3.5.2 Wahrnehmungstraining	134
	3.5.3 Gegenbewegung	135
3.6	Hausaufgaben	136

Materialien für die Sitzung

(siehe Online-Zusatzmaterial)

- Übungsblatt »Tic-Hierarchie«
- Übungsblatt »Störungs-Protokoll«
- Übungsblatt »Ressourcen-Tagebuch«
- Übungsblatt »Veränderung der Einflussfaktoren«
- Übungsblatt »Tics, Vorgefühl und Gegenbewegung«
- Beispielblatt »Gegenbewegungen für Tics«
- Übungsblatt »Tics, Vorgefühl und Gegenbewegung«
- Übungsblatt »Tic-Beobachtungsprotokoll«

In jeder Sitzung wird von nun an ein neuer Tic bearbeitet, so lange bis alle Tics in der Tic-Hierarchie behandelt wurden, die von dem Patienten oder der Patientin als störend angesehen werden. Zum Beginn jeder Sitzung sollte überprüft werden, ob die Tic-Hierarchie noch aktuell ist. Sollte die Behandlung von nur einem oder zwei Tics gewünscht werden, kann das Training auch früher beendet werden. Allerdings sollten die PatientInnen vor Abschluss des HRT alle Therapieelemente durchlaufen haben (inklusive Entspannungstraining und Rückfallprophylaxe). Hauptziel dieser Sitzung ist die Behandlung von Tic 2 in der Tic-Hierarchie. Diese Sitzung ist für eine Dauer von 45–60 Minuten konzipiert.

Therapiesitzungen können eingeleitet werden, indem zunächst ganz allgemein nach Vorkommnissen in der vergangenen Woche gefragt wird. Nachfolgend sollten die PatientInnen Gelegenheit erhalten, über die aktuell bestehenden Tics und die dadurch bedingten Belastungen zu sprechen. Es sollte aber auch immer dazu aufgefordert werden, über positive Ereignisse zu berichten.

3.1 Besprechung der Hausaufgaben

Zu Beginn jeder Sitzung sollte besprochen werden, ob die PatientInnen ausreichend Gelegenheit hatten, die Hausaufgaben zu dieser Sitzung zu erledigen. Nachfolgend sollte geklärt werden, ob es Schwierigkeiten beim Üben oder Erledigen der Hausaufgaben gab.

> **Hinweis**
>
> Sollten die PatientInnen in der vergangenen Woche seit der letzten Therapiesitzung nicht ausreichend Gelegenheit zum Üben gehabt haben, kann überlegt werden, zu Beginn der Sitzung noch einmal 10–15 Minuten Zeit zu geben, um in Ruhe zu üben.
> Sollte es Schwierigkeiten bei bestimmten Hausaufgaben gegeben haben, könnte zu Beginn der Sitzung gemeinsam geübt werden.

Vor der weiteren Behandlung sollte stets geprüft werden, ob die Tic-Hierarchie noch aktuell ist. Hierzu kann das *Übungsblatt »Tic-Hierarchie«* (siehe Online-Zusatzmaterial) genutzt werden.

3.2 Motivationsaufbau

Um die Therapiemotivation aufrecht zu erhalten bzw. weiter zu fördern, sollte der Patient oder die Patientin explizit danach gefragt werden, was ihn bzw. sie in der vergangenen Woche besonders an seinen/ihren Tics gestört hat. Dazu sollte ggf. auch das *Übungsblatt »Störungs-Protokoll«* (siehe Online-Zusatzmaterial) aktualisiert und nicht mehr relevante Störfaktoren gestrichen werden.

3.3 Ressourcenarbeit

PatientInnen mit Tourette-Syndrom neigen – ebenso wie andere PatientInnen mit chronischen Erkrankungen – dazu, stärker auf die Krankheitssymptome und weniger auf die individuellen Stärken zu achten. Eine Therapie wie diese kann dies zusätzlich verstärken, da sich die PatientInnen intensiv mit ihren Tics beschäftigen. Daher sollten die PatientInnen mit Rahmen des HRT zu einer Ressourcenarbeit und Stärkung der Schutzfaktoren angeleitet werden. Hierzu kann auch das *Übungsblatt »Ressourcen-Tagebuch«* (siehe Online-Zusatzmaterial) genutzt werden.

3.4 Wiederholung der Übungen für Tic 1

In jeder Sitzung sollten zu Beginn alle Übungen für alle bisher bereits behandelten Tics zumindest kurz wiederholt werden inklusive Wahrnehmungstraining, Erkennen und Verändern der Einflussfaktoren und Competing Response Training. Schwierigkeiten einzelner Therapieschritte sollten thematisiert werden. Dies kann für jeden einzelnen Tic unterschiedlich sein.

Durch die Wiederholung aller Übungsschritte während der Therapiesitzungen können die TherapeutInnen prüfen, ob alle Elemente verstanden und korrekt ausgeführt wurden.

3.5 Behandlung von Tic 2

3.5.1 Strategien zur Veränderung der Einflussfaktoren

Vorausgehende und nachfolgende Einflussfaktoren für Tic 2 werden – analog zu Tic 1 in Sitzung 2 – herausgearbeitet. Veränderungsstrategien werden besprochen.

> **Hinweis**
>
> Machen Sie die PatientInnen darauf aufmerksam, dass für jeden Tic unterschiedliche Einflussfaktoren bestehen können.

> **Zur Erinnerung**
>
> Einflussfaktoren auf Tics werden unterschieden in:
>
> - dem Tic zeitlich vorausgehende Einflussfaktoren,
> - dem Tic zeitlich nachfolgende Einflussfaktoren,
> - äußere, in der Umwelt liegende bzw. situativ bedingte Einflussfaktoren,
> - innere, d. h. in der Person selbst liegende Einflussfaktoren.
>
> Einflussfaktoren können durch verschiedene Strategien verändert werden:
>
> - Stress reduzieren
> - negative Einflussfaktoren verringern
> - positive Einflussfaktoren stärken

Zur Identifikation und Veränderung der Einflussfaktoren auf Tic 2 kann das *Übungsblatt »Veränderung der Einflussfaktoren«* (siehe Online-Zusatzmaterial) genutzt werden.

3.5.2 Wahrnehmungstraining

Das Wahrnehmungstraining für Tic 2 erfolgt analog zum Training für Tic 1 in Sitzung 2.

> **Zur Erinnerung**
>
> Das Wahrnehmungstraining setzt sich aus folgenden Schritten zusammen:
>
> 1. Wahrnehmung und Beschreibung des genauen Ablaufs – und besonders des Beginns – von Tic 2
> 2. Wahrnehmung und Beschreibung des Tic 2 vorangehenden Vorgefühls
> 3. Im Laufe des Trainings kann für jeden einzelnen Tic das Vorgefühl im *Übungsblatt »Tics, Vorgefühl und Gegenbewegung«* (siehe Online-Zusatzmaterial) eingetragen werden.

> **Tipp**
>
> Sollten die PatientInnen Schwierigkeiten bei der Wahrnehmung des Vorgefühls für einen Tic haben, können Sie folgendes vorschlagen:
>
> - Die PatientInnen sollen den Tic so lange wie möglich unterdrücken. Dies führt meist zu einer Verstärkung des Vorgefühls.

- Die PatientInnen sollen ihre Aufmerksamkeit auf den Beginn des Tics lenken. Machen Sie sie darauf aufmerksam, dass das Vorgefühl häufig nur einen sehr kurzen Moment andauert und unmittelbar nach dem Beginn des Tics endet.
- Manche PatientInnen empfinden weniger ein Vorgefühl im Sinne eines »Kribbelns«, sondern haben lediglich den Eindruck, den Tic »machen zu müssen«. Auch dies kann bereits das entsprechende Vorgefühl zu einem Tic sein.
- Die PatientInnen sollten sich die Frage stellen, ob sich der Tic in irgendeiner Form ankündigt und das Eintreten des Tics bereits zuvor bemerkt wird. Wird diese Frage mit »ja« beantwortet, wird auch ein Vorgefühl wahrgenommen.

3.5.3 Gegenbewegung

Im Anschluss an das Wahrnehmungstraining beginnt auch für Tic 2 das Competing Response Training mit der Auswahl und dem Einüben einer Gegenbewegung.

Zur Erinnerung

Das Competing Response Training für Tic 2 sollte erst dann begonnen werden, wenn die einzelnen Schritte des Wahrnehmungstrainings für Tic 2 gut und verlässlich beherrscht werden. Folgende Formen der Gegenbewegung sind sowohl für motorische als auch vokale Tics möglich

- inkompatible Bewegung
- abgeschwächte Bewegung
- Teilbewegung

Das Einüben einer Gegenbewegung sollte in folgenden Schritten erfolgen:

- Trockenübung
- Üben mit dem Tic
- Anwendung der Gegenbewegung

Zahlreiche weitere konkrete Vorschläge für Gegenbewegungen finden sich im *Beispielblatt »Gegenbewegungen für Tics«*. Sobald für einen speziellen Tic eine passende Gegenbewegung gefunden wurde, sollte diese im *Übungsblatt »Vorgefühl und Gegenbewegung«* notiert werden (siehe jeweils Online-Zusatzmaterial).

Hinweis

Sollte sich ein Tic trotz Wahrnehmungstraining und Ausführung einer Gegenbewegung nicht verringern, können Sie folgendes tun:

- Beruhigen Sie die PatientInnen und motivieren Sie sie, einfach weiter zu üben.
- Überprüfen Sie gemeinsam mit den PatientInnen, ob der genaue Beginn und Ablauf des Tics erfasst wurde.
- Überprüfen Sie gemeinsam mit den PatientInnen, ob die gewählte Gegenbewegung »perfekt« zu dem Tic passt und wirklich mit dem Beginn und Ablauf des Tics unvereinbar ist.
- Motivieren Sie die PatientInnen, einmal eine andere Gegenbewegung zu versuchen.
- Alternativ können die PatientInnen versuchen, statt einer Gegenbewegung eine »Alternativbewegung« auszuführen, die gar nicht wirklich in Zusammenhang mit dem Tic steht. So können manche PatientInnen etwa durch das Ballen der Hand zur Faust das Auftreten eines Kopfruck-Tics verhindern.

3.6 Hausaufgaben

Jede Therapiesitzung endet mit dem Aufgeben von Hausaufgaben. Dabei sollten bis zur nächsten Therapiesitzung stets auch all jene Schritte wiederholt und vertieft werden, die in den vorangegangenen Sitzungen bereits erarbeitet wurden.
Erinnern Sie die PatientInnen daran,

- regelmäßig zu üben: am besten täglich, mindestens aber 3–4 × pro Woche für je ca. 30 Minuten,
- mit ansteigendem Schwierigkeitsgrad zu üben,
- Zeiten zum Üben fest einzuplanen,
- in Ruhe und ungestört zu üben.

Hausaufgaben bis zur 4. Therapiesitzung

- Üben der Gegenbewegung für Tic 1 und Tic 2 mit zunehmendem Schwierigkeitsgrad
- Veränderung der Einflussfaktoren für Tic 1 und Tic 2
- Während der Übungen die Tics mit Hilfe des *Übungsblatts »Tic-Beobachtungsprotokoll«* dokumentieren (siehe Online-Zusatzmaterial)

Erinnern Sie schließlich die PatientInnen daran, sich für das Üben mit etwas Angenehmem zu belohnen.

Sitzung 4

> **Überblick**
>
> 4.1 Besprechung der Hausaufgaben 137
> 4.2 Motivationsaufbau 138
> 4.3 Wiederholung der Übungen für Tic 1 und 2 138
> 4.4 Behandlung von Tic 3 138
>   4.4.1 Strategien zur Veränderung der Einflussfaktoren 138
>   4.4.2 Wahrnehmungstraining 139
>   4.4.3 Gegenbewegung 139
> 4.5 Einführung in Entspannungsverfahren 141
>   4.5.1 Atem-Entspannung 141
> 4.6 Hausaufgaben 142

> **Materialien für die Sitzung**
>
> (siehe Online-Zusatzmaterial)
>
> - Übungsblatt »Tic-Hierarchie«
> - Übungsblatt »Störungs-Protokoll«
> - Übungsblatt »Veränderung der Einflussfaktoren«
> - Übungsblatt »Tics, Vorgefühl und Gegenbewegung«
> - Beispielblatt »Gegenbewegungen für Tics«
> - Übungsblatt »Tics, Vorgefühl und Gegenbewegung«
> - Übungsblatt »Tic-Beobachtungsprotokoll«

Hauptziel der Sitzung ist die Behandlung des 3. Tics aus der Tic-Hierarchie. Zusätzlich erfolgt die Einführung der Entspannungsverfahren. Diese Sitzung ist für eine Dauer von 45–60 Minuten konzipiert.

4.1 Besprechung der Hausaufgaben

Zu Beginn jeder Sitzung sollte besprochen werden, ob die PatientInnen ausreichend Gelegenheit hatten, die Hausaufgaben zu dieser Sitzung zu erledigen. Sollte dies einmal nicht der Fall gewesen sein, kann überlegt werden, den PatientInnen zu

Beginn der Sitzung noch einmal 10–15 Minuten Zeit zu lassen, in Ruhe zu üben. Nachfolgend sollte geklärt werden, ob es Schwierigkeiten beim Üben oder Erledigen der Hausaufgaben gab.

Es sollte stets geprüft werden, ob die Tic-Hierarchie noch aktuell ist. Hierzu kann das *Übungsblatt »Tic-Hierarchie«* (siehe Online-Zusatzmaterial) genutzt und ggf. aktualisiert werden.

4.2 Motivationsaufbau

Um die Therapiemotivation aufrecht zu erhalten bzw. weiter zu fördern, sollten die PatientInnen explizit danach gefragt werden, was sie in der vergangenen Woche besonders an ihren Tics gestört hat. Dazu sollte ggf. auch das *Übungsblatt »Störungs-Protokoll«* aktualisiert und nicht mehr relevante Störfaktoren gestrichen werden (siehe Online-Zusatzmaterial).

4.3 Wiederholung der Übungen für Tic 1 und 2

Mögliche Schwierigkeiten bei der Umsetzung der Veränderungen von Einflussfaktoren und/oder der Gegenbewegungen sollten angesprochen werden und ggf. gemeinsam nach Lösungen gesucht werden.

4.4 Behandlung von Tic 3

4.4.1 Strategien zur Veränderung der Einflussfaktoren

Vorausgehende und nachfolgende Einflussfaktoren für den Tic 3 werden – analog zu Tic 1 in Sitzung 2 – herausgearbeitet. Veränderungsstrategien werden besprochen. Machen Sie die PatientInnen darauf aufmerksam, dass für jeden Tic unterschiedliche Einflussfaktoren relevant sein können.

> **Zur Erinnerung**
>
> Einflussfaktoren auf Tics werden unterschieden in:

- dem Tic zeitlich vorausgehende Einflussfaktoren
- dem Tic zeitlich nachfolgende Einflussfaktoren
- äußere, in der Umwelt liegende bzw. situativ bedingte Einflussfaktoren
- innere, d. h. in der Person selbst liegende Einflussfaktoren

Einflussfaktoren können durch verschiedene Strategien verändert werden:

- Stress reduzieren
- negative Einflussfaktoren verringern
- positive Einflussfaktoren stärken

Zur Identifikation und Veränderung der Einflussfaktoren auf Tic 3 kann das *Übungsblatt »Veränderung der Einflussfaktoren«* (siehe Online-Zusatzmaterial) genutzt werden.

4.4.2 Wahrnehmungstraining

Das Wahrnehmungstraining erfolgt analog zum Training für Tic 1 in Sitzung 2.

Zur Erinnerung

Das Wahrnehmungstraining setzt sich aus folgenden Schritten zusammen:

1. Wahrnehmung und Beschreibung des genauen Ablaufs – und besonders des Beginns – von Tic 3
2. Wahrnehmung und Beschreibung des Tic 3 vorangehenden Vorgefühls
3. im Laufe des Trainings kann für jeden einzelnen Tic das Vorgefühl im *Übungsblatt »Tics, Vorgefühl und Gegenbewegung«* eingetragen werden (siehe Online-Zusatzmaterial).

4.4.3 Gegenbewegung

Auswahl und Übung der Gegenbewegung erfolgen analog zu Sitzung 2.

Hinweis

Wenn das Competing Response Training für zwei oder drei Tics gut klappt, kann auch mit der Behandlung eines Augen-Tics begonnen werden. Zu den Augen-Tics zählen Augenblinzeln, Augenverdrehen, Augenbrauen hochziehen, Augenbrauen runzeln und mit den Augen stieren (»starrer Blick«). Augen-Tics sind häufig schwieriger zu behandeln als andere Tics, da sie durch sehr feine Muskeln hervorgerufen werden, meist sehr rasch ablaufen und häufig auch kein deutliches Vorgefühl wahrgenommen wird.

Die Behandlung unterscheidet sich allerdings nicht grundlegend von der Therapie anderer motorischer Tics. Den PatientInnen sollten allerdings konkrete Vorschläge für Gegenbewegungen der Augen-Tics angeboten werden (siehe dazu auch das *Beispielblatt »Gegenbewegungen für Tics«*, siehe Online-Zusatzmaterial). Oft führen Augen-Tics nicht zu einer bedeutsamen Beeinträchtigung und müssen daher auch gar nicht behandelt werden.

Zur Erinnerung

Eine Gegenbewegung sollte folgende Kriterien erfüllen:

- individuelle Passung für jeden einzelnen Tic
- Inkompatibilität mit dem Tic
- gegen den Tic-Beginn gerichtet
- Ausführung so früh wie möglich
- Ausführung für eine ausreichende Dauer
- Automatisierung der Bewegung durch Üben

Bisher wurden folgende Varianten von Gegenbewegungen ausführlich beschrieben:

- inkompatible Bewegung
- abgeschwächte Bewegung
- Teilbewegung

Hinweis

Sollten alle bisher beschriebenen Gegenbewegungen nicht zu einer Verminderung des Tics führen oder als ungeeignet empfunden werden, können alternativ noch weitere Varianten von Bewegungen versucht werden:

- andere Bewegung, völlig unabhängig vom Tic (etwa Ballen der Hand zur Faust zur Verminderung eines Kopfruck-Tics)
- Zusatzbewegung, mit der ein Tic »verdeckt« wird (etwa Verbergen eines sehr auffälligen Mundverziehens durch eine Handbewegung zum Mund)
- Integrieren des Tics in eine Willkürbewegung (etwa Integrieren eines Tics mit einem Tippen der Hand gegen die Stirn in eine Willkürbewegung mit einem Zurechtrücken der Brille oder einem Streichen mit der Hand über die Haare)
- Umlenken (etwa eines Armruck-Tics in ein Rumpfzucken)

Zahlreiche weitere konkrete Vorschläge für Gegenbewegungen können im *Beispielblatt »Gegenbewegungen für Tics«* nachgeschlagen werden. Sobald für einen speziellen Tic eine passende Gegenbewegung gefunden wurde, sollte diese im

Übungsblatt »Vorgefühl und Gegenbewegung« notiert werden (siehe jeweils Online-Zusatzmaterial).

4.5 Einführung in Entspannungsverfahren

Entspannungsverfahren haben sich als wichtige Behandlungselemente des HRT etabliert, da sie nicht nur zu einem allgemeinen Wohlbefinden, sondern auch zu einer weiteren Verminderung der Tics führen können. Sie wirken unspezifisch durch eine Stressreduktion, mehr Gelassenheit, Zufriedenheit und Wohlbefinden. Zudem können sie zu einer Verminderung der durch die Tics eingetretenen Anspannung führen.

Im Rahmen des HRT haben sich besonders die Atem-Entspannung und die Progressive Muskelentspannung (PME) nach Jacobsen bewährt. In Sitzung 4 sollte die Atem-Entspannung (▶ Kap. Sitzung 4), in Sitzung 5 die PME erläutert und geübt werden (▶ Kap. Sitzung 5).

Eine Einführung in Entspannungsverfahren könnte wie folgt gegeben werden:

> »Eine Entspannungsreaktion stellt genau das Gegenteil einer Stressreaktion dar. Daher wirken sich Entspannungsverfahren insgesamt positiv auf den Körper aus. Hierdurch wiederum können (psychische und körperliche) Beschwerden gelindert und die Selbstkontrolle gestärkt werden. Dies kann zu einer Veränderung unseres Denkens und Fühlens führen, so dass mehr Gelassenheit, Zufriedenheit und Wohlbefinden eintreten. Entspannungsverfahren können nur durch regelmäßiges Üben erlernt und erfolgreich angewendet werden. Planen Sie daher für das Üben und Ausführen der Entspannungsverfahren Zeit ein. Nur so können Sie maximal von dem Training profitieren. Die besten Resultate erzielen Sie, wenn Sie die Übungen täglich durchführen, aber auch bei 2–3 Trainingseinheiten pro Woche werden Sie bald wesentliche Verbesserungen feststellen.«

4.5.1 Atem-Entspannung

Die Atem-Entspannung könnte den PatientInnen folgendermaßen erläutert werden:

> »Ziel der Atem-Entspannung ist es, den eigenen Atem achtsam wahrzunehmen. Allein durch das Beobachten des Atems und die bewusste Konzentration auf die Atmung werden wir entspannter und ruhiger. Dies wiederum führt zu einer Verminderung von Stress und Anspannung. Wenn wir gestresst sind, atmen wir meist nur sehr oberflächlich ein und aus. Wenn wir hingegen entspannt sind, dann atmen wir nicht nur bewusster und langsamer, sondern auch viel tiefer – bis in den Bauch – ein und wieder aus. Durch eine solche tiefe Atmung wird der

gesamte Körper besser mit Sauerstoff versorgt. Wir fühlen uns dadurch wohler und entspannter.«

Die Atem-Entspannung sollte beim ersten Mal gemeinsam mit den PatientInnen in der Therapiesitzung durchgeführt werden. Dazu kann folgende Instruktion gegeben werden:

»Die Atem-Entspannungsübung kann im Sitzen oder Liegen durchgeführt werden. Es sollte die Position eingenommen werden, die Ihnen am meisten zusagt. Für Übungen außerhalb der Therapiesitzung sollte darauf geachtet werden, diese an einem angenehmen Ort durchzuführen. Es ist wichtig, dass Sie während der Übung nicht gestört werden. Sie sollten deshalb entsprechende Vorkehrungen treffen (z. B. Familienangehörige bitten, Sie nicht zu stören oder Telefon und Handy ausstellen oder stumm schalten).«

Zusätzlich sollte gemeinsam mit den PatientInnen eine Bauchatmungsübung durchgeführt werden.

Tipp

Schlagen Sie den PatientInnen vor, vor und nach dem Entspannungsverfahren auf einer Skala von 0–10 einzuschätzen, wie hoch die körperliche und psychische Anspannung ist. Durch den Vergleich der Werte vor und nach dem Entspannungstraining kann der Entspannungseffekt am besten vor Augen geführt werden.

Hinweis

Es sollten Vorschläge gemacht werden, wann und wie Atem-Entspannungsübungen am besten in den Alltag integriert werden können.

4.6 Hausaufgaben

Erinnern Sie die PatientInnen daran,

- regelmäßig zu üben: am besten täglich, mindestens aber 3–4 × pro Woche für je ca. 30 Minuten
- mit ansteigendem Schwierigkeitsgrad zu üben
- Zeiten zum Üben fest einzuplanen
- in Ruhe und ungestört zu üben

> **Hausaufgaben bis zur 5. Therapiesitzung**
>
> - Üben der Gegenbewegung für Tic 1, 2 und 3 mit zunehmendem Schwierigkeitsgrad
> - Veränderung der Einflussfaktoren für Tic 1, 2 und 3
> - Während der Übungen die Tics mit Hilfe des *Übungsblatts »Tic-Beobachtungsprotokoll«* dokumentieren (siehe Online-Zusatzmaterial)
> - Atem-Entspannung ca. 5 Minuten am Tag üben (mindestens 3–4 × pro Woche), besonders in oder vor den identifizierten stressvollen Situationen.

Erinnern Sie schließlich die PatientInnen daran, sich für das Üben mit etwas Angenehmem zu belohnen.

Sitzung 5

Überblick

5.1	Besprechung der Hausaufgaben	144
5.2	Motivationsaufbau	145
5.3	Wiederholung der Übungen für Tic 1, 2 und 3	145
5.4	Behandlung von Tic 4	145
	5.4.1 Strategien zur Veränderung der Einflussfaktoren	145
	5.4.2 Wahrnehmungstraining	146
	5.4.3 Gegenbewegung	146
5.5	Fortsetzung des Entspannungstrainings	148
	5.5.1 Atem-Entspannung	148
	5.5.2 Einführung in die progressive Muskelentspannung (PME)	148
5.6	Hausaufgaben	149

Materialien für die Sitzung

(siehe Online-Zusatzmaterial)

- Übungsblatt »Tic-Hierarchie«
- Übungsblatt »Störungs-Protokoll«
- Übungsblatt »Veränderung der Einflussfaktoren«
- Übungsblatt »Tics, Vorgefühl und Gegenbewegung«
- Übungsblatt »Tic-Beobachtungsprotokoll«

Ziel der Sitzung ist die Behandlung des 4. Tics aus der Hierarchie. Zusätzlich soll in dieser Sitzung als weiteres Entspannungsverfahren die progressive Muskelentspannung (PME) eingeführt werden. Diese Sitzung ist für eine Dauer von 45–60 Minuten konzipiert.

5.1 Besprechung der Hausaufgaben

Zu Beginn jeder Sitzung sollte besprochen werden, ob der Patient bzw. die Patientin ausreichend Gelegenheit hatte, die Hausaufgaben zu dieser Sitzung zu erledigen. Sollte dies einmal nicht der Fall gewesen sein, kann überlegt werden, den

PatientInnen zu Beginn der Sitzung noch einmal 10–15 Minuten Zeit zu lassen, in Ruhe zu üben. Nachfolgend sollte geklärt werden, ob es Schwierigkeiten beim Üben oder Erledigen der Hausaufgaben gab.

Es sollte stets geprüft werden, ob die Tic-Hierarchie noch aktuell ist. Hierzu kann *Übungsblatt »Tic-Hierarchie«* genutzt werden (siehe Online-Zusatzmaterial).

5.2 Motivationsaufbau

Um die Therapiemotivation aufrecht zu erhalten bzw. weiter zu fördern, sollten die PatientInnen explizit danach gefragt werden, was sie in der vergangenen Woche besonders an ihren Tics gestört hat. Dazu sollte ggf. auch das *Übungsblatt »Störungs-Protokoll«* (siehe Online-Zusatzmaterial) aktualisiert und nicht mehr relevante Störfaktoren gestrichen werden.

5.3 Wiederholung der Übungen für Tic 1, 2 und 3

In jeder Sitzung sollten zu Beginn alle Übungen für alle bisher bereits behandelten Tics zumindest kurz wiederholt werden inklusive Wahrnehmungstraining, Erkennen und Verändern der Einflussfaktoren und Competing Response Training. Schwierigkeiten einzelner Therapieschritte sollten thematisiert werden. Dies kann für jeden einzelnen Tic unterschiedlich sein.

Durch die Wiederholung aller Übungsschritte während der Therapiesitzungen kann geprüft werden, ob alle Elemente verstanden und korrekt ausgeführt wurden.

5.4 Behandlung von Tic 4

5.4.1 Strategien zur Veränderung der Einflussfaktoren

Vorausgehende und nachfolgende Einflussfaktoren für den Tic 4 werden – analog zu Tic 1 in Sitzung 2 – herausgearbeitet. Veränderungsstrategien werden besprochen. Machen Sie die PatientInnen darauf aufmerksam, dass für jeden Tic unterschiedliche Einflussfaktoren relevant sein können.

> **Zur Erinnerung**
>
> Einflussfaktoren auf Tics werden unterschieden in:
>
> - dem Tic zeitlich vorausgehende Einflussfaktoren
> - dem Tic zeitlich nachfolgende Einflussfaktoren
> - äußere, in der Umwelt liegende bzw. situativ bedingte Einflussfaktoren
> - innere, d.h. in der Person selbst liegende Einflussfaktoren
>
> Einflussfaktoren können durch verschiedene Strategien verändert werden:
>
> - Stress reduzieren
> - negative Einflussfaktoren verringern
> - positive Einflussfaktoren stärken

Zur Identifikation und Veränderung der Einflussfaktoren auf Tic 4 kann das *Übungsblatt »Veränderung der Einflussfaktoren«* (siehe Online-Zusatzmaterial) genutzt werden.

5.4.2 Wahrnehmungstraining

Das Wahrnehmungstraining erfolgt analog zum Training für Tic 1 in Sitzung 2.

> **Zur Erinnerung**
>
> Das Wahrnehmungstraining setzt sich aus folgenden Schritten zusammen:
>
> - Wahrnehmung und Beschreibung des genauen Ablaufs – und besonders des Beginns – von Tic 4
> - Wahrnehmung und Beschreibung des Tic 4 vorangehenden Vorgefühls
> - Im Laufe des Trainings kann für jeden einzelnen Tic das Vorgefühl im *Übungsblatt »Tics, Vorgefühl und Gegenbewegung«* eingetragen werden.

5.4.3 Gegenbewegung

Auswahl und Übung der Gegenbewegung erfolgen analog zu Sitzung 2.

> **Zur Erinnerung**
>
> Wenn das Competing Response Training für 2 bis 3 Tics gut klappt, kann auch mit der Behandlung eines Augen-Tics begonnen werden. Zu den Augen-Tics zählen Augenblinzeln, Augenverdrehen, Augenbrauen hochziehen, Augenbrauen runzeln und mit den Augen stieren (»starrer Blick«). Augen-Tics sind

häufig schwieriger zu behandeln als andere Tics, da sie durch sehr feine Muskeln hervorgerufen werden und meist sehr rasch ablaufen. Die Behandlung unterscheidet sich nicht grundlegend von der Therapie anderer motorischer Tics. Den PatientInnen sollten allerdings konkrete Vorschläge für Gegenbewegungen der Augen-Tics angeboten werden. Oft führen Augen-Tics nicht zu einer bedeutsamen Beeinträchtigung und müssen nicht behandelt werden.

Zur Erinnerung

Eine Gegenbewegung sollte folgende Kriterien erfüllen:

- individuelle Passung für jeden einzelnen Tic
- Inkompatibilität mit dem Tic
- gegen den Tic-Beginn gerichtet
- Ausführung so früh wie möglich
- Ausführung für eine ausreichende Dauer
- Automatisierung der Bewegung durch Üben

Verschiedene Varianten von Gegenbewegungen können jeweils für einen Tic vorgeschlagen werden:

- inkompatible Bewegung
- abgeschwächte Bewegung
- Teilbewegung
- andere Bewegung, völlig unabhängig vom Tic
- Zusatzbewegung, mit der ein Tic »verdeckt« wird (etwa Verbergen eines sehr auffälliges Mundverziehen durch eine Handbewegung zum Mund)
- Integrieren des Tics in eine Willkürbewegung (etwa Integrieren eines Tics mit einem Tippen der Hand gegen die Stirn in eine Willkürbewegung mit einem Zurechtrücken der Brille oder einem Streichen mit der Hand über die Haare)
- Umlenken (etwa eines Armruck-Tics in ein Rumpfzucken)

Zahlreiche weitere konkrete Vorschläge für Gegenbewegungen können im *Beispielblatt »Gegenbewegungen für Tics«* nachgeschlagen werden. Sobald für einen speziellen Tic eine passende Gegenbewegung gefunden wurde, sollte diese im *Übungsblatt »Vorgefühl und Gegenbewegung«* notiert werden (jeweils siehe Online-Zusatzmaterial).

5.5 Fortsetzung des Entspannungstrainings

5.5.1 Atem-Entspannung

Sie sollten mit den PatientInnen besprechen, wie erfolgreich die Atem-Entspannung in der vergangenen Woche geübt werden konnte. Je nach Erfolg sollte angeboten werden, noch einmal gemeinsam in der Therapiesitzung eine Atem-Entspannungsübung durchzuführen.

> **Hinweis**
>
> PatientInnen berichten zuweilen, dass sie den Eindruck haben, während des Entspannungstrainings stärker zu ticcen. Sie sollten die PatientInnen dann beruhigen und darauf hinweisen, dass es gerade zu Beginn des Entspannungstrainings nicht ungewöhnlich ist, dass die Tics etwas zunehmen. Dies liegt zumeist daran, dass die Situation für die PatientInnen neu und ungewohnt ist und Ungewohntes führt häufig zu einer Zunahme der Tics. Meist bessert sich dies rasch. Es könnte aber auch sein, dass sich die Tics gar nicht verstärkt haben, sondern sich lediglich die Wahrnehmung für die Tics verändert hat und die Tics jetzt stärker wahrgenommen werden als zuvor.

5.5.2 Einführung in die progressive Muskelentspannung (PME)

Zusätzlich wird in dieser Sitzung die progressive Muskelentspannung (PME) eingeführt. Die PME ist deswegen besonders gut für PatientInnen mit Tics geeignet, weil sie eine Entspannungstechnik darstellt, bei der verschiedene Muskelgruppen des Körpers zunächst aktiv angespannt und danach bewusst wieder entspannt werden und das Anspannen von Muskels auch ein Grundprinzip bei der Entstehung von Tics ist. Ziel der PME ist es, durch die Wahrnehmung des Unterschieds zwischen Anspannung und Entspannung gezielt eine Entspannung in den zuvor angespannten Muskeln herbeizuführen. Dies wiederum führt zu einer Verminderung des Anspannungsniveaus im Körper insgesamt und kann dadurch dazu beitragen, die Tics zu vermindern.

Hinweise zur Durchführung der Übung

- PME kann – je nach individueller Vorliebe – im Sitzen oder Liegen durchgeführt werden.
- Da die Durchführung der PME den meisten PatientInnen im Liegen leichter gelingt, empfiehlt sich in der Regel, zu Beginn erst einmal im Liegen zu üben.
- Wird die PME im Liegen gut beherrscht, sollte sie nachfolgend auch im Sitzen eingesetzt werden, da sie so leichter in den Alltag integriert werden kann.

- Vor als auch nach dem Entspannungsverfahren sollten die PatientInnen auf einer Skala von 0–10 notieren, wie hoch ihre innere (körperliche und psychische) Anspannung vor bzw. nach der Übung ist, um so den Entspannungseffekt festzustellen.
- Die jeweiligen Muskeln sollen etwa 5 bis 7 Sekunden angespannt werden. Die nachfolgende Entspannung soll 20 bis 30 Sekunden andauern.

> **Hinweis**
>
> Es sollten zwei konkrete Situationen besprochen werden, in denen die PME im Alltag geübt werden kann.

5.6 Hausaufgaben

Erinnern Sie die PatientInnen daran,

- regelmäßig zu üben: am besten täglich, mindestens aber 3–4 x pro Woche für je ca. 30 Minuten
- mit ansteigendem Schwierigkeitsgrad zu üben
- Zeiten zum Üben fest einzuplanen
- in Ruhe und ungestört zu üben

> **Hausaufgaben bis zur 6. Therapiesitzung**
>
> - Üben der Gegenbewegung für Tic 1, 2, 3 und 4 mit zunehmendem Schwierigkeitsgrad
> - Veränderung der Einflussfaktoren für Tic 1, 2, 3 und 4
> - Während der Übungen die Tics mit Hilfe eines *Übungsblattes »Tic-Beobachtungsprotokoll«* dokumentieren (siehe Online-Zusatzmaterial)
> - Atem-Entspannung und Progressive Muskelentspannung ca. 5 Minuten am Tag üben (mindestens 3–4 Mal die Woche) – besonders in oder vor den zuvor als stressvoll identifizierten Situationen.

Erinnern Sie schließlich die PatientInnen daran, sich für das Üben mit etwas Angenehmem zu belohnen.

Sitzung 6

Überblick

6.1	Besprechung der Hausaufgaben	150
6.2	Motivationsaufbau	151
6.3	Wiederholung der Übung für Tic 1, 2, 3 und 4	151
6.4	Wiederholung der Entspannungsübungen	151
6.5	Behandlung von Tic 5	152
	6.5.1 Strategien zur Veränderung der Einflussfaktoren	152
	6.5.2 Wahrnehmungstraining	152
	6.5.3 Gegenbewegung	153
6.6	Hausaufgaben	154

Materialien für die Sitzung

(siehe Online-Zusatzmaterial)

- Übungsblatt »Tic-Hierarchie«
- Übungsblatt »Störungs-Protokoll«
- Übungsblatt »Veränderung der Einflussfaktoren«
- Übungsblatt »Gegenbewegungen für Tics«
- Übungsblatt »Tics, Vorgefühl und Gegenbewegung«
- Übungsblatt »Tic-Beobachtungsprotokoll«

Ziel der Sitzung ist die Behandlung des 5. Tics aus der Hierarchie. Diese Sitzung ist für eine Dauer von 45–60 Minuten konzipiert.

6.1 Besprechung der Hausaufgaben

Zu Beginn jeder Sitzung sollte besprochen werden, ob die PatientInnen ausreichend Gelegenheit hatten, die Hausaufgaben zu dieser Sitzung zu erledigen. Sollte dies einmal nicht der Fall gewesen sein, kann überlegt werden, den PatientInnen zu Beginn der Sitzung noch einmal 10–15 Minuten Zeit zu lassen, in Ruhe zu üben. Nachfolgend sollte geklärt werden, ob es Schwierigkeiten beim Üben oder Erledigen der Hausaufgaben gab.

Es sollte stets geprüft werden, ob die Tic-Hierarchie noch aktuell ist. Hierzu kann das *Übungsblatt »Tic-Hierarchie«* (siehe Online-Zusatzmaterial) genutzt und ggf. aktualisiert werden.

6.2 Motivationsaufbau

Um die Therapiemotivation aufrecht zu erhalten bzw. weiter zu fördern, sollten die PatientInnen explizit danach gefragt werden, was sie in der vergangenen Woche besonders an ihren Tics gestört hat. Dazu sollten ggf. auch das *Übungsblatt »Störungs-Protokoll«* (siehe Online-Zusatzmaterial) aktualisiert und nicht mehr relevante Störfaktoren gestrichen werden.

6.3 Wiederholung der Übung für Tic 1, 2, 3 und 4

In jeder Sitzung sollten zu Beginn alle Übungen für alle bisher bereits behandelten Tics zumindest kurz wiederholt werden inklusive Wahrnehmungstraining, Erkennen und Verändern der Einflussfaktoren und Competing Response Training. Schwierigkeiten einzelner Therapieschritte sollten thematisiert werden. Dies kann für jeden einzelnen Tic unterschiedlich sein.

Durch die Wiederholung aller Übungsschritte während der Therapiesitzungen kann geprüft werden, ob alle Elemente verstanden und korrekt ausgeführt wurden.

6.4 Wiederholung der Entspannungsübungen

Mögliche Schwierigkeiten bei der Umsetzung der Entspannungsübungen sollten erkannt und beseitigt werden. Zudem sollte mit den PatientInnen besprochen werden, wie sie die Übungen am besten für sich nutzen und in den Alltag integrieren können. Je nach Bedarf können Entspannungsübungen in der Sitzung wiederholt und angeleitet werden.

> **Hinweis**
>
> Den PatientInnen sollten Hilfestellungen gegeben werden, wann welche Entspannungsübung (Atem-Entspannung versus PME) bevorzugt eingesetzt werden sollte.

6.5 Behandlung von Tic 5

6.5.1 Strategien zur Veränderung der Einflussfaktoren

Vorausgehende und nachfolgende Einflussfaktoren für den Tic 5 werden – analog zu Tic 1 in Sitzung 2 – herausgearbeitet. Veränderungsstrategien werden besprochen. Machen Sie die PatientInnen darauf aufmerksam, dass für jeden Tic unterschiedliche Einflussfaktoren relevant sein können.

> **Zur Erinnerung**
>
> Einflussfaktoren auf Tics werden unterschieden in:
>
> - dem Tic zeitlich vorausgehende Einflussfaktoren
> - dem Tic zeitlich nachfolgende Einflussfaktoren
> - äußere, in der Umwelt liegende bzw. situativ bedingte Einflussfaktoren
> - innere, d. h. in der Person selbst liegende Einflussfaktoren
>
> Einflussfaktoren können durch verschiedene Strategien verändert werden:
>
> - Stress reduzieren
> - negative Einflussfaktoren verringern
> - positive Einflussfaktoren stärken

Zur Identifikation und Veränderung der Einflussfaktoren auf Tic 5 kann das Übungsblatt »Veränderung der Einflussfaktoren« genutzt werden (siehe Online-Zusatzmaterial).

6.5.2 Wahrnehmungstraining

Das Wahrnehmungstraining erfolgt analog zum Training für Tic 1 in Sitzung 2.

> **Zur Erinnerung**
>
> Das Wahrnehmungstraining setzt sich aus folgenden Schritten zusammen:
>
> 1. Wahrnehmung und Beschreibung des genauen Ablaufs – und besonders des Beginns – von Tic 5
> 2. Wahrnehmung und Beschreibung des Tic 5 vorangehenden Vorgefühls
> 3. Im Laufe des Trainings kann für jeden einzelnen Tic das Vorgefühl im *Übungsblatt »Tics, Vorgefühl und Gegenbewegung«* eingetragen werden (siehe Online-Zusatzmaterial).

6.5.3 Gegenbewegung

Auswahl und Übung der Gegenbewegung erfolgen analog zu Sitzung 2.

> **Zur Erinnerung**
>
> Eine Gegenbewegung sollte folgende Kriterien erfüllen:
>
> - Individuelle Passung für jeden einzelnen Tic
> - Inkompatibilität mit dem Tic
> - Gegen den Tic-Beginn gerichtet
> - Ausführung so früh wie möglich
> - Ausführung für eine ausreichende Dauer
> - Automatisierung der Bewegung durch Üben
>
> Folgende Varianten der Gegenbewegungen können versucht werden:
>
> - Inkompatible Bewegung
> - Abgeschwächte Bewegung
> - Teilbewegung
> - Andere Bewegung, völlig unabhängig vom Tic
> - Zusatzbewegung, mit der ein Tic »verdeckt« wird
> - Integrieren des Tics in eine Willkürbewegung
> - Umlenken

Zahlreiche weitere konkrete Vorschläge für Gegenbewegungen können im *Beispielblatt »Gegenbewegungen für Tics«* nachgeschlagen werden. Sobald für einen speziellen Tic eine passende Gegenbewegung gefunden wurde, sollte diese im *Übungsblatt »Vorgefühl und Gegenbewegung«* notiert werden (jeweils siehe Online-Zusatzmaterial).

> **Hinweis: Finden einer Gegenbewegung bei Koprolalie**
>
> Koprolalie bedeutet, dass der Drang besteht, obszöne oder andere sozial unpassende Wörter auszurufen. Besonders häufig kommt es zum Ausrufen von Wörtern wie »shit«, »fuck«, »ficken« »Scheiße«, »Arschloch« und »Titten«. Theoretisch können hier all jene Techniken angewandt werden, die bereits für vokale Tics beschrieben wurden. Viele PatientInnen können ihre Koprolalie besonders dadurch wirkungsvoll vermindern, dass sie lediglich den Anfangsbuchstaben aussprechen, also »f« statt »ficken« oder »sch« statt »shit«. Anhand dieser Buchstaben erkennt keine andere Person mehr, dass sich dahinter eine Koprolalie verbirgt.
>
> Zusätzlich sollten sich die PatientInnen bewusst machen, in welchen Situationen und in Gegenwart welcher Personen die Koprolalie besonders häufig auftritt. Bei sehr vielen PatientInnen tritt die Koprolalie nur in bestimmten Situationen auf. Daher kann auch die Veränderung von Einflussfaktoren zu einer deutlichen Verminderung der Koprolalie beitragen.

6.6 Hausaufgaben

Die PatientInnen sollten daran erinnert werden, dass die nächste Sitzung erst in zwei Wochen folgen wird. Nach einer Woche sollte jedoch telefonisch mit dem PatientInnen Kontakt aufgenommen werden, um mögliche Probleme mit den Hausaufgaben zu klären und sich nach den Fortschritten zu erkundigen.

Erinnern Sie die PatientInnen daran

- regelmäßig zu üben: am besten täglich, mindestens aber 3–4-mal pro Woche für je ca. 30 Minuten
- mit ansteigendem Schwierigkeitsgrad zu üben
- Zeiten zum Üben fest einzuplanen
- in Ruhe und ungestört zu üben

Hausaufgaben bis zur 7. Therapiesitzung

- Üben der Gegenbewegung für Tic 1, 2, 3, 4 und 5 mit zunehmendem Schwierigkeitsgrad
- Veränderung der Einflussfaktoren für Tic 1, 2, 3, 4 und 5
- Während der Übungen die Tics mit Hilfe eines *Übungsblattes »Tic-Beobachtungsprotokoll«* dokumentieren (siehe Online-Zusatzmaterial)

- Atem-Entspannung und progressive Muskelentspannung ca. 5 Minuten am Tag üben (mindestens 3–4 Mal die Woche), besonders in oder vor den zuvor als stressvoll identifizierten Situationen.

Erinnern Sie schließlich die PatientInnen daran, sich für das Üben mit etwas Angenehmem zu belohnen.

Sitzung 7

Überblick

7.1	Besprechung der Hausaufgaben	156
7.2	Motivationsaufbau	157
7.3	Wiederholung der Übung für Tic 1, 2, 3, 4 und 5	157
7.4	Wiederholung der Entspannungsübungen	157
7.5	Behandlung von Tic 6	158
	7.5.1 Strategien zur Veränderung der Einflussfaktoren	158
	7.5.2 Wahrnehmungstraining	158
	7.5.3 Gegenbewegung	159
7.6	Strategien zur Verringerung eines Rückfalls – Teil 1	159
7.7	Hausaufgaben	160

Materialien für die Sitzung

(siehe Online-Zusatzmaterial)

- Übungsblatt »Tic-Hierarchie«
- Übungsblatt »Störungs-Protokoll«
- Übungsblatt »Veränderung der Einflussfaktoren«
- Übungsblatt »Tics, Vorgefühl und Gegenbewegung«
- Beispielblatt »Gegenbewegungen für Tics«
- Übungsblatt »Tics, Vorgefühl und Gegenbewegung«
- Übungsblatt »Tic-Beobachtungsprotokoll«

Ziel der Sitzung ist die Behandlung des 6. Tics aus der Tic-Hierarchie. Zudem werden in dieser Sitzung verschiedene Rückfallstrategien besprochen. Diese Sitzung ist für eine Dauer von 45–60 Minuten konzipiert.

7.1 Besprechung der Hausaufgaben

Zu Beginn jeder Sitzung sollte besprochen werden, ob die PatientInnen ausreichend Gelegenheit hatten, die Hausaufgaben zu dieser Sitzung zu erledigen. Sollte dies einmal nicht der Fall gewesen sein, kann überlegt werden, den PatientInnen zu

Beginn der Sitzung noch einmal 10–15 Minuten Zeit zu lassen, in Ruhe zu üben. Nachfolgend sollte geklärt werden, ob es Schwierigkeiten beim Üben oder Erledigen der Hausaufgaben gab.

Es sollte stets geprüft werden, ob die Tic-Hierarchie noch aktuell ist. Hierzu kann das *Übungsblatt »Tic-Hierarchie«* genutzt und ggf. aktualisiert werden (siehe Online-Zusatzmaterial).

7.2 Motivationsaufbau

Um die Therapiemotivation aufrecht zu erhalten bzw. weiter zu fördern, sollten die PatientInnen explizit danach gefragt werden, was ihnen in der vergangenen Woche besonders an ihren Tics gestört hat. Dazu sollte ggf. auch das *Übungsblatt »Störungs-Protokoll«* aktualisiert und nicht mehr relevante Störfaktoren gestrichen werden (siehe Online-Zusatzmaterial).

7.3 Wiederholung der Übung für Tic 1, 2, 3, 4 und 5

In jeder Sitzung sollten zu Beginn alle Übungen für alle bisher bereits behandelten Tics zumindest kurz wiederholt werden inklusive Wahrnehmungstraining, Erkennen und Verändern der Einflussfaktoren und Competing Response Training. Schwierigkeiten einzelner Therapieschritte sollten thematisiert werden. Dies kann für jeden einzelnen Tic unterschiedlich sein.

Durch die Wiederholung aller Übungsschritte während der Therapiesitzungen kann geprüft werden, ob alle Elemente verstanden und korrekt ausgeführt wurden.

7.4 Wiederholung der Entspannungsübungen

Mögliche Schwierigkeiten bei der Umsetzung der Entspannungsübungen sollten geklärt werden. Mit den PatientInnen sollte besprochen werden, wie sie die Übungen am besten für sich nutzen können. Nach Bedarf können Entspannungsübungen in der Sitzung angeleitet werden.

7.5 Behandlung von Tic 6

7.5.1 Strategien zur Veränderung der Einflussfaktoren

Vorausgehende und nachfolgende Einflussfaktoren für den Tic 6 werden – analog zu Tic 1 in Sitzung 2 – herausgearbeitet. Veränderungsstrategien werden besprochen. Machen Sie die PatientInnen darauf aufmerksam, dass für jeden Tic unterschiedliche Einflussfaktoren relevant sein können.

> **Zur Erinnerung**
>
> Einflussfaktoren auf Tics werden unterschieden in:
>
> - dem Tic zeitlich vorausgehende Einflussfaktoren
> - dem Tic zeitlich nachfolgende Einflussfaktoren
> - äußere, in der Umwelt liegende bzw. situativ bedingte Einflussfaktoren
> - innere, d. h. in der Person selbst liegende Einflussfaktoren
>
> Einflussfaktoren können durch verschiedene Strategien verändert werden:
>
> - Stress reduzieren
> - negative Einflussfaktoren verringern
> - positive Einflussfaktoren stärken

Zur Identifikation und Veränderung der Einflussfaktoren auf Tic 6 kann das *Übungsblatt »Veränderung der Einflussfaktoren«* genutzt werden (siehe Online-Zusatzmaterial).

7.5.2 Wahrnehmungstraining

Das Wahrnehmungstraining erfolgt analog zum Training für Tic 1 in Sitzung 2.

> **Zur Erinnerung**
>
> Das Wahrnehmungstraining setzt sich aus folgenden Schritten zusammen:
>
> 1. Wahrnehmung und Beschreibung des genauen Ablaufs – und besonders des Beginns – von Tic 6
> 2. Wahrnehmung und Beschreibung des Tic 6 vorangehenden Vorgefühls
> 3. Im Laufe des Trainings kann für jeden einzelnen Tic das Vorgefühl im *Übungsblatt »Tics, Vorgefühl und Gegenbewegung«* eingetragen werden (siehe Online-Zusatzmaterial).

7.5.3 Gegenbewegung

Auswahl und Übung der Gegenbewegung erfolgen analog zu Sitzung 2.

> **Zur Erinnerung**
>
> Eine Gegenbewegung sollte folgende Kriterien erfüllen:
>
> - Individuelle Passung für jeden einzelnen Tic
> - Inkompatibilität mit dem Tic
> - Gegen den Tic-Beginn gerichtet
> - Ausführung so früh wie möglich
> - Ausführung für eine ausreichende Dauer
> - Automatisierung der Bewegung durch Üben
>
> Folgende Varianten der Gegenbewegungen können versucht werden:
>
> - Inkompatible Bewegung
> - Abgeschwächte Bewegung
> - Teilbewegung
> - Andere Bewegung, völlig unabhängig vom Tic
> - Zusatzbewegung, mit der ein Tic »verdeckt« wird
> - Integrieren des Tics in eine Willkürbewegung
> - Umlenken

Zahlreiche weitere konkrete Vorschläge für Gegenbewegungen können im *Beispielblatt »Gegenbewegungen für Tics«* nachgeschlagen werden. Sobald für einen speziellen Tic eine passende Gegenbewegung gefunden wurde, sollte diese im *Übungsblatt »Vorgefühl und Gegenbewegung«* notiert werden (jeweils siehe Online-Zusatzmaterial).

7.6 Strategien zur Verringerung eines Rückfalls – Teil 1

Auch wenn das HRT oft zu einer relevanten und deutlichen Verminderung der Tics führt, so ist das Tourette-Syndrom doch eine chronisch verlaufende Erkrankung. Daher können nicht nur neue Tics spontan hinzutreten und andere zurückgehen, sondern auch die Stärke und Häufigkeit einzelner Tics stark schwanken.

Die PatientInnen sollten wissen, dass sie durch regelmäßiges weiteres Üben den Behandlungserfolg auch nach Ende der Therapiesitzungen noch weiter verbessern bzw. einem Nachlassen des Behandlungserfolgs entgegenwirken können.

Sie sollten die PatientInnen daher am Ende der Therapie zu folgenden Strategien zur Aufrechterhaltung des Behandlungserfolges ermutigen:

- Die bereits im Rahmen der Therapie behandelten Tics sollten weiter regelmäßig geübt werden.
- Beim Auftreten neuer Tics oder einer Veränderung oder Verstärkung bestehender Tics kann das Training selbstständig für den betreffenden Tic durchgeführt werden. Auch nach Ende der Therapie sollten die PatientInnen »Schritt für Schritt« vorgehen – so wie es auch während der Therapiesitzungen erfolgte – und nicht versuchen, alle Therapieschritte »auf einmal« zu bewältigen.
- Bei einer allgemeinen Zunahme der Tics sollten die PatientInnen prüfen, ob sich vielleicht bestimmte Einflussfaktoren anders oder stärker auf die Tics auswirken und ggf. beeinflusst werden können.

> **Hinweis**
>
> Langzeitstudien zum weiteren Verlauf der Tics nach Abschluss des Habit Reversal Trainings haben gezeigt, dass der Behandlungseffekt auch viele Monate nach Ende der Therapiesitzungen anhält.

7.7 Hausaufgaben

Die PatientInnen sollten daran erinnert werden, dass die nächste Sitzung erst in zwei Wochen folgen wird. Nach einer Woche sollte jedoch telefonisch mit den PatientInnen Kontakt aufgenommen werden, um mögliche Probleme mit den Hausaufgaben zu klären und sich nach den Fortschritten zu erkundigen.

Erinnern Sie die PatientInnen daran,

- regelmäßig zu üben: am besten täglich, mindestens aber 3–4 Mal pro Woche für je ca. 30 Minuten
- mit ansteigendem Schwierigkeitsgrad zu üben
- Zeiten zum Üben fest einzuplanen
- in Ruhe und ungestört zu üben

> **Hausaufgaben bis zur 8. Therapiesitzung**
>
> - Üben der Gegenbewegung für Tic 1, 2, 3, 4, 5 und 6 mit zunehmendem Schwierigkeitsgrad
> - Veränderung der Einflussfaktoren für Tic 1, 2, 3, 4, 5 und 6

- Während der Übungen die Tics mit Hilfe eines *Übungsblattes »Tic-Beobachtungsprotokoll«* dokumentieren (siehe Online-Zusatzmaterial)
- Atem-Entspannung und progressive Muskelentspannung ca. 5 Minuten am Tag üben (mindestens 3–4 Mal die Woche), besonders in oder vor den zuvor als stressvoll identifizierten Situationen.

Erinnern Sie schließlich die PatientInnen daran, sich für das Üben mit etwas Angenehmem zu belohnen.

Sitzung 8

> **Überblick**
>
> 8.1 Besprechung der Hausaufgaben 162
> 8.2 Motivationsaufbau 163
> 8.3 Wiederholung der Übung für Tic 1, 2, 3, 4, 5 und 6 163
> 8.4 Wiederholung der Entspannungsübungen 163
> 8.5 Behandlung von Tic 7 164
>   8.5.1 Strategien zur Veränderung der Einflussfaktoren 164
>   8.5.2 Wahrnehmungstraining 164
>   8.5.3 Gegenbewegung 165
> 8.6 Strategien zur Verringerung eines Rückfalls – Teil 2 165
> 8.7 Ende der Therapie 166

> **Materialien für die Sitzung**
>
> (siehe Online-Zusatzmaterial)
>
> - Übungsblatt »Tic-Hierarchie«
> - Übungsblatt »Störungs-Protokoll«
> - Übungsblatt »Veränderung der Einflussfaktoren«
> - Übungsblatt »Tics, Vorgefühl und Gegenbewegung«
> - Beispielblatt »Gegenbewegungen für Tics«
> - Übungsblatt »Vorgefühl und Gegenbewegung«

Ziel der Sitzung ist die Behandlung des 7. Tics aus der Hierarchie. Zudem sollen weitere Rückfallpräventionsstrategien besprochen werden. Diese Sitzung ist für eine Dauer von 45–60 Minuten konzipiert.

8.1 Besprechung der Hausaufgaben

Zu Beginn jeder Sitzung sollte besprochen werden, ob die PatientInnen ausreichend Gelegenheit hatten, die Hausaufgaben zu dieser Sitzung zu erledigen. Sollte dies einmal nicht der Fall gewesen sein, kann überlegt werden, den PatientInnen zu Beginn der Sitzung noch einmal 10–15 Minuten Zeit zu lassen, in Ruhe zu üben.

Nachfolgend sollte geklärt werden, ob es Schwierigkeiten beim Üben oder Erledigen der Hausaufgaben gab.

Es sollte stets geprüft werden, ob die Tic-Hierarchie noch aktuell ist. Hierzu kann das *Übungsblatt »Tic-Hierarchie«* genutzt und ggf. aktualisiert werden (siehe Online-Zusatzmaterial).

8.2 Motivationsaufbau

Um die Therapiemotivation aufrecht zu erhalten bzw. weiter zu fördern, sollten die PatientInnen explizit danach gefragt werden, was sie in der vergangenen Woche besonders an ihren Tics gestört hat. Dazu sollte ggf. auch das *Übungsblatt »Störungs-Protokoll«* aktualisiert und nicht mehr relevante Störfaktoren gestrichen werden (siehe Online-Zusatzmaterial).

8.3 Wiederholung der Übung für Tic 1, 2, 3, 4, 5 und 6

In jeder Sitzung sollten zu Beginn alle Übungen für alle bisher bereits behandelten Tics zumindest kurz wiederholt werden inklusive Wahrnehmungstraining, Erkennen und Verändern der Einflussfaktoren und Competing Response Training. Schwierigkeiten einzelner Therapieschritte sollten thematisiert werden. Dies kann für jeden einzelnen Tic unterschiedlich sein.

Durch die Wiederholung aller Übungsschritte während der Therapiesitzungen kann geprüft werden, ob alle Elemente verstanden und korrekt ausgeführt wurden.

8.4 Wiederholung der Entspannungsübungen

Mögliche Schwierigkeiten bei der Umsetzung der Entspannungsübungen sollten geklärt werden. Mit den PatientInnen sollte besprechen werden, wie sie die Übungen am besten für sich nutzen können. Nach Bedarf können Entspannungsübungen in der Sitzung angeleitet werden.

8.5 Behandlung von Tic 7

8.5.1 Strategien zur Veränderung der Einflussfaktoren

Vorausgehende und nachfolgende Einflussfaktoren für den Tic 7 werden – analog zu Tic 1 in Sitzung 2 – herausgearbeitet. Veränderungsstrategien werden besprochen. Machen Sie die PatientInnen darauf aufmerksam, dass für jeden Tic unterschiedliche Einflussfaktoren relevant sein können.

> **Zur Erinnerung**
>
> Einflussfaktoren auf Tics werden unterschieden in:
>
> - dem Tic zeitlich vorausgehende Einflussfaktoren
> - dem Tic zeitlich nachfolgende Einflussfaktoren
> - äußere, in der Umwelt liegende bzw. situativ bedingte Einflussfaktoren
> - innere, d. h. in der Person selbst liegende Einflussfaktoren
>
> Einflussfaktoren können durch verschiedene Strategien verändert werden:
>
> - Stress reduzieren
> - negative Einflussfaktoren verringern
> - positive Einflussfaktoren stärken

Zur Identifikation und Veränderung der Einflussfaktoren auf Tic 7 kann das *Übungsblatt »Veränderung der Einflussfaktoren«* genutzt werden (siehe Online-Zusatzmaterial).

8.5.2 Wahrnehmungstraining

Das Wahrnehmungstraining erfolgt analog zum Training für Tic 1 in Sitzung 2.

> **Zur Erinnerung**
>
> Das Wahrnehmungstraining setzt sich aus folgenden Schritten zusammen:
>
> - Wahrnehmung und Beschreibung des genauen Ablaufs – und besonders des Beginns – von Tic 7
> - Wahrnehmung und Beschreibung des Tic 7 vorangehenden Vorgefühls
> - Im Laufe des Trainings kann für jeden einzelnen Tic das Vorgefühl im *Übungsblatt »Tics, Vorgefühl und Gegenbewegung«* eingetragen werden (siehe Online-Zusatzmaterial).

8.5.3 Gegenbewegung

Auswahl und Übung der Gegenbewegung erfolgen analog zu Sitzung 2.

> **Zur Erinnerung**
>
> Eine Gegenbewegung sollte folgende Kriterien erfüllen:
>
> - Individuelle Passung für jeden einzelnen Tic
> - Inkompatibilität mit dem Tic
> - Gegen den Tic-Beginn gerichtet
> - Ausführung so früh wie möglich
> - Ausführung für eine ausreichende Dauer
> - Automatisierung der Bewegung durch Üben
>
> Folgende Varianten der Gegenbewegungen können versucht werden:
>
> - Inkompatible Bewegung
> - Abgeschwächte Bewegung
> - Teilbewegung
> - Andere Bewegung, völlig unabhängig vom Tic
> - Zusatzbewegung, mit der ein Tic »verdeckt« wird
> - Integrieren des Tics in eine Willkürbewegung
> - Umlenken

Zahlreiche weitere konkrete Vorschläge für Gegenbewegungen können im *Beispielblatt »Gegenbewegungen für Tics«* nachgeschlagen werden. Sobald für einen speziellen Tic eine passende Gegenbewegung gefunden wurde, sollte diese im *Übungsblatt »Vorgefühl und Gegenbewegung«* notiert werden (siehe Online-Zusatzmaterial).

8.6 Strategien zur Verringerung eines Rückfalls – Teil 2

Nehmen Sie sich zum Ende der Therapie ausreichend Zeit, mit den PatientInnen über die Rückfallprophylaxe zu sprechen. Wiederholen Sie dazu die Rückfallstrategien aus der letzten Sitzung. Darüber hinaus können Sie folgende weitere Strategien ansprechen:

- Für eine erfolgreiche Rückfallprävention ist es wichtig, die Tic-Schwere im Auge zu behalten.

- Fordern Sie die PatientInnen auf, an Schutzfaktoren und Ressourcenaktivierung zu denken.
- Die Entspannungsübungen sollten weiterhin regelmäßig angewendet werden.
- Erinnern Sie die PatientInnen daran, sich regelmäßig für die Durchführung des Habit Reversal Trainings zu belohnen.

8.7 Ende der Therapie

In der letzten Therapiesitzung sollten Sie die erzielten Erfolge und Fortschritte im Verlauf der Therapie mit den PatientInnen besprechen, etwa:

- Welche Tics wurden mit welchem Erfolg behandelt?
- Gibt es etwas, dass die PatientInnen jetzt machen können, wozu sie vor Therapiebeginn nicht in der Lage waren oder sich dies nicht zugetraut haben?
- Welche weiteren Gedanken und Gefühle verbinden die PatientInnen mit dem Ende der Therapie?
- Es sollte auch zur Sprache kommen, was durch die Therapie nicht erreicht werden konnte. Gemeinsam mit den PatientInnen sollte nach Lösungsansätzen gesucht werden.
- Besprechen Sie mit den PatientInnen, welche weiteren Therapiemöglichkeiten nach Ende der Therapie bestehen, etwa:
  - Selbstständige weitere Tic-Behandlung mit den erlernten Methoden des HRT
  - Nutzung der optionalen Auffrischungssitzungen für die Behandlungen weiterer Tics und Festigung des Gelernten
  - Verhaltenstherapie der Tics alternativ mit Exposure and Response Prevention (ERP)
  - Zusätzliche Pharmakotherapie der Tics
  - Psychotherapie oder medikamentöse Behandlung komorbider Erkrankungen

9 Auffrischungssitzungen (optional)

> **Überblick**
>
> - Monatsrückblick und Aktualisierung der Tic-Hierarchie
> - Motivationsaufbau
> - Wiederholung der Übungen aller Tics
> - Wiederholung von Rückfallpräventionsstrategien
>
> Optionale Auffrischungssitzungen können in den ersten drei Monaten nach Beendigung der Therapie jeweils einmal pro Monat angeboten werden. Ziel der Sitzungen ist die Rückfallprävention und ggf. Vertiefung des bereits Erlernten. Die Sitzungen sind für eine Dauer von jeweils 45–60 Minuten konzipiert.

9.1 Monatsrückblick und Aktualisierung der Tic-Hierarchie

Zunächst sollten die PatientInnen nach dem Verlauf des vergangenen Monats befragt werden. Die PatientInnen sollten von der aktuellen Belastung durch die Tics, aber auch positiven Ereignissen erzählen. Als Nächstes sollte das *Übungsblatt »Tic-Hierarchie«* aktualisiert werden (siehe Online-Zusatzmaterial). Aufgrund der typischen spontanen Fluktuationen von Tics können im Verlauf eines Monats durchaus deutliche Veränderungen der Tics eintreten.

9.2 Motivationsaufbau

Um die Therapiemotivation aufrecht zu erhalten bzw. weiter zu fördern, sollten die PatientInnen explizit danach gefragt werden, was sie im vergangenen Monat besonders an ihren Tics gestört hat. Dazu sollte ggf. auch das *Übungsblatt »Störungs-*

Protokoll« (siehe Online-Zusatzmaterial) aktualisiert und nicht mehr relevante Störfaktoren gestrichen werden.

9.3 Wiederholung der Übung für alle Tics

Auch zu Beginn der Auffrischungssitzungen sollten alle Übungen für alle bisher bereits behandelten Tics kurz wiederholt werden inklusive Wahrnehmungstraining, Erkennen und Verändern der Einflussfaktoren und Competing Response Training. Schwierigkeiten einzelner Therapieschritte sollten thematisiert werden. Dies kann für jeden einzelnen Tic unterschiedlich sein.

9.4 Behandlung neuer Tics

Sofern erforderlich, können im Rahmen der Auffrischungssitzungen weitere oder neu aufgetretene Tics behandelt werden. Dazu sollten die Anweisungen aus den vorangegangenen Sitzungen befolgt werden.

9.5 Wiederholung von Strategien zur Verringerung eines Rückfalls

Rückfallstrategien aus den letzten Sitzungen sollten kurz wiederholt werden. Schwierigkeiten und Fragen sollten gemeinsam geklärt werden.

Teil III Exposure and Response Prevention (ERP) mit Therapiesitzungen

ERP: Manual zur Behandlung von Tics

Julia Friedrich, Ewgeni Jakubovski, Simon Schmitt

Einleitung

Basierend auf den Arbeiten von Verdellen und Kollegen (Verdellen et al. 2011; Verdellen et al. 2016; Verdellen 2007) wird im nachfolgenden Kapitel der Ablauf der einzelnen Sitzungen der ERP-Therapie ausführlich beschrieben. Die Behandlung umfasst zwei Übungssitzungen und zehn Trainingssitzungen. Eine ERP-Sitzung kann bis zu zwei Stunden dauern (van de Griendt et al. 2018). Eine Studie hat gezeigt, dass kürzere Sitzungen von einer Stunde im Hinblick auf die Verbesserung des Schweregrads der Tics nicht schlechter waren als längere Sitzungen (zwei Stunden) (van de Grient et al. 2018). Im klinischen Alltag könnten daher – auch aus Praktikabilitätsgründen – auch kürzere Sitzungen durchgeführt werden.

Die genauen Beschreibungen des Ablaufs der Sitzungen innerhalb des Kapitels sollen TherapeutInnen nicht die Freiheit bei der Gestaltung der Therapie nehmen. Es ist wichtig, die individuellen Bedürfnisse der PatientInnen nicht außer Acht zu lassen und die psychotherapeutischen Sitzungen entsprechend anzupassen. So können beispielsweise Sprechvorlagen entsprechend des eigenen Stils angepasst und die Verwendung der Arbeitsblätter individualisiert werden.

Es hat sich bewährt, bei PatientInnen mit schnellen oder automatisierten Tics einen Spiegel zu benutzen, um diese auch für die PatientInnen sichtbar zu machen. Außerdem sollten während jeder Sitzung die Tic-freien Intervalle exakt gemessen und dokumentiert werden.

Den PatientInnen sollte vermittelt werden, dass die Durchführung der Übungen innerhalb der Sitzungen und besonders zu Hause essenziell für einen Therapieerfolg sind. Um die Wahrscheinlichkeit zur Einhaltung von Absprachen in der Therapie bezüglich der Durchführung von Hausaufgaben zu erhöhen, kann zu Therapiebeginn eine Therapievereinbarung verfasst und von den PatientInnen unterschrieben werden. Weiterhin kann es für den Therapieerfolg gewinnbringend sein, Belohnungssysteme einzuführen, welche die Durchführung von Übungen außerhalb der therapeutischen Sitzungen verstärken.

Optional: Um den Symptomverlauf der PatientInnen zu quantifizieren und anschließend zu visualisieren, kann Arbeitsblatt[2] 02 (Tic-Zählung) verwendet werden. Die Ergebnisse dieser Zählung können zur Visualisierung in Arbeitsblatt 01 (Verbesserungs-Thermometer) eingetragen werden. Auch für die Dokumenta-

---

2 Sämtliche Arbeitsblätter zum ERP-Manual finden Sie im Online-Zusatzmaterial.

tion der Intensität des Vorgefühls, welches im Rahmen der Trainingssitzungen erfragt wird, kann die Punktzahl in das Diagramm auf Arbeitsblatt 03 (Skala zur Erfassung des Stresserlebens) zu Visualisierungszwecken eingetragen werden.

Am Ende der 11. Sitzung ist es möglich, PatientInnen einen Evaluationsbogen mitzugeben, der dabei helfen kann, den Behandlungserfolg zu bewerten.

Sitzung 1 – Übungssitzung 1

Überblick

1.1	Psychoedukation zu Tic-Störungen inklusive Tourette-Syndrom .	173
1.2	Psychoedukation zur ERP-Behandlung	173
1.3	Erstellung des Tic-Inventars	174
1.4	Optional: Einführung in die Tic-Zählung	174
1.5	Übung Reaktionsverhinderung	175
1.6	Einführung des Belohnungssystems	176
1.7	Hausaufgaben	177

Materialien für die Sitzung

- Arbeitsblatt 04: Tics unterdrücken lernen
- Arbeitsblatt 05: Therapeutenprotokoll »ERP-Übungssitzungen«
- Arbeitsblatt 06: Patientenprotokoll »Tic-Unterdrückung« (während der Sitzungen)
- Arbeitsblatt 08: Tic-Inventar

1.1 Psychoedukation zu Tic-Störungen inklusive Tourette-Syndrom

Informationen über Tics befinden sich im Arbeitsbuch für Erwachsene (siehe Onlinematerialien, Arbeitsblatt 11).

Weiterhin findet sich eine ausführliche Anleitung für eine beispielhafte Psychoedukation in ▶ Teil II »Habit Reversal Training (HRT) – mit Therapiesitzungen« im Abschnitt »1.1 Psychoedukation zum Tourette-Syndrom«.

1.2 Psychoedukation zur ERP-Behandlung

Folgender Text kann zur Einleitung der ERP-Behandlung genutzt werden:

»Die Form der Therapie, die wir durchlaufen werden, nennt sich Tic-Unterdrückung oder in Fachkreisen: Exposition mit Reaktionsverhinderung. Dabei lernen Sie, Ihre Tics immer länger zurückzuhalten. Tics werden häufig durch ein unangenehmes Vorgefühl angekündigt, das verschwindet, sobald der Tic ausgeführt wird. Sobald Sie in der Lage sind, Ihre Tics zurückzuhalten, ermöglicht dies dem Körper, sich an diese unangenehmen Frühwarnzeichen, die Tics häufig vorausgehen, zu gewöhnen. Die Therapie umfasst zwei Übungssitzungen zur Reaktionsverhinderung und zehn weitere Sitzungen, in denen die Exposition integriert wird, um eine Gewöhnung an das Vorgefühl zu erreichen. Ein essenzieller Teil der Therapie ist auch das Üben zu Hause. In der Therapie können auch Atem- und Entspannungsübungen eingeübt werden, die Sie in Stresssituationen einsetzen können.«

1.3 Erstellung des Tic-Inventars

Es erfolgt die Erstellung eines individuellen Tic-Inventars gemeinsam mit den PatientInnen. Es werden alle aktuellen Tics sowie vorausgehende Empfindungen (z. B. Kribbeln, Prickeln, Jucken) für jeden Tic dokumentiert *(Arbeitsblatt 08 Tic-Inventar)*.

1.4 Optional: Einführung in die Tic-Zählung

Je nach Einschätzung der TherapeutInnen kann eine Einführung in die Tic-Zählung erfolgen. PatientInnen sollen täglich zur gleichen Zeit und während der gleichen Aktivität (z. B. während einer bestimmten Mahlzeit, beim Fernsehen) für 15 Minuten die Anzahl ihrer Tics zählen (nach Absprache kann dies auch vom Partner oder der Partnerin oder einer anderen Person übernommen werden). Dafür kann das *Arbeitsblatt 02 (Tic-Zählung)* genutzt werden, um PatientInnen das Vorgehen zu erklären. Während der Tic-Zählung sollen die Tics nicht unterdrückt werden. Falls eine andere Person die Tic-Zählung durchführt, sollte diese Person möglichst ignoriert werden. Diese Zählung dient der Einschätzung der Wirksamkeit der Behandlung. Der resultierende Wochendurchschnitt kann zu Beginn jeder Sitzung in das *Arbeitsblatt 01 (Verbesserungs-Thermometer)* eingetragen werden.

1.5 Übung Reaktionsverhinderung

Die Behandlung umfasst zwei Übungssitzungen und zehn Trainingssitzungen. Ziel der Reaktionsverhinderung ist das Unterlassen der Tic-Ausführung. In den Trainingssitzungen kommt die Exposition (d.h. die Fokussierung auf das Vorgefühl) hinzu. Zur Erläuterung des ERP-Rationals kann die Mückenstich-Metapher verwendet werden: mit dem Vorgefühl ist es wie mit einem Mückenstich – wenn man nicht kratzt (den Tic nicht ausführt), gewöhnt man sich an das Jucken (den Drang, den Tic auszuführen). Irgendwann juckt der Mückenstich weniger und man muss nicht mehr kratzen.

Folgender Text, übersetzt aus Verdellen (2007), könnte für die Einleitung der Übung genutzt werden:

> »Heute werden Sie beginnen zu trainieren, Ihre Tics zu unterdrücken. Das wird keine leichte Aufgabe, aber mit der Zeit und insbesondere mit regelmäßiger Übung wird es einfacher werden. Ich werde Sie bitten, alle Tics so lange es Ihnen irgendwie möglich ist zu unterlassen. Das bedeutet, dass Sie auch körperlichen Vorgefühlen, also Warnsignalen für Tics und dem Drang, diesen nachzugeben, widerstehen müssen. Ich werde mithilfe einer Stoppuhr die Zeit messen, in der es Ihnen gelingt, die Tics zu unterdrücken. Sobald ich einen Tic wahrnehme, werde ich die Stoppuhr anhalten und Sie können die Übung für einen Moment unterbrechen und sich entspannen. Anschließend werde ich Sie erneut bitten, die Tics solange es Ihnen möglich ist zu unterlassen. Versuchen Sie dabei, Ihre persönliche Bestzeit zu übertreffen. Diese Übung werden wir über die komplette Dauer der Sitzung durchführen.«

Mithilfe des Therapeutenprotokolls *(Arbeitsblatt 05 Therapeutenprotokoll ERP-Übungssitzungen)* sollen Tic-freie Zeiten sowie aufgetretene Tics von TherapeutInnen dokumentiert werden. PatientInnen dokumentieren ihre eigenen Bestzeiten und aufgetretene Tics auf dem Patientenprotokollbogen *(Arbeitsblatt 06 Patientenprotokoll »Tic-Unterdrückung«)*. Während der Übung sollen PatientInnen eine entspannte, aufrechte Sitzhaltung einnehmen. TherapeutInnen dienen als Coaches, um PatientInnen zu einer neuen Bestzeit zu motivieren, zum Beispiel durch regelmäßiges Feedback bezüglich der verstrichenen Zeit ohne Tics. Einen Sonderfall stellt das Auftreten des gleichen Tics dreimal hintereinander dar. In diesem Fall sollen sich die PatientInnen zunächst ausschließlich auf die Unterdrückung dieses Tics konzentrieren, bis der Tic mindestens fünf Minuten lang unterdrückt werden konnte. Anschließend werden die PatientInnen gebeten, wieder alle Tics gleichzeitig zu unterdrücken.

Falls die PatientInnen die Tic-Unterdrückung gut beherrschen (d.h., es vergehen mindestens 15 Minuten ohne einen Tic), kann gegebenenfalls auf die 2. Übungssitzung verzichtet und mit der 1. Trainingssitzung fortgefahren werden.

1.6 Einführung des Belohnungssystems

Das Belohnungssystem kann auf folgende Art erklärt werden:

> »Eine Therapie ist harte Arbeit. Belohnen Sie sich dafür, dass Sie diese Mühen auf sich nehmen. Das wird Ihnen helfen, Ihre *Motivation* aufrecht zu erhalten und mehr Spaß beim Üben zu haben. Wichtig ist, dass die Belohnung für die Mühe erfolgt, nicht für den Erfolg! Wählen Sie die jeweilige Belohnung daher auch nach dem Aufwand aus, den Sie erbracht haben.«

Eine Liste individueller positiver Verstärker soll mit den PatientInnen zusammen erarbeitet werden. Hierfür können Beispiele aus der nachfolgenden Aufzählung genutzt werden.

Beispiele für Belohnungen

- Musik hören
- ein Bad nehmen
- einen Film oder eine Serie sehen
- einen Podcast hören
- ein interessantes Buch oder eine Zeitschrift lesen
- eine Tasse Kaffee oder Tee trinken
- sich selbst einen Blumenstrauß kaufen
- ein Gespräch mit jemandem führen, der Sie gut versteht
- sich Zeit für eine Verabredung nehmen
- ein leckeres Essen kochen
- 10 Minuten einfach nur mal ruhig dasitzen
- ausschlafen
- einen Spaziergang machen
- Sport treiben
- mit jemandem Essen gehen
- etwas unternehmen, etwa einen Ausflug mit der Familie
- shoppen gehen
- zum Friseur, zur Kosmetik, Maniküre oder Pediküre gehen
- sich eine Massage gönnen
- sich ein kleines Geschenk machen (etwa Musik runterladen, ein Buch oder eine Zeitschrift kaufen)

1.7 Hausaufgaben

Am Ende jeder Sitzung werden die PatientInnen gebeten, bis zur nächsten Sitzung Hausaufgaben durchzuführen. In der ersten Sitzung umfasst dies das Durchlesen der Infomaterialien zu Tic-Störungen sowie zur ERP-Behandlung. Zudem wird eine feste Trainingszeit und -dauer festgelegt, in der die PatientInnen die Reaktionsverhinderung üben (in der Regel 15 Min.). Dafür wird das *Arbeitsblatt 04 (»Tics unterdrücken lernen«)* erläutert. Optional kann zur Dokumentation der Tic-Frequenz das *Arbeitsblatt 02 (»Tic-Zählung«)* verwendet werden (▶ Kap. 1.4).

Sitzung 2 – Übungssitzung 2

> **Überblick**
>
> 2.1 Besprechung der Hausaufgaben und der letzten Sitzung 178
> 2.2 Übung der Reaktionsverhinderung 178
> 2.3 Hausaufgaben 179

> **Arbeitsblätter für die Sitzung**
>
> - Arbeitsblatt 04: Tics unterdrücken lernen
> - Arbeitsblatt 05: Therapeutenprotokoll »ERP-Übungssitzungen«
> - Arbeitsblatt 06: Patientenprotokoll »Tic-Unterdrückung« (während der Sitzungen)

2.1 Besprechung der Hausaufgaben und der letzten Sitzung

Zu Beginn der Sitzung wird besprochen, wie die PatientInnen mit der Übung zur Tic-Unterdrückung und der Tic-Zählung zurechtgekommen sind, was gut lief und wo es Schwierigkeiten gab. Das Ergebnis der Tic-Zählung kann anschließend in den Verbesserungs-Theromometer *(Arbeitsblatt 01)* zur Veranschaulichung des Symptomverlaufs eingetragen werden. Die TherapeutInnen erkundigen sich weiterhin, ob Fragen bezüglich der letzten Sitzung aufgetreten sind und ob das Belohnungssystem angewandt wurde.

2.2 Übung der Reaktionsverhinderung

Es folgt der Einstieg in die zweite Übungseinheit zur Reaktionsverhinderung. Folgender Text kann zur Überleitung verwendet werden:

»Nun werden Sie wieder trainieren, Ihre Tics zu unterdrücken. Ich werde Sie bitten, alle Tics so lange es Ihnen irgendwie möglich ist zu unterlassen. Das bedeutet, dass Sie auch körperlichen Vorgefühlen, Warnsignalen für Tics und dem Drang, diesen nachzugeben, widerstehen müssen. Ich werde wieder mithilfe einer Stoppuhr die Zeit messen, in der es Ihnen gelingt, die Tics zu unterdrücken. Sobald ich einen Tic wahrnehme, werde ich die Stoppuhr stoppen und Sie können die Übung für einen Moment unterbrechen und sich entspannen. Anschließend werde ich Sie erneut bitten, die Tics solange es Ihnen möglich ist zu unterlassen. Versuchen Sie dabei, Ihre persönliche Bestzeit zu übertreffen. Diese Übung werden wir über die komplette verbleibende Dauer der Sitzung durchführen.«

Die TherapeutInnen protokollieren erneut Bestzeiten und aufgetretene Tics *(Arbeitsblatt 05 »Therapeutenprotokoll ERP-Übungssitzungen«)*. Die PatientInnen vermerken dies ebenso auf dem dafür vorgesehenen Patientenprotokoll *(Arbeitsblatt 06 Patientenprotokoll »Tic-Unterdrückung«)*. Die PatientInnen nehmen erneut eine entspannte, aufrechte Sitzhaltung ein. Die TherapeutInnen dienen als Coaches, um die PatientInnen zu neuen Bestzeiten zu motivieren, zum Beispiel durch regelmäßiges Feedback bezüglich der verstrichenen Zeit ohne Tics. Die TherapeutInnen ermutigen die PatientInnen, ihre vorherigen Rekorde zu brechen. Einen Sonderfall stellt das Auftreten des gleichen Tics dreimal hintereinander dar. In diesem Fall sollen sich die PatientInnen zunächst ausschließlich auf die Unterdrückung dieses Tics konzentrieren, bis der Tic mindestens fünf Minuten lang unterdrückt werden konnte. Anschließend werden die PatientInnen gebeten, wieder alle Tics gleichzeitig zu unterdrücken.

2.3 Hausaufgaben

Am Ende jeder Sitzung werden die PatientInnen gebeten, bis zur nächsten Sitzung Hausaufgaben durchzuführen. Dafür wurde bereits in der letzten Sitzung eine feste Trainingszeit und -dauer festgelegt, in der die PatientInnen die Reaktionsverhinderung üben (in der Regel 15 Min.). Die PatientInnen sollten dafür *Arbeitsblatt 04* (*»Tics unterdrücken lernen«*) verwenden. Optional kann zur Dokumentation der Tic-Frequenz das *Arbeitsblatt 02* (*»Tic-Zählung«*) verwendet werden. An dieser Stelle ist es sinnvoll, PatientInnen erneut darauf hinzuweisen, dass sie sich für ihre Bemühungen im Rahmen der Therapie belohnen sollen.

Sitzung 3 – Trainingssitzung 1

Überblick

3.1 Besprechung der Hausaufgaben und der letzten Sitzung 180
3.2 Einführung Exposition und Erfassung der Vorgefühle 180
3.3 Übung Exposition mit Reaktionsverhinderung 181
3.4 Hausaufgaben 184

Materialien für die Sitzung

- Arbeitsblatt 06: Patientenprotokoll »Tic-Unterdrückung« (während der Sitzungen)
- Arbeitsblatt 07: Tics unterdrücken und Vorgefühle beobachten
- Arbeitsblatt 03: Skala zur Erfassung des subjektiven Stresserlebens

3.1 Besprechung der Hausaufgaben und der letzten Sitzung

Zu Beginn der Sitzung wird besprochen, wie die PatientInnen mit der Übung zur Tic-Unterdrückung und der Tic-Zählung zurechtgekommen sind, was gut lief und wo es Schwierigkeiten gab. Das Ergebnis der Tic-Zählung kann anschließend in den *Verbesserungs-Thermometer (Arbeitsblatt 01)* zur Veranschaulichung des Symptomverlaufs eingetragen werden. Die TherapeutInnen erkundigen sich weiterhin, ob Fragen bezüglich der letzten Sitzung aufgetreten sind und ob das Belohnungssystem angewandt wurde.

3.2 Einführung Exposition und Erfassung der Vorgefühle

Ab dieser Sitzung wird der Fokus zusätzlich auf die Vorgefühle gelegt. Zu diesem Zweck werden die im *Tic-Inventar (Arbeitsblatt 08)* beschriebenen Vorgefühle aufgegriffen und eine Liste mit Vorgefühlen und Tics der letzten Woche gemeinsam mit den PatientInnen erstellt. Es sollte sichergestellt werden, dass die PatientInnen das Rational verstanden haben. Im Anschluss werden die fünf bedeutsamsten Tics und die assoziierten Vorgefühle herausgearbeitet und die Stärke der Vorgefühle (auf einer Skala von 0 bis 4) auf dem *Arbeitsblatt 03* (»*Skala zur Erfassung des subjektiven Stresserlebens*«) erfasst. Optional kann die SUD (Subjective Units of Distress) – Punktzahl bestimmt und in das Diagramm auf *Arbeitsblatt 03* eingetragen werden.

Zur Zusammenfassung des weiteren Ablaufs und der Einführung des Expositionstrainings kann folgender Sprechtext verwendet werden:

»Heute beginnt die 2. Phase der Behandlung. In den Übungssitzungen haben wir uns darauf konzentriert, die Tics zu unterdrücken und die Zeit zu stoppen, sobald ein Tic auftrat. In den kommenden Sitzungen wird es darum gehen, die komplette Zeit der Sitzung für das Training zu verwenden, und zwar ohne Pause. Das Ziel bleibt gleich, es wird weiterhin darum gehen, dass Sie allen Tics widerstehen. Sollte dennoch ein Tic auftreten, wird es nun so sein, dass keine Pause erfolgt, sondern Sie weiterhin versuchen, alle nachfolgenden Tics zu unterlassen. Ich werde Sie dabei unterstützen und zwischenzeitlich erinnern. Es kann sein, dass Sie – während Sie die Tics unterdrücken – mehr unangenehme Vor- oder Dranggefühle wahrnehmen, beispielsweise ein Jucken, Kribbeln oder ähnliches (Hinweis: hier die von PatientInnen berichteten Begriffe nutzen), die normalerweise verschwinden, sobald Sie dem Gefühl nachgeben und den Tic zulassen. Sie werden jedoch vielleicht erleben, dass das Gefühl auch dann langsam nachlässt, wenn Sie ihm nicht nachgeben, vielleicht haben Sie das auch schon in den Übungssitzungen oder zu Hause erlebt. Je mehr Sie üben, desto höher ist auch die Wahrscheinlichkeit, dass das Dranggefühl ganz ohne Reaktion darauf nachlässt. In der Folge werden sich auch die Tics selbst verringern. Um das zu erreichen, werde ich Sie heute und in den kommenden Sitzungen bitten, allen Tics zu widerstehen und Ihre Aufmerksamkeit zugleich auf die unangenehmen Warnsignale und die Anspannung in Ihrem Körper zu richten. Das wird nicht einfach werden, aber ich werde Sie dabei unterstützen.«

3.3 Übung Exposition mit Reaktionsverhinderung

Zu Beginn der Übung nehmen die PatientInnen eine entspannte, aufrechte Sitzhaltung ein. Sobald die Zeiterfassung beginnt, werden die PatientInnen gebeten, alle Tics zu unterdrücken mit dem Ziel der vollständigen Reaktionsverhinderung:

»Wie in den Übungssitzungen stoppe ich die Zeit, sobald Sie »los« sagen. Allerdings wird das Training von nun an nicht mehr unterbrochen. Geben Sie alles und zeigen Sie, dass Sie der Chef/die Chefin sind, dass Sie Ihre Bewegungen und

Ihre Sprache unter Kontrolle haben. Viel Glück! Sagen Sie mir, wann immer Sie bereit sind anzufangen.«

Sobald die PatientInnen das Startsignal geben, können folgende Sätze als Sprechvorlage genutzt werden:

»Okay, es geht los und ich habe mit der Zeitmessung begonnen. Versuchen Sie so gut wie möglich, alle Tics zu verhindern. Versuchen Sie, eine bequeme Position beizubehalten. Kämpfen Sie gegen die Tics an! Es kann sein, dass Sie einige Zeit brauchen, um sich darauf einzustellen. Fokussieren Sie Ihre Aufmerksamkeit und lassen Sie sich nicht vom Tic überraschen. Lassen Sie sich nicht überrumpeln. Versuchen Sie, jeden Drang, jeden kleinen Impuls, jede winzige Empfindung zu ignorieren; nehmen Sie sie an, ertragen Sie sie. Lassen Sie keinen einzigen Tic durchkommen, nicht einmal den kleinsten.

Toll, Sie machen das wirklich gut! Es ist nicht einfach, aber Sie meistern es. Sie haben bereits eine Minute geschafft! Und jede Sekunde zählt, denken Sie daran, jede neue Sekunde bedeutet einen Sieg, einen Triumph über Ihre Tics.«

Falls sich Tics andeuten, sind folgende Formulierungen denkbar:

»Achtung! Ich sehe ein kleines Zucken in Ihrem Mundwinkel. Überprüfen Sie Ihren Mund, kontrollieren Sie ihn. Lassen Sie sich von dem Tic nicht überrumpeln! Keine Tics und kein Nachgeben. Machen Sie weiter, versuchen Sie es weiter, vor allem jetzt, wenn es richtig schwer wird. Kommen Sie schon, bleiben Sie dran!«

»Halten Sie durch, erliegen Sie nicht dem Drang, den Tic fortschreiten zu lassen. Besiegen Sie ihn. Seien Sie Herr/Frau der Lage.«

»Sie haben widerstanden! Das war schwer, aber Sie machen das gut, ausgezeichnet. Sie sehen wieder entspannt aus, machen Sie weiter so. Sie haben sich entschieden, dagegen anzukämpfen und Sie haben gewonnen, es ist Ihr erster Sieg. Weiter so!«

Falls ein Tic auftritt, sollten die PatientInnen gebeten werden, weiterhin alle folgenden Tics zu unterdrücken und sie sollten motiviert werden, ihre persönliche Bestzeit zu übertreffen. Aufgetretene Tics werden auf dem *Arbeitsblatt 03* (»*Skala zur Erfassung des subjektiven Stresserlebens*«) erfasst. Die PatientInnen dokumentieren eigene neue Bestzeiten und aufgetretene Tics auf einem separaten Protokollbogen (*06 Patientenprotokoll »Tic-Unterdrückung«*). Alle 15 Minuten wird die Intensität des Vorgefühls erneut erfragt und auf dem *Arbeitsblatt 03* eingetragen. Der SUD-Wert kann in das Diagramm auf *Arbeitsblatt 03* eingetragen werden. Folgender Sprechtext kann zur Einleitung genutzt werden:

»Sie haben fast 14 Minuten geschafft und bis jetzt ist nur ein Tic aufgetreten! Bleiben Sie dran, Sie machen das großartig. Bald werde ich Sie bitten, mir zu sagen, wie stark Ihre Körperempfindungen jetzt gerade sind. Wenn Sie mir von der Intensität der Empfindungen erzählen, müssen Sie aufpassen, dass Ihnen nicht einer der Tics entgeht. Lassen Sie sich nicht von einem überrumpeln. Konzentrieren Sie sich also darauf, allen Tics zu widerstehen, auch während wir diese Intensitätsprüfung durchführen.«

Die PatientInnen sollten angewiesen werden, auf die Vorgefühle im Körper zu achten und darauf, wo sie sie im Körper spüren. Dazu können folgende Fragen verwendet werden:

»Spüren Sie etwas? Nehmen Sie irgendwo in Ihrem Körper bestimmte Empfindungen wahr? Können Sie beschreiben, was Sie fühlen? Was würden Sie am liebsten mit der Empfindung machen?«

Die PatientInnen sollten ausgiebig für ihre Bemühungen gelobt und motiviert werden, die Übung fortzusetzen. Die PatientInnen werden immer wieder auf das Vorgefühl hingewiesen, sodass sie sich daran gewöhnen können. Wenn vom Vorgefühl gesprochen wird, sollten die Worte der PatientInnen dafür genutzt werden.

»Sehr gut. Nicht nachgeben. Lassen Sie uns sehen, ob wir dieses Gefühl auf andere Weise beseitigen können. Nicht, indem wir den Tic an die Oberfläche kommen lassen, sondern, indem wir dem Drang nicht nachgeben. Erlauben Sie den stechenden (Hinweis: die von PatientInnen berichteten Begriffe nutzen) Empfindungen zu kommen und zu gehen, geben Sie ihnen nicht nach, lassen Sie sie einfach allmählich von selbst abklingen.«

Sollten die PatientInnen von einem spezifischen Gefühl berichten, sollte dies fokussiert werden:

»Konzentrieren Sie sich weiter auf dieses (Hinweis: die von PatientInnen berichteten Begriffe nutzen) Gefühl. Richten Sie Ihre Aufmerksamkeit darauf. Lassen Sie es stärker wachsen. So machen Sie Fortschritte. Ich werde Sie jetzt bitten, nicht mehr zu sprechen. Konzentrieren Sie sich darauf, keinen Tic durchzulassen, und richten Sie Ihre ganze Aufmerksamkeit auf das Vorgefühl. Spüren Sie, was in Ihrem Körper passiert, die Empfindung ist okay. Passen Sie auf, lassen Sie keinen Tic durchkommen. Hervorragend, spüren Sie immer wieder diese Empfindung. Denken Sie an sie und lassen Sie das Gefühl wachsen. Aber lassen Sie sich nicht davon überwältigen! Sie haben die Kontrolle, nicht der Tic, also geben Sie nicht nach. Konzentrieren Sie sich auf das Gefühl und versuchen Sie, sich zu entspannen. Wie gerne würden Sie der Empfindung nachgeben – aber das werden Sie nicht! Sie werden nicht nachgeben. Denn Sie haben den Kampf aufgenommen und Sie beweisen, dass Sie gewinnen können. Gut gemacht, kein einziger Tic. Das ist der richtige Weg! Machen Sie weiter so.«

Die PatientInnen sollten sich nun immer wieder auf die Empfindungen fokussieren und sich nicht ablenken lassen, daher sollten die PatientInnen so wenig wie möglich sprechen.

> »Wie fühlt sich die Empfindung in Ihrem Körper jetzt an? Wo sind die Gefühle gerade am stärksten? Fokussieren Sie sich auf diesen Teil des Körpers.«

3.4 Hausaufgaben

Am Ende jeder Sitzung werden die PatientInnen gebeten, bis zur nächsten Sitzung Hausaufgaben durchzuführen. Dafür wird eine feste Trainingszeit und -dauer festgelegt, um die Reaktionsverhinderung zu üben (in der Regel 15 Min.). Dafür sollten die PatientInnen nun das *Arbeitsblatt 07 (»Tics unterdrücken und Vorgefühle beobachten«)* verwenden. Optional kann zur Dokumentation der Tic-Frequenz das *Arbeitsblatt 02 (»Tic-Zählung«)* verwendet werden. An dieser Stelle ist es sinnvoll, die PatientInnen erneut darauf hinzuweisen, dass sie sich für ihre Bemühungen im Rahmen der Therapie belohnen sollen.

Sitzung 4 – Trainingssitzung 2

Überblick

4.1 Besprechung der Hausaufgaben und der letzten Sitzung 185
4.2 Übung Exposition mit Reaktionsverhinderung 186
4.3 Hausaufgaben 186

Materialien für die Sitzung

- Arbeitsblatt 06: Patientenprotokoll »Tic-Unterdrückung« (während der Sitzungen)
- Arbeitsblatt 07: Tics unterdrücken und Vorgefühle beobachten
- Arbeitsblatt 03: Skala zur Erfassung des subjektiven Stresserlebens

4.1 Besprechung der Hausaufgaben und der letzten Sitzung

Zu Beginn der Sitzung wird besprochen, wie die PatientInnen mit der Übung zur Tic-Unterdrückung und der Tic-Zählung zurechtgekommen sind, was gut lief und wo es Schwierigkeiten gab. Das Ergebnis der Tic-Zählung kann anschließend in den Verbesserungs-Thermometer *(Arbeitsblatt 01)* zum Überblick für die TherapeutInnen und in den Hausaufgabengraphen *(Arbeitsblatt 03)* zur Veranschaulichung des Symptomverlaufs eingetragen werden. Wenn die Auswertung der Hausaufgaben ergibt, dass Tics seltener auftreten, sollte die Übungszeit erhöht werden. Umgekehrt sollte die Übungszeit reduziert werden, wenn die Auswertung zeigt, dass viele Tics auftreten (z. B. kürzere Übungszeit, dafür häufigere Übungseinheiten). Die TherapeutInnen erkundigen sich weiterhin, ob Fragen bezüglich der letzten Sitzung aufgetreten sind und ob das Belohnungssystem angewandt wurde.

4.2 Übung Exposition mit Reaktionsverhinderung

Zu Beginn der Übung nehmen die PatientInnen eine entspannte, aufrechte Sitzhaltung ein. Sobald die Zeiterfassung beginnt, werden die PatientInnen gebeten, alle Tics zu unterdrücken mit dem Ziel der vollständigen Reaktionsverhinderung. Zu Beginn der Übung sowie nachfolgend alle 15 Minuten wird die Stärke des Vorgefühls erfragt (auf einer Skala von 0 bis 4) und auf dem *Arbeitsblatt 03 (»Skala zur Erfassung des subjektiven Stresserlebens«)* erfasst. Die Summe der Ratings bildet die SUD-Punktzahl. Dieser Wert kann optional in das Diagramm auf *Arbeitsblatt 03* eingetragen werden.

Sobald die PatientInnen das Startsignal geben, beginnt die Zeiterfassung, und die PatientInnen sollen ab diesem Zeitpunkt alle Tics unterdrücken. Die TherapeutInnen geben regelmäßig Feedback bezüglich der verstrichenen Zeit ohne Tics. Falls ein Tic auftritt, sollten die PatientInnen gebeten werden, weiterhin alle folgenden Tics zu unterdrücken, und sie sollten motiviert werden, ihre persönliche Bestzeit zu übertreffen. Die TherapeutInnen fungieren als Coaches, indem sie die PatientInnen dazu motivieren, die Tics nicht zuzulassen, und entsprechendes Verhalten verstärken. Zudem sollten die PatientInnen daran erinnert werden, dass das Training nicht unterbrochen wird, sollte ein Tic auftreten. Aufgetretene Tics werden auf dem *Arbeitsblatt 03* erfasst. Die PatientInnen dokumentieren eigene neue Bestzeiten und aufgetretene Tics auf einem separaten Protokollbogen *(06 Patientenprotokoll »Tic-Unterdrückung«)*.

Sind die PatientInnen in der Lage, die Tics etwas besser zu kontrollieren, sollten die TherapeutInnen die Aufmerksamkeit zunehmend auf die Vorgefühle lenken (siehe Sprechtextvorschläge Sitzung 3). Der Fokus wird immer wieder auf die Empfindungen und deren Lokalisation im Körper zurückgebracht. Dafür wird auf dasjenige Körperteil fokussiert, wo das Vorgefühl für den jeweiligen Tic am stärksten ausgeprägt ist.

4.3 Hausaufgaben

Am Ende jeder Sitzung werden die PatientInnen gebeten, bis zur nächsten Sitzung Hausaufgaben durchzuführen. Dafür wird eine feste Trainingszeit und -dauer festgelegt, um die Reaktionsverhinderung zu üben (in der Regel 15 Min.). Dafür sollten die PatientInnen nun das *Arbeitsblatt 07 (»Tics unterdrücken und Vorgefühle beobachten«)* verwenden. Optional kann zur Dokumentation der Tic-Frequenz das *Arbeitsblatt 02* verwendet werden. An dieser Stelle ist es sinnvoll, die PatientInnen erneut darauf hinzuweisen, dass sie sich für ihre Bemühungen im Rahmen der Therapie belohnen sollen.

Sitzung 5 – Trainingssitzung 3

Überblick

5.1 Besprechung der Hausaufgaben und der letzten Sitzung 187
5.2 Übung Exposition mit Reaktionsverhinderung 187
5.3 Hausaufgaben 188

Materialien für die Sitzung

- Arbeitsblatt 06: Patientenprotokoll »Tic-Unterdrückung« (während der Sitzungen)
- Arbeitsblatt 07: Tics unterdrücken und Vorgefühle beobachten
- Arbeitsblatt 03: Skala zur Erfassung des subjektiven Stresserlebens
- Arbeitsblatt 09: Verstärkende Faktoren

5.1 Besprechung der Hausaufgaben und der letzten Sitzung

Analog zur Sitzung 4.

Weiter analog zu Sitzung 4, folgende Ergänzungen werden vorgenommen:

5.2 Übung Exposition mit Reaktionsverhinderung

Sind die PatientInnen gut in der Lage, die Tics zu unterdrücken, versuchen die TherapeutInnen Tics durch die Beschreibung einer Situation, in der üblicherweise viele Tics auftreten, zu provozieren. Dazu sollen sich die PatientInnen eine Situation vorstellen, in der üblicherweise viele Tics auftreten. Die TherapeutInnen erinnern die PatientInnen fortlaufend daran, auf die Vorgefühle zu achten und die Tics weiterhin zu unterdrücken.

5.3 Hausaufgaben

Zusätzlich erhalten die PatientInnen am Ende dieser Sitzung die Aufgabe, eine Liste mit Situationen anzufertigen, in denen die Tics normalerweise verstärkt auftreten. Diese Situationen sollen auf dem *Arbeitsblatt 9 (»Verstärkende Faktoren«)* festgehalten werden. Zudem werden die PatientInnen gebeten, etwas mitzubringen, wodurch ihre Tics provoziert werden können (z. B. ein bestimmtes Spiel).

Sitzung 6 – Trainingssitzung 4

Überblick

6.1 Besprechung der Hausaufgaben und der letzten Sitzung 189
6.2 Übung Exposition mit Reaktionsverhinderung 189
6.3 Hausaufgaben 190

Materialien für die Sitzung

- Arbeitsblatt 06: Patientenprotokoll »Tic-Unterdrückung« (während der Sitzungen)
- Arbeitsblatt 07: Tics unterdrücken und Vorgefühle beobachten
- Arbeitsblatt 03: Skala zur Erfassung des subjektiven Stresserlebens

Analog zu Sitzung 5, folgende Ergänzungen werden vorgenommen:

6.1 Besprechung der Hausaufgaben und der letzten Sitzung

Im Zuge der Besprechung der Hausaufgaben wird mit den PatientInnen die Liste mit Situationsbeschreibungen *(Arbeitsblatt 09 »Verstärkende Faktoren«)* besprochen, die als Hausaufgabe angefertigt werden sollte. Haben die PatientInnen etwas mitgebracht, wodurch die Tics provoziert werden können, sollte auch dies besprochen werden.

6.2 Übung Exposition mit Reaktionsverhinderung

Die Exposition kann zusätzlich optimiert werden, indem nach Situationen oder Aktivitäten gefragt wird, in denen die PatientInnen durch ihre Tics und Vorempfindungen am meisten gestört werden. Wenn möglich, können diese Umstände dann auch in der Therapie repliziert werden. So kann beispielsweise mit den PatientInnen ein Spiel gespielt werden und sobald diese sich der Vorempfindungen bewusst werden, wird das Spiel gestoppt und es wird die volle Aufmerksamkeit auf die Empfindungen gelenkt. Sobald sich die Empfindungen reduziert haben, kann das Spiel wieder aufgenommen werden.

6.3 Hausaufgaben

Als Hausaufgabe sollten die PatientInnen nun auch in Situationen üben, in denen normalerweise viele Tics auftreten. Dafür kann das *Arbeitsblatt 09 (»Verstärkende Faktoren«)* zur Hilfe genommen werden.

Sitzung 7 – Trainingssitzung 5

> **Überblick**
>
> 7.1 Besprechung der Hausaufgaben und der letzten Sitzung
> 7.2 Übung Exposition mit Reaktionsverhinderung
> 7.3 Hausaufgaben

Materialien für die Sitzung

- Arbeitsblatt 06: Patientenprotokoll »Tic-Unterdrückung« (während der Sitzungen)
- Arbeitsblatt 07: Tics unterdrücken und Vorgefühle beobachten
- Arbeitsblatt 03: Skala zur Erfassung des subjektiven Stresserlebens

Analog zu Sitzung 6, folgende Ergänzungen werden vorgenommen:

Im Rahmen der Vorbereitung auf die Übung zur Exposition mit Reaktionsverhinderung wird mit den PatientInnen besprochen, in welchen Situationen verstärkt Tics auftreten.

Sitzung 8 – Trainingssitzung 6

Überblick

8.1 Besprechung der Hausaufgaben und der letzten Sitzung
8.2 Übung Exposition mit Reaktionsverhinderung
8.3 Hausaufgaben

Materialien für die Sitzung

- Arbeitsblatt 06: Patientenprotokoll »Tic-Unterdrückung« (während der Sitzungen)
- Arbeitsblatt 07: Tics unterdrücken und Vorgefühle beobachten
- Arbeitsblatt 03: Skala zur Erfassung des subjektiven Stresserlebens

Analog zu Sitzung 7.

Sitzung 9 – Trainingssitzung 7

> **Überblick**
>
> 9.1 Besprechung der Hausaufgaben und der letzten Sitzung
> 9.2 Übung Exposition mit Reaktionsverhinderung
> 9.3 Hausaufgaben

> **Materialien für die Sitzung**
>
> - Arbeitsblatt 06: Patientenprotokoll »Tic-Unterdrückung« (während der Sitzungen)
> - Arbeitsblatt 07: Tics unterdrücken und Vorgefühle beobachten
> - Arbeitsblatt 03: Skala zur Erfassung des subjektiven Stresserlebens

Analog zu Sitzung 8.

Sitzung 10 – Trainingssitzung 8

Überblick

10.1 Besprechung der Hausaufgaben und der letzten Sitzung
10.2 Übung Exposition mit Reaktionsverhinderung
10.3 Hausaufgaben

Materialien für die Sitzung

- Arbeitsblatt 06: Patientenprotokoll »Tic-Unterdrückung« (während der Sitzungen)
- Arbeitsblatt 07: Tics unterdrücken und Vorgefühle beobachten
- Arbeitsblatt 03: Skala zur Erfassung des subjektiven Stresserlebens

Analog zu Sitzung 9.

Sitzung 11 – Trainingssitzung 9

Überblick

11.1 Besprechung der Hausaufgaben und der letzten Sitzung
11.2 Übung Exposition mit Reaktionsverhinderung
11.3 Hausaufgaben

Materialien für die Sitzung

- Arbeitsblatt 06: Patientenprotokoll »Tic-Unterdrückung« (während der Sitzungen)
- Arbeitsblatt 07: Tics unterdrücken und Vorgefühle beobachten
- Arbeitsblatt 03: Skala zur Erfassung des subjektiven Stresserlebens

Analog zu Sitzung 10.

Sitzung 12 – Trainingssitzung 10

> **Überblick**
>
> 12.1 Besprechung der Hausaufgaben und der letzten Sitzung
> 12.2 Übung Exposition mit Reaktionsverhinderung
> 12.3 Abschluss

> **Materialien für die Sitzung**
>
> - Arbeitsblatt 06: Patientenprotokoll »Tic-Unterdrückung« (während der Sitzungen)
> - Arbeitsblatt 07: Tics unterdrücken und Vorgefühle beobachten
> - Arbeitsblatt 03: Skala zur Erfassung des subjektiven Stresserlebens
> - Arbeitsblatt 10: Rückfallprophylaxe

Analog zu Sitzung 11, folgende Ergänzungen werden vorgenommen:
Anstatt des Aufgebens von Hausaufgaben wird die Behandlung folgendermaßen abgeschlossen:
Die PatientInnen sollten dazu befragt werden, wie sie die Sitzungen erlebt haben. Im Anschluss kann der *Verbesserungs-Thermometer (Arbeitsblatt 01)* gemeinsam ausgewertet werden. An dieser Stelle kann besprochen werden, ob es unter Umständen sinnvoll ist, das Training noch für weitere Sitzungen fortzuführen. Dafür kann auch in Betracht gezogen werden, verbleibende Tics mit Hilfe von HRT (▶ Kap. E) zu bearbeiten. An dieser Stelle sollte auch über noch vorhandene Tics gesprochen werden. Der Therapeut/die Therapeutin fragt nach, ob es noch Situationen gibt, in denen die Tics häufig auftreten. Darauf aufbauend sollten gemeinsam Lösungsansätze erarbeitet werden. Wenn die Therapie an dieser Stelle endet, ist es sinnvoll, einen Rückfallprophylaxe-Plan zu erstellen *(Arbeitsblatt 10)*. Dieser sollte Frühwarnzeichen sowie Pläne zur Vorbeugung einer erneuten Verschlechterung der Tics umfassen.

Literatur

van de Griendt JM, van Dijk MK, Verdellen CW, Verbraak MJ (2018). The effect of shorter exposure versus prolonged exposure on treatment outcome in Tourette syndrome and chronic tic disorders – an open trial. International Journal of Psychiatry in Clinical Practice 22.4 (2018) 262–267.

Verdellen C, Van De Griendt J, Kriens S, van Oostrum I (2011). *Tics – therapist manual.* Amsterdam: Boom Publishers.

Verdellen C, Van De Griendt J, Kriens S, van Oostrum I (2016). *Tics – Therapist Manual & Workbook for Children:* BT-Tics Foundation.

Verdellen CWJ (2007). *Exposure and response prevention in the treatment of tics in Tourette's syndrome:* Amsterdam: Boom.

Teil IV Verzeichnis

Stichwortregister

A

Acetylcholin 38
ADHS 25, 27
Alltagssituationen 73
Alter der PatientInnen 73, 80
Alternativbewegung 71, 72, 106
Amphetamin 25
Amygdala 35
Anamnese 28
Ängstlichkeit 28
Anpassungsstörungen 28
Antipsychotika 37, 79
Apter 4-questions screening 29
Aripiprazol 60, 79
Atem-Entspannung 141, 148
Atemübungen 69
Atmen 125
Atomoxetin 61
Auffrischungssitzungen 167
Aufmerksamkeit 21
Aufmerksamkeitsdefizit-Hyperaktivitätsstörung 25
Aufmerksamkeitslenkung 98
Augen-Tics 74, 109, 146
Äußere Einflussfaktoren 71
Autismusspektrumstörung 25, 28
Automatisierung 73
Azrin 68

B

Basalganglien 34
Bauchatmungsübung 142
Beeinträchtigung 80
Behandlungsbeginn 97
Behandlungsmöglichkeiten 66
Behandlungsziele 66
Beispielblatt »Gegenbewegungen für Tics« 131
Beispielblatt »Veränderungen der Einflussfaktoren« 113
Belohnungen 111, 176
Belohnungsprogramm 106

Belohnungssystem 69, 73
Bestzeit 49, 175, 179, 182, 186
Bewegungsablauf 118
Bezugsperson 97, 129
Booster-Sitzungen 74, 80, 97
Botulinumtoxin 62

C

CBIT 67, 68, 76
Cerebellum 35
Chorea Sydenham 25
Chronische motorische Tic-Störung 24
Chronische vokale Tic-Störung 24
Cingulum 39
Clonidin 61
Coaches 175, 179, 186
Competing Response Training 69, 71, 113, 122, 135, 139, 145, 146, 151, 157, 163
Comprehensive Behavioral Intervention for Tics 67, 68
Corpus callosum 35
CRT 69, 71, 113

D

Depression 28
Diagnostik 97
Differenzialdiagnosen 22
Dopamin 37
Drang 20
DSM-5 28
Dystonie 24

E

Echolalie 26, 103
Echophänomene 26, 78
Echopraxie 26, 102
Echtzeit Drang-Monitor 38
Einfache Tics
– Einfache motorische Tics 74

- Einfache vokale Tics 74
Einflussfaktoren 66, 71, 74, 106, 109, 116, 133, 138, 145, 152, 158, 164
Empfindung 186
Ende der Therapie 166
Endocannabinoide 38
Entspannungstechniken 117
Entspannungstraining 69, 73, 106, 131, 148
Entspannungsübungen 73, 137, 141, 151, 157, 163
Epidemiologie 25
Epileptische Anfälle 24
ERP 67, 75, 76
Evaluationsbogen 172
Exposition mit Reaktionsverhinderung 75
Exposure and Response Prevention Training 67
exprimiert 41

F

Face-to-face 77
Feedback 186
Fluktuationen 21, 66
Fragiles X-Syndrom 25
Frühwarnzeichen 196
Funktionsanalyse 69

G

GABA 38
Gegenbewegung 71, 72, 76, 116, 118, 120–123, 126, 127, 135, 139, 146, 153, 159, 165
Gegenbewegung für motorische Tics 123
Gegenbewegung für vokale Tics 124
Genau-richtig 27
Generalisierung 73
Generalisierungstraining 69
Gewohnheitsumkehrtraining 68, 106
Gilles de la Tourette-Syndrom
- quality of life scale 24
Global Tic Rating Scale 29
Globus pallidus 34
Globus pallidus internus 62
Glutamat 38
Gruppentherapie 78
GTS-QOL 29
Guanfacin 61

H

Habit Reversal Training 65, 68, 106
Habituation 75, 128
Häufigkeit von Tic-Störungen 104
Hausaufgaben 97, 108, 112, 114, 130, 132, 136, 137, 142, 144, 149, 150, 154, 156, 160, 162
Hippocampus 35
Histamin 38
HRT 65, 67, 68, 76, 106
- Wirksamkeit 107

I

ICD-10 28
Impulskontrollstörungen 28
Infoblatt »Zusätzliche Strategien« 113
Innere Einflussfaktoren 71
Insula 39
Internet-basierte Behandlung 77

J

Just right 27

K

Kinder 75, 77–79, 97
Kognitive Verhaltenstherapie 97
Kokain 25
Komorbiditäten 97, 116
Komplexe Tics
- Komplexe motorische Tics 74, 102
- Komplexe vokale Tics 74
Konkordanzraten 41
Kontingenzmanagement 73
Kontraindikationen 74
Koprolalie 20, 26, 103, 154
Kopropraxie 20, 26, 102
Kortiko-striato-thalamo-kortikale Schleifen 34
Krankheitsgewinn 117

L

Langzeitstudien 160
Langzeitwirkung 79
Lebensqualität 79, 106, 116
Leidensdruck 109

M

Metaanalyse 79
Methylphenidat 63
Motivation 73, 74, 80, 106, 111, 114, 176
Motivationsaufbau 115, 132, 138, 145, 151, 157, 167
Motor tic, Obsessions and compulsions, Vocal tic Evaluation Survey 29
Motorische Tics 101
MOVES 29
Mückenstich-Metapher 75, 175
Myoklonien 23

N

Nachfolgende Einflussfaktoren 71
Nebenwirkungen 79, 80
Negative Verstärkung 38
Neokortex 34
Neuro-/Biofeedback 88
Neuroakanthozytose 25
Neurologische Untersuchung 28
Non Obscene Socially Inappropriate Behaviours 26
Noradrenalin 38
NOSI 26, 103
Nucleus accumbens 35
Nucleus caudatus 35
Nucleus subthalamicus 34

O

Olanzapin 61
Operative Therapie 106
Oppositionelles Verhalten 28
Orbitofrontaler Kortex 34

P

Palilalie 26, 103
Palipraxie 26, 102
Parent Tic Questionnaire 29
Pathogenese 105
Pharmakotherapie 105
Prävalenz 25
Premonitory Urges for Tics Scale 28
Prognose 66
Progressive Muskelentspannung 69, 73, 141, 148
Provozieren 25, 187
Proxy Report Questionnaire for Parents and Teachers 29
Psychiatrische Komorbiditäten 63

Psychoedukation 69, 84, 100, 107
Putamen 35

R

Reaktionsverhinderung 75
Rebound 75, 98
Rekord 179
Ressourcenaktivierung 70
Ressourcenarbeit 133
Risperidon 79
Rückfall 159, 165
Rückfallprophylaxe 97, 131
Rush Video-Based Tic Rating Scale 29

S

Sekundäre Tic-Störungen 25
Selbstbewusstsein 70
Selbsthilfegruppen 65, 106
Selbstmanagement 97
Selbstverletzungen 28
Serotonin 38
Shapiro Tourette Syndrome Severity Scale 28
SMA 88
Spiegel 22, 76, 108, 127, 171
Stereotypien 23
Stoppuhr 76, 175, 179
Störungs-Protokoll 113, 115, 137, 144, 150, 156, 162
Striatum 34
Supplementär-motorisches Areal (SMA) 35, 39
Supportive Psychotherapie 87
Symmetriebedürfnis 27

T

Tardive Dyskinesien 59
Tardive Tics 25
Thalamotomie 62
Thalamus 34, 62
Therapievereinbarung 171
Therapieziele 115
THICS 68
Tiaprid 60
Tic-Beobachtungsprotokoll 100
Tic-Hierarchie 97, 101, 107, 108, 112, 114, 132, 167
Tic-Liste 100, 101, 107, 108
Tic-Serien 119, 124
Tic-Unterdrückung 21, 75, 98
Tics 19

– motorisch   19
– vokal   19, 20, 102
Tiefe Hirnstimulation   62
Tourette-Syndrom   24
Tourette Syndrome Clinical Global Impression Scale   28
Tourette Syndrome Global Scale   29
Tourette Syndrome Symptom List   29
Tourette's Disorder Scale   28
Trockenübung   127

U

Üben   74
Übungsblatt »Beobachtung der Einflussfaktoren«   100
Übungsblatt »Ressourcentagebuch«   13
Übungsblatt »Störungsprotokoll«   13
Übungsblatt »Tic-Beobachtungsprotokoll«   113
Übungsblatt »Tic-Hierarchie«   100, 108
Übungsblatt »Tic-Liste«   107
Übungsblatt »Tics, Vorgefühl und Gegenbewegung«   121
Übungsblatt »Veränderung der Einflussfaktoren«   137
Unterdrückbarkeit   21
Unterdrückung   75

V

Verhaltenstherapie   65, 67
Verlauf   25
Video   108

Videokonferenz   77
Vorausgehende Einflussfaktoren   71
Vorempfindung   189, 190
Vorgefühl   20, 38, 70, 74, 76, 101, 104, 106, 113, 120–122, 128, 134
Vorläufige Tic-Störung   25
Vulnerabilität   41

W

Wahrnehmungstraining   69, 70, 116, 118, 120–122, 134, 139, 146, 152, 158, 164
Warnsignal   175, 179, 181

Y

Yale-Brown Obsessive Compulsive Scale   27
Yale Global Tic Severity Scale   28
YBOCS   27

Z

Zählen   27
Zeitaufwand   74
Zeitlicher Ablauf   73
Ziprasidon   61
Zusatzuntersuchungen   28
Zwänge   27
Zwangscluster   27
Zwangshandlungen   24
Zwangsstörung   25
Zwangsverhalten   24